TAUCHEN & REISEN

GREAT BARRIER REEF

TAUCHEN & REISEN

Neville Coleman

GREAT BARRIER REEF
AUSTRALIEN

Delius Klasing
EDITION NAGLSCHMID

Copyright © 1996 New Holland (Publishers) Ltd, London
All rights reserved
Titel der englischen Originalausgabe
THE DIVE SITES OF THE GREAT BARRIER REEF AND THE CORAL SEA
veröffentlicht 1996 bei New Holland (Publishers) Ltd, London, Großbritannien

Die Deutsche Bibliothek – CIP Einheitsaufnahme

Coleman, Neville:
Great Barrier Reef/Australien/Neville Coleman.
[Aus dem Engl. von Wolfgang Rhiel]. –
Bielefeld: Delius Klasing; [Stuttgart]: Ed. Naglschmid, 1997
(Tauchen und Reisen)
Einheitssacht.: The dive sites of the great barrier reef and the coral sea <dt.>
ISBN 3-7688-1062-3

ISBN 3-7688-1062-3
Copyright © 1996 New Holland (Publishers) Ltd. (Unterwasserfotografie
                    (Jack Jackson), Gesundheit und Sicherheit, Gestaltung)
Copyright © 1996 Neville Coleman (Text, Fotos) s. auch Bildnachweis unten
Die Rechte für die deutschsprachige Ausgabe liegen beim Verlag
Delius Klasing und Co., Bielefeld
Aus dem Englischen von Wolfgang Rhiel
Deutsche Bearbeitung: Dr. Friedrich Naglschmid
Umschlaggestaltung: Buchholz/Hinsch/Hensinger, Hamburg
Printed in Singapore 1997

Bildnachweis:
Alle Fotos stammen von Neville Coleman mit Ausnahme der folgenden:
Nigel Marsh (S. 2, 30, 43, 59, 67, 70, 73, 74, 75, 95, 99, 116, 125, 130, 131, 133, 134,
135, 137, 138, 144, 153); Anthony Johnson (Titelbild klein, S. 10, 16, 28/9, 87); Shaen
Adey (S. 12); Bruce Elder (S. 22); Kevin Deacon (Titelbild groß)

INHALTSVERZEICHNIS

ZUM GEBRAUCH DIESES BUCHES

DIE REGIONEN

Die Anordnung des Textes folgt im großen Ganzen der Einteilung der Great Barrier Reef Marine Park Authority, mit geringfügigen Anpassungen, um auch Gebiete außerhalb des Parks zu erfassen; sie beginnt an der Südspitze des Great Barrier Reef und folgt den Riffen und Inseln bis zur Spitze von Kap York. Die Kapitel sind: Capricorn- und Bunker-Gruppe, Keppel-Inseln, Swain Reefs und Pompey Reefs, Südliche Korallen-See, Whitsunday-Inseln und Riffe, die Wracks und Riffe vor Townsville, die nördlichen Inseln, die Riffe und Inseln vor Cairns und Port Douglas, die nördliche Korallen-See und die nördlichen Riffe. Vor dem Festland wird kaum getaucht, weil das Wasser flach und trüb ist, große Flüsse münden und Sumpfland und Mangrovenwälder große Küstenbereiche säumen.

Wir haben nur Tauchgebiete an Riffen, Inseln, Pfeilern, Sandbänken und Pontons aufgenommen, die von professionellen Tauchveranstaltern, Charter- und Ausflugsbooten sowie Tourismus- und Tauchorganisationen angefahren werden. Es ist weder möglich noch sinnvoll, jedes Tauchgebiet zu berücksichtigen, da viele Riffe nicht einmal einen Namen haben. Nur Gebiete, in denen regelmäßig getaucht wird, wurden aufgenommen.

DIE KARTEN

Jeder Regionalabschnitt hat eine detaillierte Karte, damit die Tauchgebiete problemlos zu lokalisieren sind. Die Numerierung der Tauchgebiete im Text entspricht der auf der Karte. Die Zeichenerklärung auf dieser Seite gilt für alle Karten im Buch. Beachte: Der Kartenrand ist kein Maßstabsgitter.

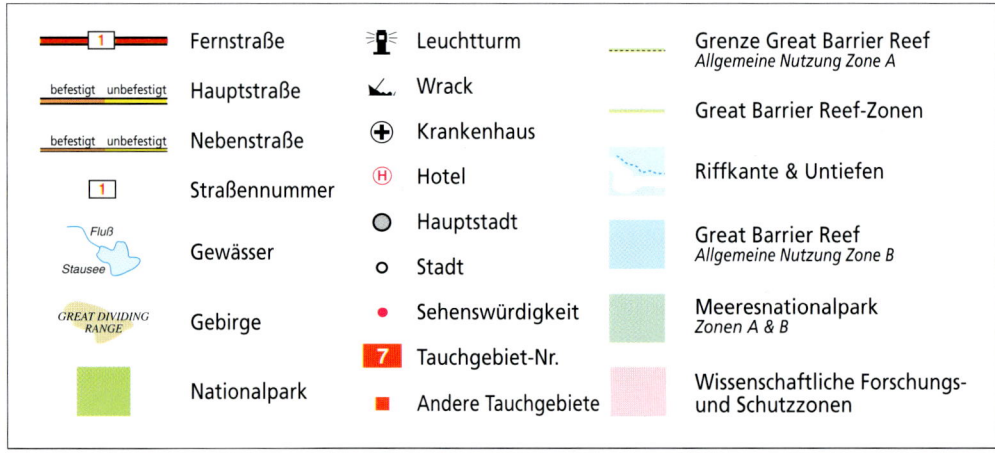

Fernstraße	Leuchtturm	Grenze Great Barrier Reef — Allgemeine Nutzung Zone A
befestigt unbefestigt — Hauptstraße	Wrack	Great Barrier Reef-Zonen
befestigt unbefestigt — Nebenstraße	Krankenhaus	Riffkante & Untiefen
Straßennummer	Hotel	Great Barrier Reef — Allgemeine Nutzung Zone B
Fluß / Stausee — Gewässer	Hauptstadt	Meeresnationalpark — Zonen A & B
GREAT DIVIDING RANGE — Gebirge	Stadt	Wissenschaftliche Forschungs- und Schutzzonen
Nationalpark	Sehenswürdigkeit	
	7 Tauchgebiet-Nr.	
	Andere Tauchgebiete	

DIE BESCHREIBUNG DER TAUCHGEBIETE

Aufgeführt sind die bedeutendsten Tauchgebiete jeder Region. Die Zahl am Anfang jeder Darstellung entspricht der auf der jeweiligen Karte; es folgt eine Bewertung nach Sternen und Symbolen (s. u.). Der Beschreibung des Tauchgebiets voran gehen praktische Details wie Lage, Zugang, Bedingungen, durchschnittliche und maximale Tiefe.

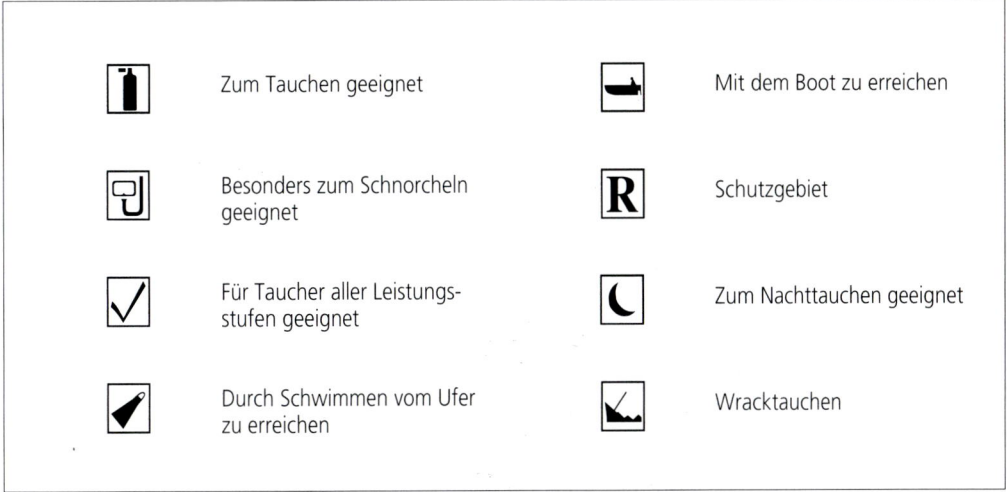

	Zum Tauchen geeignet		Mit dem Boot zu erreichen
	Besonders zum Schnorcheln geeignet	R	Schutzgebiet
	Für Taucher aller Leistungsstufen geeignet		Zum Nachttauchen geeignet
	Durch Schwimmen vom Ufer zu erreichen		Wracktauchen

DIE BEWERTUNG NACH STERNEN

Jedes Gebiet ist mit maximal fünf und mindestens einem Stern ausgezeichnet.

   * gilt für Sporttauchen bzw.
   * für Schnorcheln wie folgt:

***** Erstklassig
****   Sehr zu empfehlen
***   Gut
**   Durchschnittlich
*   Mäßig

REGIONALE ADRESSEN

Am Ende der Angaben zu den regionalen Tauchgebieten sind nützliche Telefonnummern und Anschriften aufgeführt. Dort finden Sie auch praktische Informationen über die Anreise, Unterkunft, Essen, Taucheinrichtungen, Sehenswürdigkeiten und Notfallmaßnahmen.

SONSTIGE BESONDERHEITEN DIESES BUCHES

• Jeder Abschnitt ist farblich markiert, um das Nachschlagen zu erleichtern.
• Die allgemeine Einleitung zu Queensland nennt einige Einzelheiten zur Geschichte Australiens, den Menschen und der Wirtschaft des Landes, außerdem Reisetips - wie man zum Great Barrier Reef kommt und dort reist, wenn man einmal da ist. Es gibt eine Fülle von Informationen zum Tauchen und Schnorcheln in den Regionen.
• Einzelne Kästen enthalten Tips und Hinweise zu verschiedenen Themen.
• Beiträge zu speziellen Themen wie etwa der Dornenkrone sind in den Text eingestreut und machen das Buch zu einem informativen Führer für jeden Taucher.

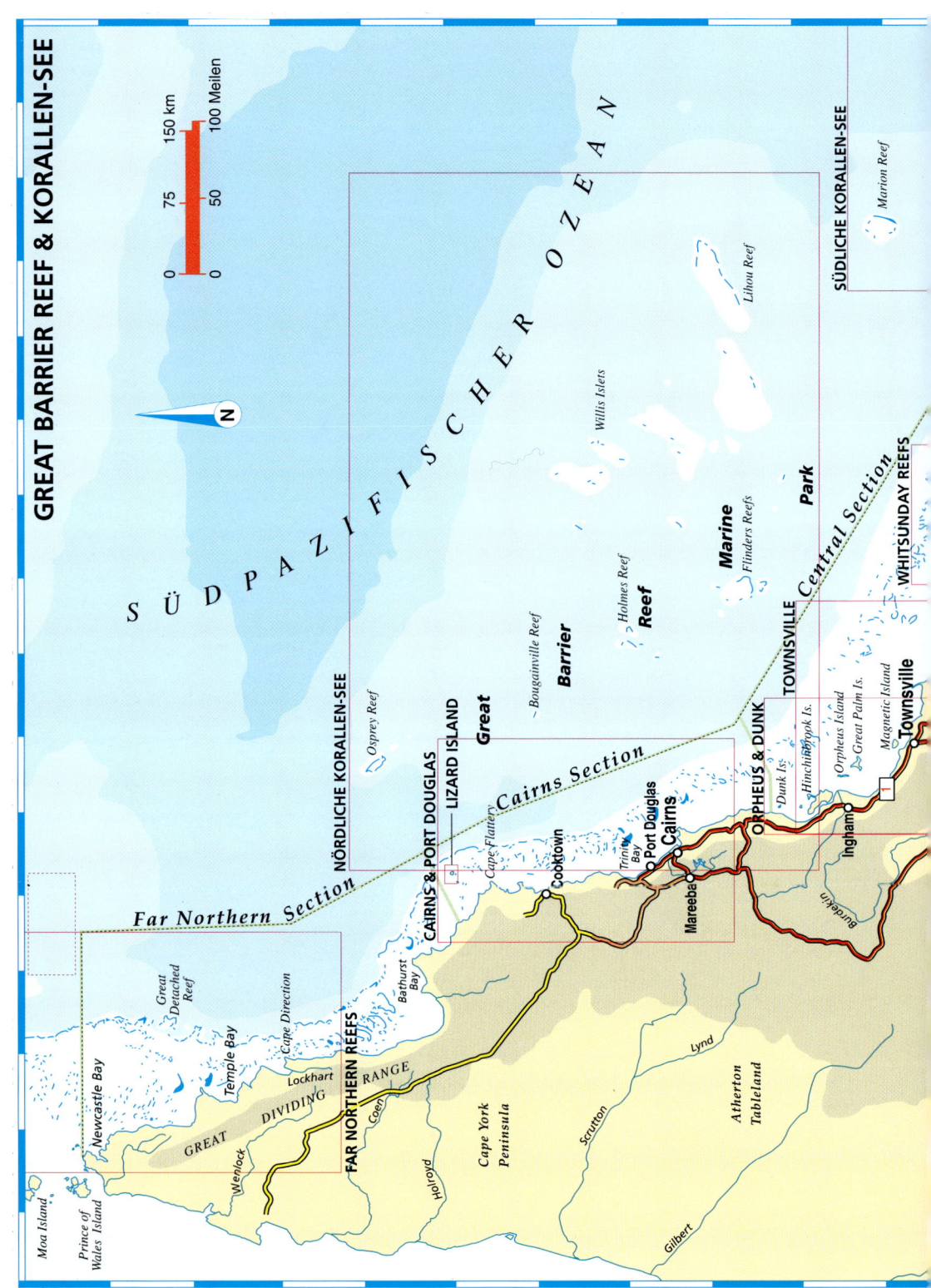

GREAT BARRIER REEF & KORALLEN-SEE

150 km

100 Meilen

75

50

0

0

N

SÜDLICHE KORALLEN-SEE

Marion Reef

Lihou Reef

SÜDPAZIFISCHER OZEAN

Willis Islets

Flinders Reefs

Marine

Park

Holmes Reef

Reef

Central Section

WHITSUNDAY REEFS

TOWNSVILLE

Bougainville Reef

Barrier

NÖRDLICHE KORALLEN-SEE

Osprey Reef

ORPHEUS & DUNK

Great

Magnetic Island

Townsville

Orpheus Island

Great Palm Is.

Hinchinbrook Is.

Dunk Is.

Ingham

Burdekin

LIZARD ISLAND

Cairns Section

CAIRNS & PORT DOUGLAS

Cape Flattery

Cooktown

Trinity Bay

Port Douglas

Cairns

Mareeba

Far Northern Section

Great Detached Reef

Cape Direction

Bathurst Bay

Temple Bay

Lockhart

FAR NORTHERN REEFS

RANGE

Lynd

Atherton Tableland

Newcastle Bay

DIVIDING

Coen

Scrutton

GREAT

Cape York Peninsula

Moa Island

Prince of Wales Island

Wenlock

Holroyd

Gilbert

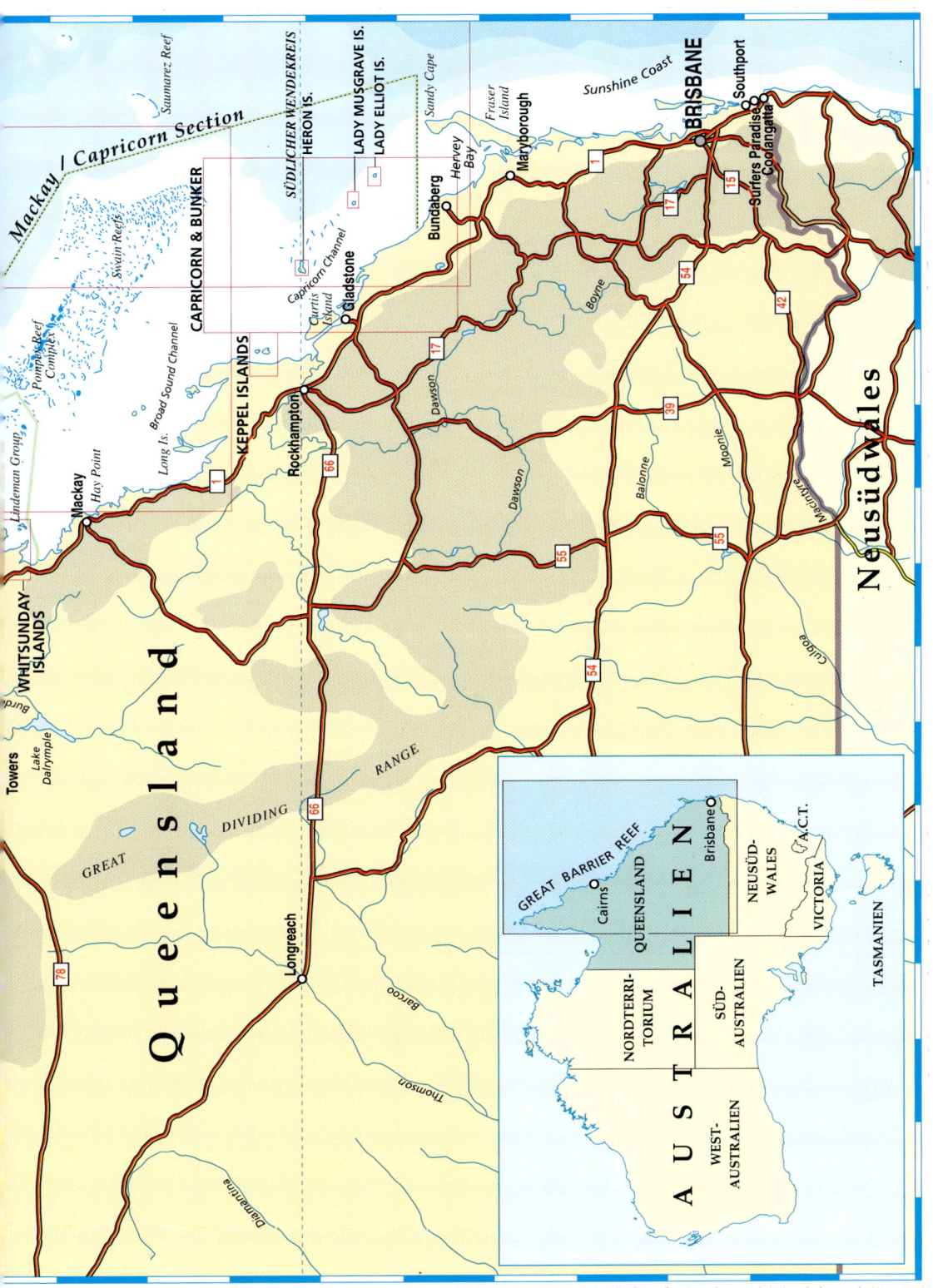

QUEENSLAND: EINE EINLEITUNG

Queensland, der zweitgrößte Einzelstaat Australiens, wird „Sonnenscheinstaat" genannt und bezeichnet sich zu Recht als Australiens Feriengebiet Nummer eins. Die Besucher kommen, um die scheinbar endlosen Sonnentage, die herrlichen Strände und das spektakuläre Great Barrier Reef zu erleben. Hier und in der angrenzenden Korallen-See zu tauchen, ist wirklich ein Erlebnis, das kein Taucher versäumen sollte.

Dieser überwiegend tropische Staat bietet unglaublich viele natürliche Sehenswürdigkeiten, von Bergen und Schluchten über Weideland, Mangrovensümpfe und Wüsten bis zu Regenwäldern, Flüssen, riesigen Sanddünen und Tausenden von Inseln. Japan oder die Britischen Inseln passen fünfmal in Queensland hinein, was auch erklärt, daß man Hunderte von Kilometern fahren kann, ohne einem anderen Fahrzeug zu begegnen.

Das Leben in Queensland spielt sich oft im Freien ab und ist kulturell vielseitig. Insbesondere die Kultur der Aborigines ist in den letzten Jahren gefördert worden.

GESCHICHTE

Als die ersten Europäer im 17. Jahrhundert nach Queensland kamen, war es von etwa 200 Stämmen überwiegend nomadisierender Jäger und Sammler bewohnt, den Aborigines, die vor über 40.000 Jahren wahrscheinlich über die Landbrücke von Papua-Neuguinea eingewandert sind. Auch wenn sie in den Augen der Europäer primitiv und halbverhungert erschienen, waren die Aborigines nicht nur auf den fruchtbaren Ebenen, sondern auch unter den unwirtlichen Inlandsbedingungen sehr erfolgreich im Kampf ums Überleben.

1821 schickte der Gouverneur von Neusüdwales, Sir Thomas Brisbane, seinen Generalinspektor John Oxley nach Norden, der einen Platz für eine neue Sträflingskolonie suchen sollte. Oxley entschied sich für Moreton Bay, doch als die ersten Truppen 1824 eintrafen, trieben der Mangel an Süßwasser und die Feindseligkeit der Aborigines sie flußaufwärts bis zum heutigen Brisbane. Die europäischen Siedler hatten einen verheerenden Einfluß auf die

---

Gegenüber: Hamilton Island, Whitsundays.
Oben: Der Castle Rock von Townsville im Abendlicht, ein seines Namens würdiges Wahrzeichen.

Schnorcheln in den Korallenriffen der Lady Musgrave Island.

Aborigines und Insulaner, die unterdrückt und ihres Stammlandes und ihrer Kultur beraubt wurden.

1859 wurde Queensland eine Kolonie und blühte rasch auf. Die Wirtschaft der Gründerzeit stützte sich auf Landwirtschaft, Rinderzucht und Wolle, den Abbau von Guano und das Sammeln von Perlen. In den 1860er Jahren wurde der Staat vom Goldfieber gepackt, und nach jedem neuen Fund strömten Schwärme von Goldgräbern ins Land, etwa zu den berühmten Palmer River Goldfeldern westlich von Cooktown, die sich nördlich von Gympie bis ins Atherton Tableland erstreckten.

WIRTSCHAFTLICHE ENTWICKLUNG

Die fruchtbaren Küstenebenen von Queensland eignen sich bestens für den Zuckerrübenanbau, der heute fast von der Grenze zu Neusüdwales bis nach Cooktown im Norden betrieben wird. Der Fischfang, bei dem Queensland nur von Westaustralien übertroffen wird, erwirtschaftet jährlich über 6 Milliarden $, und auch die kommerzielle Zucht hat schon Erfolge zu verzeichnen.

Queensland besitzt aber vor allem gewaltige Rohstoffvorkommen - Kupfer, Blei, Zink, Gold und Bauxit -, die in Industriestädten wie Mt. Isa und Gladstone in riesigen Bergwerken und Verarbeitungsstätten verarbeitet werden. Der Staat erzeugt auch Erdöl und -gas und besitzt 105 Erdöl- sowie 126 Erdgasfelder.

DAS LAND

Queensland ist 1.733.000 km² groß und hat 1.050 Festlandinseln und -riffe. Der Küstensaum ist über 7.400 km lang, wenn man die küstennahen Inseln mitrechnet, sogar 9.800 km.

Durch das Herz des unermeßlichen braunen Landes von Queensland verläuft ein Fernstraßennetz von Charleville im Süden bis Karumba am Carpentaria-Golf. Das ist der australische Busch, und das Leben dort ist im wesentlichen noch wie vor Generationen. In diesem vollkommen einsamen und manchmal unvorstellbar öden Gebiet lebt stellenweise noch der Geist der Pioniere. Heute interessiert man sich wieder für dieses Hinterland, und die Besucher kommen, um Einsamkeit, Raum, Ansichten, Töne und Menschen zu erfahren. Der Westen ist überwiegend flach, heiß und ausgedörrt, durchzogen von zahllosen ausgetrockneten Flußbetten, Bächen und angeschwemmtem Geröll, an den Rändern zerklüftet und geschunden.

Das Great Dividing Range zwischen dem Osten und Westen wird auch Rückgrat von Queensland genannt. Der Gebirgszug beginnt etwa 200 km südlich von Kap York und folgt der Ostküste mit einer Reihe niedriger Bergketten und Tafelländer. Am spektakulärsten ist er an der Küste, wo zahllose Wasserfälle über die jäh abfallenden Klippen stürzen. Aus der Seilbahn zwischen Cairns und Kuranda hat man einen phantastischen Blick auf das Gebirge, seine Regenwälder und Schluchten. Die Glasshouse Mountains im Süden, 1770 von Kapitän Cook so getauft, sind ebenfalls beeindruckend.

Das Klima von Queensland ist so abwechslungsreich wie seine Landschaft. Der Südliche Wendekreis, an dem die eigentlichen Tropen beginnen, teilt es in eine gleichgroße Nord- und Südhälfte. Der Norden ist im Sommer dem Nordwestmonsun ausgesetzt, im Winter, wenn ein subtropischer Hochdruckgürtel das Land austrocknet, dem Südostpassat. Queensland hat in der Monsunzeit (Dezember bis März) einen der regenreichsten Orte Australiens: Tully, nördlich von Townsville, mit durchschnittlich 4.400 mm Niederschlag im Jahr. Birdsville ganz im Westen ist dagegen mit nicht einmal 150 mm die trockenste Region des Kontinents. Die Temperaturen im Busch steigen im Sommer bis auf 40 °C, liegen im Durchschnitt aber bei 30-35 °C. Im Winter beträgt das Mittel 22-26 °C.

DIE KÜSTE

Brisbane, Hauptstadt von Queensland und drittgrößte Stadt Australiens, liegt zu beiden Seiten des gleichnamigen Flusses und hat sich den Charme der Alten Welt bewahrt, obwohl es eine moderne Stadt mit schönen Parks und restaurierten Häusern aus der Kolonialzeit ist.

Südlich von Brisbane verkörpern Gold Coast und Surfers Paradise den Wohlstand von Queensland. Dies ist ein luxuriöses und beliebtes Urlaubsparadies mit 42 km Traumstrand. Trotz starker Monsunregen kann diese Region bis 300 Sonnentage jährlich vorweisen.

Im Hinterland von Gold Coast, das 1.000 m ansteigt, ist es üppig, mit über einer Million Hektar Nationalparks, stillen Bergdörfern, Regenwald, Wanderwegen, Wasserfällen, Tälern und einer einzigartigen Fauna.

Zwischen Caloundra und Noosa Heads erstreckt sich die Sunshine Coast mit einer fast durchgehenden Kette von Stränden. Dieses Gebiet ist bekannt für seine Ferienorte und Strände, riesige Brandungswellen, Nationalparks, Binnenseen, Wasserfälle, Fischen, Wildparks, tropische Landwirtschaft und sein Kunstgewerbe.

Bundaberg und Townsville, die Whitsunday-Inseln und Fraser Island - die größte Sandinsel der Welt - liegen im Zentrum der Queensland-Küste. Bundaberg, der südlichste Zugangspunkt für das Great Barrier Reef, hat berühmte Zuckerrohrfarmen und den bekannten Bundaberg-Rum (Bundy). Im Mon Repos Umweltpark können Besucher Unechte Karett-, Suppen- und Lederschildkröten bei der Eiablage am Strand beobachten. Fraser Island im Norden bietet weiße Sandstrände, kühle Regenwälder und kristallklare Süßwasserseen.

Die Whitsunday-Inseln sind die Spitzen eines Küstengebirges, das während der Eiszeit überflutet und vom Festland getrennt wurde. Nur 74 der Inseln haben Ferieneinrichtungen, die übrigen sind unbewohnt und bilden den Whitsunday Nationalpark.

Townsville nördlich der Whitsunday-Inseln ist ein Zentrum der Tropenforschung und beherbergt das Institut für Meeresforschung, die Great Barrier Reef Marine Park Authority, eine Forschungsstation für tropische Landwirtschaft und einen Ableger des Queensland Museums. Hier befindet sich auch das Wonderland Aquarium mit dem einzigen lebenden Korallenriff in Gefangenschaft. Townsville ist eine bedeutende Hafenstadt und Zentrum des Zucker-, Kupfer-, Rindfleisch- und Erzexports.

Ganz im Norden - in Cairns, Port Douglas und Cooktown - verzeichnet Queensland mehr Besucher als alle anderen Gebiete. Cairns ist die dem Great Barrier Reef am nächsten liegende Stadt. Die einst ruhige Hafenstadt ist heute ein internationales Touristenzentrum. Westlich von Cairns liegen das schöne Regenwalddorf Kuranda und das fruchtbare Atherton Tableland.

Die Schotterstraße von Cooktown nach Kap York im Norden, die von 28 Bächen und Flüssen gequert wird, ist nur in der trockenen Jahreszeit befahrbar. Selbst Allradfahrzeuge können in Schwierigkeiten kommen. Dennoch ist es ein aufregendes Gebiet, und Abstecher mit einem erfahrenen Tourenveranstalter sind sehr zu empfehlen.

DIE MEERESPARK-ZONEN

Die **Zone A allgemeine Nutzung** umfaßt ein Gebiet, in dem man praktisch alles tun kann, sofern es vernünftig und mit dem Schutz der Riffe vereinbar ist. Harpunieren mit Atemgerät ist verboten, ebenso kommerzielles Bohren, Bergwerken und Wegwerfen von Abfall. Zackenbarsche über 120 cm Länge dürfen nirgendwo im Park ohne Erlaubnis gefangen werden. Kommerzielles Schleppnetzfischen, Schiffahrt und Sammeln von Schalentieren sind erlaubt. In der **Zone B allgemeine Nutzung** sind Schleppnetzfischen und kommerzielle Schiffahrt nicht erlaubt.

Die **Zone A Meeresnationalpark** ist vom Konzept her insofern einem Nationalpark an Land ähnlich, als natürliche Rohstoffe geschützt sind. Einige Fischfangaktivitäten wie Fischen pelagischer Fische mit der Schleppangel und Angeln (Handangel mit nur einem Haken oder Köder) sind erlaubt. Das soll bestimmte Gebiete vor extensiver Nutzung wie Netzfang, Sammeln und Harpunieren schützen. Die **Zone B Meeresnationalpark** ist eine Schauen-aber-nichts-wegnehmen-Zone; jegliches Fischen und Sammeln sind verboten. Diese Zone schützt besonders wertvolle Gebiete, damit sie relativ ungestört der Erholung dienen können.

Keinen Zutritt hat die allgemeine Öffentlichkeit zu den **Wissenschaftlichen Forschungs- und Schutzzonen**. Wissenschaftler brauchen eine Genehmigung. Schutzzonen dürfen nur in Notfällen betreten werden. Sperrzonen sind deutlich gekennzeichnet und werden von Rangern überwacht.

Die Zoneneinteilung ist in Kartenform kostenlos erhältlich bei der Great Barrier Reef Marine Park Authority, PO Box 1379, Townsville, Queensland, 4810.

DIE RIFFE

Die Korallen-See zwischen Australien und Neuguinea ist eines der aufregendsten Tauchgebiete der Erde. Die 4.791.000 km^2 bieten verstreut liegende Korallenriffe und Sandbänke, die zumeist von unzähligen Seevögeln bewohnt werden. Cato, Chilcott, Bird Islet und Wreck Islet, das zum Wreck Reef gehört, sind einige der bekannteren Inseln. James Cook nahm das Gebiet während seiner Forschungsreise von 1770 auf; gegen Ende des 19. Jahrhunderts wurde hier Guano gesammelt.

Das Great Barrier Reef hat die größten tropischen Korallenriffe mit den arten- und zahlreichsten marinen Lebensformen der Welt. Das Riff besteht aus etwa 600 Kontinental- oder Festlandsinseln (die meisten mit Saumriff) und 300 Riffinseln, von denen 87 dauerhafte Vegetation aufweisen. Außerdem gibt es auf einer Fläche von 350.000 km^2 etwa 2.900 einzelne, meist submarine Riffe von 10 m^2 bis über 100 km^2.

Die Rifffauna umfaßt über 1.500 Fischarten, mehr als 4.000 Weichtierarten, etwa 350 riffbildende Korallen und über 400 Schwämme. Daneben gibt es viele tausend Arten Krebse, Würmer, Stachelhäuter, Moostierchen, Weichkorallen, Seeanemonen und Seescheiden. Zahllose Arten sind noch gar nicht entdeckt und bestimmt, und ständig kommen neue Arten hinzu.

Tauchen lernen am Great Barrier Reef ist bei den Touristen sehr beliebt.

Das Great Barrier Reef ist Lebensraum und einziger Brutplatz für viele gefährdete Tierarten wie den Dugong und auch der weltweit größte Brutplatz für Unechte Karett- und Suppenschildkröten. Seine Sandbänke sind die einzigen Brutplätze für Millionen Seevögel, die wegen des Menschen und anderer Feinde auf dem Festland nicht mehr brüten können.

1975 verabschiedete das australische Parlament den Great Barrier Reef Marine Parc Act, eines der ersten Gesetze der Welt zur Verwaltung großer Naturgebiete durch eine ökologisch nachhaltige Entwicklung. Anders als viele festländische Nationalparks ist der Great Barrier Reef Marine Park ein Mehrzweckgelände. Er besteht aus drei großen Zonen: der für die allgemeine Nutzung, die die meisten menschlichen Aktivitäten zuläßt, dem Nationalpark, aus dem nichts entfernt werden darf, was lebt, und einem Bereich für Umweltschutz und Forschung, in dem nur geforscht werden darf. Besucher sollten sich anhand des Übersichtsplans informieren (siehe S. 14).

ANREISE UND REISEN IN QUEENSLAND

Das Great Barrier Reef ist von den meisten Großstädten zu erreichen, und Queenslands drei internationale Flughäfen (Brisbane, Cairns und Townsville) machen dem ausländischen Besucher die Anreise leicht. Es gibt Bus- und Bahnverkehr an der Küste sowie Transferverbindungen (Flugzeug und Boot) zu vielen Inseln. Von vielen Orten kann man Tagestouren und mehrtägige Tauchkreuzfahrten zum äußeren Riff unternehmen. Es gibt Pauschalangebote für jede Brieftasche, vom Fünfsternehotel über die Ferienwohnung bis zu Unterkünften für Rucksackreisende und Camper.

EINREISEBESTIMMUNGEN

Paß
Man braucht einen Paß, der über die Aufenthaltsdauer hinaus gültig ist. Zwei leere Seiten für Visum und Einreisestempel sind erforderlich. Auch wenn es nicht vorgeschrieben ist, sollte der Paß mindestens drei Monate über den Aufenthalt hinaus gültig sein.

Besuchervisum
Alle Besucher (Australier und Neuseeländer ausgenommen) brauchen vor der Einreise ein Visum.

Impfungen
Wer direkt aus den USA, Großbritannien oder Kanada kommt, braucht keine Impfungen. Gesundheitsbescheinigungen sind nicht erforderlich, sofern man nicht aus einer Gegend mit endemischen Infektionskrankheiten oder Krankheiten wie Gelbfieber, Pocken, Cholera oder Typhus einreist.

Gegenüber: Whitehaven Beach, Whitsunday Islands.
Oben: Imperator-Kaiserfisch.

Schnorchler erleben eines der zahlreichen äußeren Barriereriffe.

ZEITZONE

Die Zeit in Queensland ist der Greenwicher Zeit 10 Stunden voraus. Besucher sollten bei der Einreise im November und März in einen anderen Bundesstaat auf die Sommerzeit achten.

GESUNDHEIT

Bis auf kleinere Fälle von Dengue- und Ross River-Fieber in den Regionen von Townsville und Cairns gibt es in Australien keine tropischen Krankheiten. Diese durch Moskitos übertragenen Krankheiten treten regional auf, aber im Freien sollten trotzdem Vorkehrungen getroffen werden, vor allem in der nassen Jahreszeit. Die meisten Hotels haben Insektengitter und Klimaanlagen, was ausreicht, solange man nicht zeltet oder nachts sonstwie ungeschützt ist.

Queensland hat die weltweit höchste Hautkrebsrate, achten Sie also auf die Sonne. Sie ist sehr stark, und die UV-Strahlung ist selbst bei bedecktem Himmel hoch.

Die Einheimischen tragen immer breitkrempige Hüte, lange Ärmel und benutzen Sonnencreme mit Schutzfaktor 15 und mehr. Schnorchler und Taucher sind besonders anfällig und sollten im Wasser entsprechend achtgeben. Lycra-Anzüge schützen sehr gut vor Sonnenbrand, wenn es für einen Tauchanzug zu warm ist.

Vor einer Reise ins Ausland sollte man sich immer gegen Hepatitis impfen lassen. Aids kommt zwar vor, ist aber nicht häufig; beim Sex sollte man auf Nummer Sicher gehen.

Touristen sind zwar nicht oft das Opfer von Verbrechen, man sollte aber dennoch auf Wertsachen aufpassen und nicht allein trampen. Normale Vorsicht, mehr braucht man nicht. Die Ferienorte am Great Barrier Reef sind sicher.

Die ärztliche Versorgung hat internationalen Standard. Es gibt jedoch für ganz Queensland und das Great Barrier Reef nur eine öffentliche Dekompressionskammer (in Townsville), und angesichts der Größe der Region sollte man mit Bedacht tauchen.

Oktober bis Mai ist an den Nordküsten und den küstennahen Kontinentalinseln die Zeit der Würfelquallen. Diese Tiere sind hochgiftig, Kontakt mit ihnen kann zum Tode führen. Am Great Barrier Reef selbst kommen sie nicht vor. Im Sommer treiben Nordwinde vom Pazifik Portugiesische Galeeren an. Beugen Sie vor und tragen Sie Schutzkleidung.

GELD

Australien hat eine Dezimalwährung (Dollars - $A - und Cents). Die meisten Hotels, Restaurants, Autovermieter, Tauchschulen, Bootsverleiher und Geschäfte nehmen Bargeld, alle gängigen Kreditkarten und Reiseschecks an. Die Banken haben Montag bis Freitag von 9 bis 16 Uhr geöffnet und meistens auch Bankautomaten.

KOMMUNIKATION

Die Postämter, zum Teil mit Stempelautomaten vor der Tür, haben Montag bis Freitag von 9 bis 17 Uhr geöffnet. Das Telefonnetz ist gut, wenngleich einige Inselhotels kein Telefon auf dem Zimmer haben. Das Mobilfunknetz ist ausgezeichnet.

STROM

Der Wechselstrom hat 240 Volt bei 50 Hz; im ganzen Land werden Stecker mit drei flachen Stiften verwendet. Ferienanlagen auf den Inseln haben eigene Generatoren, Campingplätze haben dagegen keinen Strom. Auf einigen Inseln in Nationalparks ist kein Strom erlaubt. Einige Inselhotels haben vielleicht nur eine Steckdose; wer wiederaufladbare elektrische Geräte hat, sollte Netzteil und Konverter mitführen. Batterien für Kameras, Blitzgeräte und Taschenlampen sind in Supermärkten und Fotogeschäften erhältlich, aber unter Umständen nicht immer in allen Inselhotels des Great Barrier Reef. Spannungsumschaltadapter bekommt man normalerweise in den Duty-free-Shops der Flughäfen und den meisten Haushaltswaren- und Reisegepäckgeschäften sowie Kaufhäusern.

Flüssiggas ist an den meisten Tankstellen erhältlich, kleine Kanister auch in den Campingläden.

SPRACHE UND ZOLLFORMALITÄTEN

In Australien wird Englisch gesprochen, wenn man sich auch an einige Ausdrücke erst gewöhnen muß. Persönliche Gegenstände können zollfrei eingeführt werden; wer über 18 ist, darf 250 Zigaretten oder 250 Gramm Zigarren oder Tabak und einen Liter Alkohol mitführen. Zollpflichtige Waren bis 400 $A im persönlichen Gepäck sind frei. Alle Betäubungsmittel und durch Gesetz eingeschränkte Stoffe unterliegen strengen Vorschriften.

REISEN IM LAND MIT DEM FLUGZEUG

An der gesamten Küste gibt es Fluggesellschaften und in den meisten größeren Städten auch Flugplätze. Inseln im Great Barrier Reef wie Lady Elliot, Hamilton, Lizard Island und viele andere werden angeflogen, auch mit Hubschraubern. Erkundigen Sie sich bei den Reisebüros und/oder Hotels.

REISEN IM LAND MIT DER BAHN

Die Küstenregion zwischen Brisbane und Cairns ist bahnmäßig bestens erschlossen.

REISEN IM LAND MIT DEM AUTO

An der Küste zwischen Brisbane und Cairns verkehren regelmäßig Busse, die vor allem von den Rucksacktouristen gern benutzt werden (an die zum Teil langen Strecken muß man sich gewöhnen). In den meisten größeren Orten nehmen Mitarbeiter der einfachen Hotels die Busse an den Busbahnhöfen in Empfang.

An allen größeren Flugplätzen und in den Städten gibt es Autovermieter. Wer keine langen Strecken gewöhnt ist, sollte Autofahrten sorgfältig planen.

CAMPING AM GREAT BARRIER REEF

Campen ist auf einigen Inseln im Great Barrier Reef National Park offiziell erlaubt. Parkranger kontrollieren regelmäßig; man muß im voraus die Genehmigung zum Zelten einholen und die Gebühr zahlen. Da einige Inseln bei Schulgruppen sehr beliebt sind, werden Genehmigungen aus Umweltschutzgründen nur begrenzt erteilt. Buchen Sie mindestens sechs Wochen im voraus, insbesondere in der Schulferienzeit. Buchungen sind bis zwölf Monate im voraus möglich.

Der Aufenthalt in den Nationalparks ist auf maximal drei Wochen begrenzt; nur auf einigen Inseln gibt es Wassertanks. Beim Zelten auf abgelegenen Inseln im Great Barrier Reef sollte man immer eine Kommunikationshilfe und eine Erste-Hilfe-Box mitführen und auf schlechtes Wetter eingestellt sein. Oft können Boote bei rauher See nicht nah genug herankommen, um Camper aufzunehmen, die auf einer Insel festsitzen.

Auskünfte erteilt das Department of Environment and Heritage/Queensland National Parks and Wildlife Service, Ground Floor, 160 Ann Street, Brisbane 4000, oder Albert Street, Queensland 4002, oder Telefon 07-3227 8186. Mehr über das Zelten in diesem Gebiet auf Seite 100.

RUCKSACKTOURISMUS IN QUEENSLAND

In Queensland gibt es eine große und gutbetreute Organisation für Rucksacktouristen, die annehmbare Preise bietet, vor allem in der Region Cairns/Townsville. Die Tauchzentren versorgen die einschlägigen Abstiegsquartiere und Reisebüros mit Prospekten. Viele Tauchschulen haben auch einen Abholservice für ihre Kunden.

Die Jugendherbergsorganisation Youth Hostel Association von Queensland (YHA) hat hunderte preiswerter Unterkünfte in zentralen und abgelegenen Orten. Die Übernachtung in einem Mehrbettzimmer kostet deutlich unter 20 $A. Man kann der YHA im eigenen Land beitreten oder bei der Ankunft in Queensland. Auskünfte erteilt Backpackers Resorts of Australia, PO Box 1000, Byron Bay, NSW 2481, Tel. 066-858 888, Fax 066-847 100, oder Youth Hostels Association of Queensland, 1st Floor, Westpac Building, Cnr George und Herschel Sts, Brisbane, Queensland 4000, Tel. 07-3236 1680, Fax 07-3236 1702.

DIREKT TELEFONIEREN MIT QUEENSLAND

(A) Wählen Sie die Ländervorwahl ihres Landes, dann (B) die Nummer der Stadt und schließlich (C) die Nummer des Teilnehmers.

Um z. B. die Nummer 995 525 in Cairns anzurufen, wählen Sie von Deutschland aus:

	A	B	C
Die Ländervorwahl	0061	70	995 525

WICHTIG:

Änderungen der Telefonnummern in Australien voraussichtlich ab Ende 97:

Es werden die Ortskennzahlen erweitert, z. B. Queensland

– Rockhampton statt 079 zukünftig 0749

– Cairns statt 070 zukünftig 0740

Cairns ist ein beliebtes Ziel der Segler.

Bitte erfragen Sie dies bei der Auskunft, da die neuen Nummern bei Redaktionsschluß noch nicht bekannt waren.

ÖFFNUNGSZEITEN DER GESCHÄFTE
Die Geschäfte in Queensland haben Montag bis Freitag von 8 bis 17 Uhr geöffnet, Donnerstag von 8 bis 21 Uhr, Samstag von 8 bis 17 Uhr. Sonntags kann man in den Einkaufszentren von Gold Coast, Brisbane, Sunshine Coast und Cairns einkaufen.

TRINKGELD
Trinkgeld ist in Queensland weder vorgeschrieben noch weit verbreitet. 10 Prozent sind jedoch üblich.

UMRECHNEN VON TEMPERATUREN
Von Celsius in Fahrenheit: Mit 1,8 multiplizieren und 32 addieren (oder verdoppeln und 30 addieren).
Von Fahrenheit in Celsius: 32 abziehen und mit 0,55 multiplizieren.
Die offizielle Tabelle weist für 1 °F den Wert von $^5/_9$ °C aus (1 °F = $^5/_9$ °C).

TAUCHEN UND SCHNORCHELN AM GREAT BARRIER REEF UND IN DER KORALLEN-SEE

Tauchen ist in Queensland ein gesunder und dynamischer Wirtschaftszweig. Es gibt Millionen Hektar Meer, die das Erforschen lohnen, phantastische Tauchgebiete, tausende unerforschter Riffe, und die Meeresfauna und -flora sind einzigartig. Das Great Barrier Reef und die Korallen-See sind eine gigantische Unterwasserspielwiese, auf der Träume Wirklichkeit werden. Vor diesem Inselkontinent kann der Taucher die ganze Bandbreite tropischer und gemäßigter Gewässer erleben. Im Gegensatz zu anderen Teilen der Welt ist Tauchen in Australien immer ein Abenteuer, da fast ununterbrochen der Wind geht und für Brandung und Kabbelsee sorgt.

TAUCHEINRICHTUNGEN

Da die meisten Riffe 16 bis 300 km von der Küste entfernt sind, wird überwiegend von Booten oder Pontons aus getaucht und geschnorchelt. Alle größeren Orte an der Küste von Queensland haben Einrichtungen, wo man Tauchfahrten zum Great Barrier Reef buchen kann.

Die wichtigsten Schulungsverbände sind PADI Australia (Professional Association of Diving Instructors), SSI (Scuba Schools International), NAUI (National Association of Underwater Instructors) und NASDS (National Association of Scuba Diving Schools, Australia Inc.).

BESTE ZEIT UND TAUCHBEDINGUNGEN

Die Urlaubsorte am Great Barrier Reef haben das ganze Jahr Saison. Die meisten Boote fahren bei Wind über 25 Knoten nicht mehr aufs Meer. Da das Wetter über Nacht umschlagen kann, gibt es selbst für die gute Jahreszeit kaum Garantien. Queensland hat tropisches bis subtropisches Klima mit vier Jahreszeiten (nicht so ausgeprägt wie auf der nördlichen Halb-

---

Gegenüber: Tauchen von einer Plattform an einem Außenriff der Whitsundays.
Oben: Coleman-Garnelen leben ausschließlich auf Ijima-Seeigeln.

kugel). Frühling ist von September bis November, Sommer von Dezember bis Februar, Herbst von März bis Mai und Winter von Juni bis August. Am besten sind die Tauchbedingungen im Spätwinter bis Frühsommer. Die tropische Monsunzeit dauert von Januar bis März, wo es dann auch zu Wirbelstürmen kommen kann.

Taucher benötigen in Queensland einen Leistungsnachweis, eine ärztliche Tauchtauglichkeitsbescheinigung und ein aktuelles Logbuch, bevor sie tauchen dürfen. Andernfalls müssen sie einen Testtauchgang oder einen Einführungskurs machen.

Da in Queensland Hunderte professioneller Tauchschulen arbeiten, erfahren die Taucher einen ausgezeichneten Service. Die meisten Tauchzentren bieten nicht nur Verkauf und Service, sondern auch Unterricht, von Anfänger- bis zu Spezialkursen. Auch unter dem Gesichtspunkt der Ökologie und des Naturschutzes werden regelmäßig Tauch- und Lehrgänge angeboten, zumeist von professionellen Tauchlehrern.

Ein Open-Water-Kurs mit Zertifikat kostet etwa 300 $A. Die Ausrüstung kann komplett gemietet werden.

Die meisten Tagestouren umfassen mindestens zwei Tauchgänge; die Kosten schwanken zwischen 30 $A pro Tauchgang und 140 $A pro Tag, je nach Gebiet und Leistung. Die Fahrt mit dem Boot zum Tauchgebiet dauert zwischen 15 Minuten und 2½ Stunden.

Nirgendwo sonst findet man eine solche Vielfalt an Tauchgebieten wie am Great Barrier Reef und in der Korallen-See. Das Gebiet ist tauch- und kartenmäßig noch weitgehend unerschlossen und bietet unbegrenzte Möglichkeiten.

Das Great Barrier Reef erstreckt sich über 2.000 km von Norden nach Süden, ein Taucherparadies mit höchst unterschiedlichen Wetterbedingungen. Am Wreck oder Osprey Reef in der Korallen-See können beispielsweise Winde mit 40 Knoten wehen, während sie vor Cairns nur etwa 10 Knoten erreichen.

Da die Temperaturen in Nordaustralien von 35 °C im Winter bis auf 3 °C fallen können, sollte man jederzeit richtig geschützt sein. Normalerweise reicht ein 5 mm starker Tauchanzug aus. Zwischen den Riffen können starke Winde und hohe Dünungswellen gehen, während man im Windschatten einer Insel im geschützten Wasser bei relativ guten Bedingungen herrlich tauchen kann. Die Wassertemperaturen liegen im Süden zwischen 18 und 22 °C, im Norden zwischen 26 und 29 °C, die Sicht reicht von 3 m bei den küstennahen Inseln vor Cairns bis zu 40 m in der Korallen-See.

Das Wetter spielt bei der Planung einer Fahrt eine wichtige Rolle. Tagesfahrten für Taucher und Schnorchler gibt es ganzjährig mit Katamaranen, die auch bei starkem Wind und kabbeliger See die geschützten Lagunen anlaufen können, wenn „normale" Boote unter Umständen schon passen müssen.

Von Mai bis August (Winter) weht der Passat mit etwa 15 bis 30 Knoten. Im September wird es wärmer und bleibt bis auf regionale Ausnahmen ziemlich stabil. Im Januar beginnt die Zeit der feuchten Monsune oder Wirbelstürme mit heftigen Gewittern (meistens am späten Nachmittag oder nachts), die bis März dauert. Ende Dezember, Anfang Januar herrscht des öfteren eine Kalmenperiode (mit idealen Tauchbedingungen), die aber weder vorhersehbar noch stabil ist.

AUSRÜSTUNGSEMPFEHLUNGEN

Alle Taucheinrichtungen am Riff verleihen Ausrüstung, aber die meisten Taucher ziehen wohl die eigene vor. Ein eigener Tauchcomputer ist nicht unbedingt erforderlich, aber sicher empfehlenswert, wenn man mehr als drei Tauchgänge pro Tag plant. Flaschen und Bleigürtel sind bei allen Tauchzentren, Tagesfahrten mit Booten und Tauchkreuzfahrten erhältlich. In Queensland sind Lungenautomaten mit Octopus vorgeschrieben.

Beim Schnorcheln ist im allgemeinen ein Lycra-Anzug gegen die starke Sonnenein-wirkung, Vernesselungen und Abschürfungen erforderlich. Es empfiehlt sich, immer etwas mitzuführen, womit man an der Oberfläche auf sich aufmerksam machen und die eigene Ortung erleichtern kann. Das gilt besonders beim Strömungstauchen, wenn der Wind das Wasser aufrauht und das großräumige Suchen an der Oberfläche erschwert.

Nichts ist schrecklicher, als 100 km vor der Küste scheinbar mitten im Pazifik aufzutau-chen und rundum nichts als Horizont zu erblicken. Denken Sie daran, die nächste Dekom-pressionskammer ist vielleicht 1.000 km weit weg, und Sie bräuchten einen Tag oder län-ger, um dorthin zu kommen.

ÖKOTAUCHEN UND MEERESBIOLOGISCHE KURSE

Bei einigen Tagesausflügen mit Katamaranen von Cairns, Port Douglas und Townsville werden auf der Hin- und Rückfahrt Videos über die Riffe gezeigt. Die meisten Zentren bie-ten geführte Schnorcheltouren, und es gibt auch Pauschalangebote für Schnorchler und Sporttaucher. Einige Tauchschulen haben Meeresbiologische Kurse im Programm, beschei-nigte Kurse als zweitägige Workshops oder über eine ganze Woche verteilt. Wissenschaft-ler referieren regelmäßig zu verschiedenen Aspekten der Meeresbiologie.

WRACKS

Alle für Taucher erreichbaren Wracks im Great Barrier Reef Marine Park stehen unter dem Schutz des Historic Shipwreck Act; Tauchen ist zwar erlaubt, aber es darf nichts aus der Umgebung der Wracks entfernt werden. Außer korallenüberwucherten Ankern, Ballaststei-nen und Maschinenblöcken ist ohnehin nicht mehr viel übrig von den Hunderten von Schif-fen, die auf den Riffen zerschellt sind.

Die Wracks der Yongala vor Cape Bowling Green, Townsville, und der Quetta vor der Spitze der Halbinsel York locken viele Taucher an. Vorsicht: bei der Yongala herrschen im-mer starke Strömungen, und bei der Quetta kann man nur bei Stillwasser tauchen. Die Boote, die diese Wracks anlaufen, bieten alle notwendigen Informationen und Warnungen, und auch Führer für ein kurzes Vordringen in die Wracks.

PREISE

Damit Sie Ihren Tauchurlaub am unvergleichlichen Great Barrier Reef und in der Korallen-See finanziell planen können, hier einige Durchschnittspreise für Tauchkurse, Leihaus-rüstung, Charterboote und Unterkunft.

Tauchkurse

Einführungskurse kosten zwischen 40 und 100 $A und enthalten manchmal den Tagesaus-flug zum Riff. Für Open-Water-Kurse sind etwa 300 $A anzusetzen, einschließlich Leih-ausrüstung, Tauchgänge und Zertifikat. Das Great Barrier Reef ist ideal zum Tauchenlernen, und viele Veranstalter bieten eine Wochenendfahrt zum Riff mit bis zu zehn Tauchgängen. Die Kurse dauern vier bis fünf Tage, planen Sie also genügend Zeit ein. Informationen holen Sie sich am besten beim Tauchshop der Gegend, die Sie besuchen möchten.

Leihausrüstung

Die meisten Tauchshops und Bootsverleiher leihen Ausrüstung aus und gewähren einen Nachlaß für längere Leihdauer. Prüfen Sie die Pauschalangebote der einzelnen Tauch-schulen.

Durchschnittspreise pro Tag
Lungenautomat (mit Finimeter und Octopus) – 10 $A
Tarierweste – 10 $A
Tauchcomputer – 10 $A
Nikonos Kamera – 30 $A
Blitzgerät für Kamera – 20 $A
Schnorchelausrüstung – 8 $A
Tauchanzug – 10 $A

Charterboote
Der Preis für eine Fahrt mit einem gecharterten Boot hängt von der Strecke, der Bootsgröße und -ausstattung ab. Alle Boote bieten Flaschen, Bleigürtel, Handtücher und beliebig viele Tauchgänge. Die Preise für Tagesausflüge liegen bei 90 bis 150 $A und enthalten unter Umständen sogar das Abholen vom Hotel, Essen und kleine Snacks und manchmal die gesamte Ausrüstung. Die Preise in den größeren Zentren sind Kampfpreise, aber die billigeren Boote fahren wahrscheinlich die näher gelegenen Riffe an, die teureren die Riffe im offenen Meer. Tauchkreuzfahrten zum Great Barrier Reef kosten 120 bis 250 $A pro Tag, im Durchschnitt 150 $A. Fahrten zu den Ribbon und Swain Reefs sind teurer. Tauchkreuzfahrten in die Korallen-See und zu den Far Northern Reefs kosten 250 bis 450 $A pro Tag.

Unterkunft
Der Zimmerpreis gilt für eine Übernachtung, ermäßigt sich jedoch bei längerem Aufenthalt. Die Hotelpreise enthalten unter Umständen Essen und ein Programm, aber nicht das Tauchen. Ersteklasse-Hotels (vier oder fünf Sterne) berechnen 120 bis 1.200 $A pro Tag, im Schnitt 200 bis 300 $A, Mittelklasse-Hotels (zwei bis drei Sterne) im Schnitt 60 bis 80 $A und Hotels der untersten Kategorie (ein bis zwei Sterne) und Campingplätze 15 bis 30 $A.

VERHALTENSREGELN FÜR SPORTTAUCHER UND SCHNORCHLER IN QUEENSLAND

Die Behörden haben mehrere Jahre mit professionellen Tauchveranstaltern, den großen Tauchschulen und Vertretern von Dive Australia zusammengearbeitet, um das Tauchen am Great Barrier Reef zu regeln und sicherer zu machen.

Die ersten Bestimmungen für das Sporttauchen waren sehr restriktiv und haben dem Tauchtourismus viele Jahre geschadet. Mit der Veröffentlichung der Verhaltensregeln wurde diese rigorose Praxis gelockert und ein System ausgearbeitet, das die gleiche Anzahl Tauchgänge pro Tag wie in der übrigen Welt zuläßt.

Die Verhaltensregeln wurden aus Sicherheitsgründen und zum Wohl der Taucher erlassen. Im Vergleich mit anderen Ländern erscheinen jedoch einige Forderungen überspitzt und unnötig - sie sind jedoch in Queensland Gesetz und dürfen nicht übertreten werden. Die Tauchschulen informieren die Taucher selbstständlich über diese Vorschriften. Näheres auf S. 169.

Für jeden Aufenthalt im Meer gilt das Leitmotiv:
Tauche wie Dein Schatten, hinterlasse keine Spuren.

Bei Aufnahmen unter Wasser sollten Fotografen Abstand zu den Korallen halten.

REGIONALE TOURISTENVERBÄNDE

Brisbane Visitors & Convention Bureau
Ground Floor, City Hall
King George Square, Bisbane Qld 4000
Tel. 073-3221 8411
Fax 073-3229 5126

**Bundaberg District Tourism &
Development Board Ltd**
Cnr Mulgrave & Bourbong Streets,
Bundaberg Qld 4670
Tel. 071-522 333
Fax 071-531 444

Capricorn Tourism & Development Organisation Inc
Capricorn Information Centre, 'The Spire'
Gladstone Road, Rockhampton Qld 4700
Tel. 079-272 055
Fax 079-222 2605

Far North Qld Promotion Bureau Ltd
Cnr Grafton & Harley Streets,
Cairns Qld 4870
Tel. 070-513 588
Fax 070-510 127

Fraser Coast South Burnett
Regional Tourism Board Ltd
1st Floor, 224 Bazar Street,
Maryborough Qld 4650
Tel. 071-223 444
Fax 071-223 426

Gold Coast Tourism Bureau Ltd
2nd Floor, 64 Ferny Avenue,
Surfers Paradise Qld 4217
Tel. 075-922 699
Fax 075-703 144

Tourism Mackay Inc
Tourist Information Centre
The Mill, 320 Nebo Road,
Mackay Qld 4740
Tel. 079-522 677
Fax 079-522 034

Townsville Enterprise Ltd
Enterprise House, 6 The Strand,
Townsville Qld 4810
Tel. 077-713 061
Fax 077-714 361

Whitsunday Visitors Bureau
Beach Plaza, The Esplanade,
Airlie Beach Qld 4802
Tel. 079-466 673
Fax 079-467 387

REISEZENTREN IN QUEENSLAND

Brisbane
Cnr Adelaide & Edward Streets
Tel. 073-3221 6111
Fax 073-3221 5320

Sydney
75 Castlereagh Street
Tel. 02-9232 1788
Fax 02-9231 5153

Canberra
25 Garema Place
Tel. 06-248 8411
Fax 06-257 4160

Melbourne
257 Collins Street
Tel. 03-9654 3866
Fax 03-9650 1847

Adelaide
10 Grenfell Street
Tel. 08-8212 2399
Fax 08-8211 8841

Perth
Shop 6, 677 Hay Street
Tel. 09-322 1777
Fax 09- 322 1800
oder Tel. 131 801

Die Küste nördlich von Port Douglas, Queensland.

TAGESTRIPS: TAUCHEN/SCHNORCHELN

Bundaberg Seaplane Tours
PO Box 1986, Bundaberg Qld 4670
Tel. 071-552 068
Fax 071-552 068

Capricorn Cruises
PO Box 571, Yeppoon Qld 4703
Tel. 079-336 744
Fax 079-336 429

Dolphin Reef Charters
Gladstone Qld 4680
Tel. 079-736 730
Mobil 018 458 750

Fantasea Cruises
PO Box 616, Airlie Beach Qld 4802
Tel. 079-465 111
Fax 079-645 520

Great Adventures
PO Box 898, Cairns Qld 4870
Tel. 070-515 644
Fax 070-313 753

Lady Elliot Island Resort
PO Box 206, Torquay Qld 4655
Tel. 071-516 077
Fax 071-531 285

Lady Musgrave Barrier Reef Cruises
1 Quay Street, Bundaberg Qld 4670
Tel. 071-529 011
Fax 071-524 948

Ocean Spirit Cruises
PO Box 2140, Cairns Qld 4870
Tel. 070-312 920
Fax 070-314 344

Pure Pleasure Cruises
Great Barrier Reef Wonderland
PO Box 898, Townsville Qld 4810
Tel. 077-213 555
Fax 077-213 590

Quicksilver Connections Ltd
PO Box 171, Port Douglas Qld 4871
Tel. 070-995 500
Fax 070-995 525

1770 Barrier Reef Day Cruises
7 Tyron Court, Gladstone Qld 4680
Tel. 079-749 188
Fax 079-749 254

Sunlover Cruises
PO Box 835, Cairns Qld 4870
Tel. 070-311 055
Fax 070-313 866

Whitsunday Connections
PO Box 821, Airlie Beach Qld 4802
Tel. 079-469 577
fax 079-469 702

Yellowfin Charters
PO Box 7005, North Bundaberg Qld 4670
Tel. 071-516 448
Fax 071-531 215

DIE CAPRICORN- UND BUNKER-GRUPPE

Die Inseln und Riffe der Capricorn- und Bunker-Gruppe am Südende des Great Barrier Reef bieten einige der interessantesten und vielseitigsten Tauchgebiete des ganzen Riffs. Rund um diese Inseln und Riffe liegen üppige Korallengärten, Pfeiler und Steilwände, die eine Unzahl Fische, Meeresschildkröten, Riffhaie, Seeschlangen, Mantas und Buckelwale im Winter beherbergen. Fast alle Gebiete sind weniger als 30 m tief, im Schnitt 15 m, und lassen somit viel Zeit, die wundersame Unterwasserwelt zu erkunden.

Die Capricorn- und Bunker-Gruppe liegen im Capricornia Marine Park. Das Gebiet umfaßt mehrere Zonen für die allgemeine Nutzung, die Regeneration, den Schutz, die vorübergehende Schließung und die Forschung. In der Capricorn-Gruppe gibt es zwei Stationen für Meeresforschung, auf der Heron Island, die man besichtigen kann, und der One Tree Island, die für Sporttaucher gesperrt ist. Die Wissenschaftler dort erforschen unter anderem die Dynamik und den Schutz der Riffe, die Riffökologie und Einwirkungen der Umweltverschmutzung. Man achte auf Forscher, die im Flachwasser eigenartige Experimente durchführen.

Wer die Capricorn- und Bunker-Gruppe besucht, startet in Urangan, Bundaberg oder Gladstone mit dem Schiff, Flugzeug oder Hubschrauber. Ein Besuch dort reicht bei weitem nicht aus, und deshalb kommen viele Taucher Jahr für Jahr wieder.

Die Heron und Lady Elliot Island sind zweifellos das beliebteste Ziel in der Capricorn- und Bunker-Gruppe, aber viele Taucher erleben die Riffe und Inseln auch gern von einem Schiff aus. Bis auf die One Tree und die Wreck Island kann man alle Inseln und Riffe der Region aufsuchen.

Charterboote, die auch Angelfahrten machen, starten im Hafen von Urangan und Gladstone. Normalerweise fahren sie für Gruppen, die in Tauch-Shops oder -Clubs gebucht haben, nehmen aber auch andere Passagiere mit. Fahrten in dieses Gebiet dauern fünf Tage bis eine Woche.

Gegenüber: Friedliche Leopardenhaie zeigen sich im Sommer bei der Lady Elliot Island.
Oben: Beim Pfeiler an der Heron Island zu schnorcheln ist ein einmaliges Erlebnis.

CAPRICORN- & BUNKER-GRUPPE

Cairns
Townsville
Mackay
Rockhampton
Gladstone
Bundaberg
BRISBANE

Moresby Bank

0 10 20 30 40 50 km
0 10 20 30 Meilen

SÜDPAZIFISCHER OZEAN

Guthrie Shoal

Douglas Shoal

15

North Reef

14

Tryon Island

13 Broomfield Reef

North West Island

Wilson Island

12

Wreck Island

Capricorn-Gruppe
(8-15)

11 Sykes Reef

Cape Capricorn

Wistari Reef **10** Heron Island

One Tree Island

Erskine Island

Masthead Island **9**

7 Lamont Reef

Polmaise Reef

6

Curtis Island

8

Fitzroy Reef

Black Head

5 Llewellyn Reef

Capricorn Channel

4 — Boult Reef

Facing Island

Hoskyn Islands **3**

Bunker-Gruppe
(1-7)

Fairfax Islands

Gladstone

2

Lady Musgrave Island

Tannum Sands

Rodds Peninsula

Calliope

Clews Point

Korallen-

Lady Elliot Island

Eurimbula N.P.

See

Castle
Tower N.P.

Deepwater N.P.

Miriam Vale

Snake Pit **1**

Oyster Creek

Boyne River

Ubobo

BRUCE HIGHWAY

Baffle Creek

Rule's Beach GRENZE DES MEERESSCHUTZGEBIETS (Mackay/Capricorn Section)

Littabella N.P.

Rosedale

Q u e e n s l a n d

Bargara

Lake Monduran

Burnett Heads

Monto

BUNDABERG

Nach Maryborough / Hervey Bay

Nach Mackay

1 SNAKE PIT

★ ★ ★ ★ ★

Lage: Südlich der Bunker-Gruppe, 80 km von Urangan entfernt.
Zugang: Von Urangan 4 h mit dem Schiff.
Bedingungen: Starke Strömungen. Tauchen nur bei ruhiger See möglich. Sicht durchschnittlich 20 m.
Minimale Tiefe: 20 m.
Maximale Tiefe: 45 m.
Snake Pit ist ein Pfeiler, der aus 45 m bis 20 m unter die Oberfläche aufragt. Die Korallen oben am Pfeiler sind nichts Besonderes, aber das Meeresleben ist vielfältig. An Fischen gibt es Stachelmakrelen, Süßlippen, Fledermausfische, Schnapper, Napoleon-Lippfische, Juwelen-Zackenbarsche, Füsiliere, Doktor- und Husarenfische sowie Barrakudas. Adlerrochen und Riffhaie umrunden in der ständigen Strömung die Pfeilerspitze. Besonders eindrucksvoll sind die Dutzende von Oliven- und Gebänderten Seeschlangen. So friedlich und gutmütig sie sind, es zehrt doch etwas an den Nerven, wenn einem mehrere Seeschlangen in die Maske starren oder sich um die Ausrüstung winden. Dieses einzigartige Gebiet wird wegen seiner Lage und des unberechenbaren Wetters selten betaucht. Die Boomerang aus Urangan ist eines der wenigen Schiffe, das Snake Pit anläuft.

2 FAIRFAX ISLANDS

★ ★ ★ ★ ★ ★ ★

Lage: Am Nordende der Bunker-Gruppe 110 km von Gladstone.
Zugang: Über 6 h mit dem Schiff von Gladstone.
Bedingungen: Im Schutz eines Riffs, zumeist ruhig, leichte Strömungen. Sicht durchschnittlich 20 m.
Minimale Tiefe: 6 m.
Maximale Tiefe: 16 m.
Aus dem Sand an der Nordseite der Fairfax-Inseln ragen mehrere Pfeiler. Bei den kleineren stoßen Taucher wahrscheinlich auf Meeresschildkröten, Kugelfische, Juwelen-Zackenbarsche, Stechrochen, Riffhaie, gelegentlich Leopardenhaie und Mantas. Im 16 m tiefen Wasser ragt ein mächtiger Pfeiler 10 m auf. Er ist von Höhlen durchlöchert und hat einen großen Durchlaß, in dem dichte Schwärme von Kleinfischen stehen. Wenn man hindurchschwimmt, entdeckt man auch Feuerfische, Juwelen-Zackenbarsche, Kaiserfische, Süßlippen, Husarenfische und Muränen. Vorsicht vor den scheinbar allgegenwärtigen Fransen-Wobbegongs, auf die man sich leicht ahnungslos kniet - und eventuell gebissen wird. Gelegentlich sieht man auch Meeresschildkröten, Stech-

rochen, Napoleon-Lippfische und Papageifische. Nachts, im Licht der Lampen, erstrahlt dieser Pfeiler in einem Farbenmeer. Die Höhlenwände sind mit gelben Zäpfchenkorallen bedeckt. Weichkorallen, Haarsterne, Seeanemonen, Schwämme, Seescheiden und Hydrozoen setzen Farbtupfer. Dazu Rotweiß-gebänderte Scherengarnelen, schlafende Fische und Krabben.

3 HOSKYN ISLANDS

★ ★ ★ ★ ★ ★

Lage: Am Nordende der Bunker-Gruppe 110 km von Gladstone.
Zugang: Über 6 h mit dem Schiff von Gladstone.
Bedingungen: Im Schutz eines Riffs, zumeist ruhig. Sicht durchschnittlich 20 m.
Minimale Tiefe: 3 m.
Maximale Tiefe: 15 m.
An der Nordseite der Inseln kann man in den Korallengärten des Flachwassers herrlich tauchen. In diesem Korallenmärchenland sieht man Mantas, Meeresschildkröten, Blaupunkt-Stechrochen, Langusten, Süßlippen, Riffhaie, Regenbogen-Stachelmakrelen und zahlreiche Riffische. Nachts ist dieses Riff noch schöner, wenn man im Licht der Lampen Garnelen, Krabben, Weichtiere, Schlangensterne, Seesterne und eventuell große Spanische Tänzerinnen entdeckt. Bei genauerem Hinsehen enthüllen die Korallen schlafende Riffbarsche, Halfter- und Falterfische, Füsiliere, Koffer- und kleine Kugelfische.

4 BOULT REEF

★ ★ ★ ★ ★ ★

Lage: Am Nordende der Bunker-Gruppe 110 km von Gladstone.
Zugang: Über 6 h mit dem Schiff von Gladstone.
Bedingungen: Im Schutz eines Riffs, daher zumeist ruhig. Sicht durchschnittlich 20 m.
Minimale Tiefe: 3 m.
Maximale Tiefe: 15 m.
An der Nordseite liegen ausgedehnte Korallengärten, die mit Gräben und Vorsprüngen durchzogen sind und zahlreiche kleine Korallenblöcke aufweisen. Es wimmelt von kleinen Riffischen wie Kaiserfischen, Fahnenbarschen, Grundeln, Büschelbarschen, Feilen-, Schleim-, Koffer- und Lippfischen. Pelagische Arten ziehen über das Riff, und die Taucher sehen einsame Barrakudas, Makrelen und Riesenschwärme von Stachelmakrelen. Meeresschildkröten sind offenbar besonders häufig, schlafen unter Vorsprüngen oder gleiten langsam über das Riff. Auch Mantas segeln heran, umkreisen den Taucher und verschwinden wieder. Wenn man nach oben blickt, sieht

man sie mit weit geöffnetem Maul Plankton filtrieren. Nach Einbruch der Dunkelheit kommen Weichtiere, Garnelen, Krabben und Husarenfische aus ihrem Versteck. In den Korallen schlafen Papagei- und Falterfische, Büschelbarsche und Lippfische. Langusten krabbeln auf

MEERESSCHILDKRÖTEN

Alle Meeresschildkrötenarten sind in australischen Gewässern geschützt, da sie auf der Liste gefährdeter Tiere stehen. Trotz des gesetzlichen Schutzes geht ihre Zahl durch Fischnetze, Plastikmüll und Krankheiten zurück. Im Great Barrier Reef sind hauptsächlich Suppen-, Unechte Karett- und Echte Karettschildkröten vertreten. Lederschildkröten sieht man im Meer selten, und in australischen Gewässern brüten sie kaum. Hauptbrutzeit ist Oktober bis Mai. Meeresschildkröten paaren sich im Flachwasser der Inseln des Great Barrier Reef. Die Weibchen kommen nachts bei Flut ans Ufer, graben ein Loch, legen 50 bis 100 tischtennisballgroße Eier hinein, bedecken sie mit Sand und kehren ins Wasser zurück. Nach sechs bis acht Wochen schlüpfen die Jungen nachts und krabbeln zum Wasser. Inseln wie Heron und Lady Elliot veranstalten in der Saison geführte Wanderungen zu den Brutplätzen.

Nahrungs- oder Partnersuche über das Riff, an dem Gelbgefleckte Muränen patrouillieren. Es ist ungeheuer spannend, eine 2 m lange Muräne beim Jagen zu beobachten - sie durchstöbert jedes Loch, probiert das Wasser und wenn sie ihre Beute, meist einen schlafenden Füsilier, ortet, stürzt sie sich auf ihn, beißt ihn fast durch und verschlingt ihn. Bei näherem Hinsehen entdeckt man viele farbenprächtige Wirbellose.

5 LLEWELLYN REEF

★ ★ ★ ★ ★ ★ ★

Lage: Am Nordende der Bunker-Gruppe 100 km von Gladstone.
Zugang: Über 6 h mit dem Schiff von Gladstone.
Bedingungen: Im Schutz eines Riffs, zumeist ruhig. Sicht durchschnittlich 20 m.
Minimale Tiefe: 6 m.
Maximale Tiefe: 18 m.
Llewellyn Reef ist ähnlich gebaut wie viele Riffe ringsum, mit einer Steilwand an der Südseite und seichten Korallengärten an der Nordseite. Das geschützte Riff hat einen der schönsten Korallengärten der Gegend. Der Fischbestand ist artenreich: Feuer- und Papageifische, Zahn- und Napoleon-Lippfische, Feilenfische, Fahnenbarsche, Drachenköpfe, Schweins-Lippfische, Meerbarben, Flötenfische, Süßlippen, Anemonen-, Drücker- und Kaiserfische. Wahrscheinlich begegnet man auch Meeresschildkröten, Riffhaien, Seeschlangen, Stechrochen und einigen Schwärmen pelagischer Fische.

Bei diesen Inseln und Riffen trifft man oft auf Unechte Karettschildkröten.

6 FITZROY REEF

* * * * * * * *

Lage: Am Nordende der Bunker-Gruppe 110 km von Gladstone.
Zugang: Über 6 h mit dem Schiff von Gladstone.
Bedingungen: Im Schutz eines Riffs, zumeist ruhig. Sicht durchschnittlich 20 m.
Minimale Tiefe: 6 m.
Maximale Tiefe: 18 m.
Das Riff hat an der Nordseite große Pfeiler und Rinnen. Die Pfeiler sind voller kleiner Höhlen und mit gesunden Stein-, Weich- und Peitschenkorallen sowie Anemonen, Hornkorallen und Schwämmen bedeckt. U. a. sind Napoleon-Lippfische, Barramundis, Zackenbarsche, Kaiser-, Wimpel-, Nashorndoktor- und Flötenfische, Juwelen-Zackenbarsche, Makrelen, Barrakuda-Schnapper sowie Fledermaus- und Papageifische zu sehen. Unter Vorsprüngen ruhen zuweilen Suppenschildkröten, und Weißspitzen-Riffhaie schwimmen oft die Rinnen ab. Fitzroy Reef bietet interessantes Nachttauchen und hat eine große geschützte Lagune mit einem sicheren Ankerplatz. Der Boden der Lagune ist übersät mit Korallenblöcken aller Größen und beherbergt ein reiches Meeresleben von Korallenkrabben und Seespinnen bis zu Koffer- und Kugelfischen.

7 LAMONT REEF

* * * * * * * *

Lage: Am Nordende der Bunker-Gruppe 95 km von Gladstone.
Zugang: Über 5 h mit dem Schiff von Gladstone.
Bedingungen: Im Schutz eines Riffs, zumeist ruhig, leichte Strömungen. Sicht durchschnittlich 20 m.
Minimale Tiefe: 6 m.
Maximale Tiefe: 30 m.
An der Südseite dominiert eine steile Korallenwand, vor der leichte Strömungen gehen, die Strömungstauchen zulassen. Die Wand weist zahlreiche Vorsprünge und Höhlen auf, die schlafende Meeresschildkröten, Fransen-Wobbegongs, Gelbbraune Ammenhaie, Feuerfische, Stechrochen, Muränen und manchmal auch massenhaft Kleinfische verbergen. Der Wandschmuck besteht aus Peitschen-, kleinen Weich-, Horn- und Steinkorallen, Schwämmen, Seescheiden und gelben Zäpfchenkorallen. Zahllose Fische schwimmen auf und ab: Stachelmakrelen, Barrakudas, Makrelen, Füsiliere und Doktorfische. Scheue Weißspitzen-Riffhaie schwimmen vorüber, während Olive Seeschlangen in den Löchern nach Nahrung suchen. An der Nordseite liegt ein schönes Riff mit Rinnen und Pfeilern. Die Fischfauna ist üppig: Barrakuda-Schnapper,

Große Schnapperschwärme sind oft zu sehen.

Stachelmakrelen, Doktorfische, Barrakudas, Zahnlippfische, Juwelen-Zackenbarsche, Feuer-, Koffer-, Fledermaus-, Papagei- und verschiedene Lippfische. In den Rinnen entdeckt man unter Umständen Suppenschildkröten, Stechrochen, Langusten, Muränen und Fransen-Wobbegongs. Es ist zudem ein ideales Gebiet für Makroaufnahmen.

8 POLMAISE REEF

* * * *

Lage: An der Westseite der Capricorn-Gruppe 60 km von Gladstone.
Zugang: Über 4 h mit dem Schiff von Gladstone.
Bedingungen: Das Riff bietet wenig Schutz, leichte Strömungen. Sicht durchschnittlich 15 m.
Minimale Tiefe: 6 m.
Maximale Tiefe: 10 m.
Kleine Pfeiler an der Nordwestecke des Riffs liegen in einer ständigen Strömung und ziehen unzählige Fische an. Schwärme von Barrakudas, Stachelmakrelen und Fledermausfischen umkreisen die Pfeiler, während Juwelen-Zackenbarsche, Schnapper, Süßlippen und Kaiserfische dicht beim Riff bleiben. Bei den Pfeilern entdeckt man wahrscheinlich auch auf den Korallen ruhende Fransen-Wobbegongs, den Boden nach Nahrung absuchende Olive Seeschlangen, Korallenpolypen abfressende Falterfische und in der Strömung treibende Suppenschildkröten. Die Pfeiler sind reich an Farben und Korallen, aber das Besondere dieses Gebietes sind die vielen Fische.

Gelbe Zäpfchenkorallen bei einem Nachttauchgang.

AUSTRALISCH VS. ENGLISCH

Australische Bezeichnungen weichen in einigen Fällen vom Englischen ab. So heißt der Pfeiler (engl.: pinnacle) auf australisch **bommie**, der Zackenbarsch (engl.: grouper) **cod**, die Stachelmakrelen (engl.: jacks) werden zu **trevally**, und der Kobia (engl.: black kingfish) wird in Australien **cobia** genannt.

9 MASTHEAD ISLAND
★★★★★★

Lage: An der Westseite der Capricorn-Gruppe 65 km von Gladstone.
Zugang: Über 4 h mit dem Schiff von Gladstone.
Bedingungen: Im Schutz eines Riffs, zumeist ruhig. Sicht durchschnittlich 15 m.
Minimale Tiefe: 3 m.
Maximale Tiefe: 15 m.
Masthead ist eine beliebte Campinginsel, die gelegentlich von Charterbooten angelaufen wird. Maximal dürfen 60 Personen gleichzeitig auf der Insel weilen, und da Kompressoren nicht erlaubt sind, sind die meisten Camper Schnorchler. In den zahlreichen Korallengärten und kleinen Pfeilern um die Insel sind die verschiedensten Fische und Niedere Tiere zu Hause. Kaiser-, Papagei- und Falterfische, Süßlippen, Fledermaus-, Lipp-, Feilen-, Doktor- und Zahnlippfische sind gut vertreten, aber man kann auch Stechrochen, Riffhaie, Meeresschildkröten und etliche Seeschlangen sehen.

10 WISTARI REEF
★★★★★★★★

Lage: Im Zentrum der Capricorn-Gruppe, südwestlich der Heron-Insel, 75 km von Gladstone.
Zugang: Über 5 h mit dem Schiff von Gladstone.
Bedingungen: Im Schutz eines Riffs, zumeist ruhig, leichte Strömungen. Sicht durchschnittlich 20 m.
Minimale Tiefe: 6 m.
Maximale Tiefe: 35 m.
An der Nordseite fällt eine durchgehende Wand in den Kanal zwischen dem Riff und Heron Island ab. Diese Steilwand weist üppigen Korallenwuchs auf. Im Flachwasser stehen Geweihkorallenwälder, weiter unten an der Wand gibt es Horn- und Peitschenkorallen, Schwämme, Weichkorallen und Seescheiden. Es gibt reichlich Riffische wie Büschelbarsche, Kaiser-, Falter- und Flötenfische, Seifenbarsche, Grundeln, Drachenköpfe, Feilen- und Kugelfische. Auch große Riffische wie Juwelen-Zackenbarsche, Süßlippen, Zahnlipp-, Papagei- und Drückerfische sind zu sehen, gelegentlich pelagische Arten. Der Taucher trifft auf Stachelmakrelen, Füsiliere, Doktorfische, Regenbogen-Stachelmakrelen und gelegentlich auf Barrakudas. Riffhaie, Meeresschildkröten, Langusten, Fransen-Wobbegongs, Stechrochen und Epaulettenhaie bevölkern das Gebiet ebenfalls. An dieser Wand wird gern Strömungstauchen praktiziert, während die Schnorchler die Korallengärten oben erkunden.

11 SYKES REEF
★★★★★★★★

Lage: An der Ostseite der Capricorn-Gruppe 80 km von Gladstone.
Zugang: Über 5 h mit dem Schiff von Gladstone.
Bedingungen: Im Schutz eines Riffs, zumeist ruhig. Sicht durchschnittlich 20 m.
Minimale Tiefe: 3 m.
Maximale Tiefe: 18 m.
Mehrere Rinnen an der Nord- und Ostseite des Riffs bieten aktionsreiches Tauchen. Zu bestimmten Jahreszeiten wimmelt es in den Rinnen von Glasbarschen, die zahlreiche größere Fische anlocken wie verschiedene Zackenbarscharten, Süßlippen, Regenbogen- und andere Stachelmakrelen. Wahrscheinlich sieht man auch Doktor-, Papagei- und Fledermausfische, Meeresschildkröten, Stechrochen, Muränen und gelegentlich Große Tümmler. Haie sind häufig, vom bodenbewohnenden Gelbbraunen Ammenhai über Fransen- und Gebänderte Wobbegongs bis zu den schnelleren Weißspitzen-, Schwarzspitzen- und Grauen Riffhaien. In den Rinnen kann man wunderbar schnorcheln und tauchen.

12 NORTH WEST ISLAND

* * * * * * * *

Lage: Am Nordende der Capricorn-Gruppe 80 km von Gladstone.
Zugang: Über 5 h mit dem Schiff von Gladstone.
Bedingungen: Im Schutz eines Riffs, zumeist ruhig. Sicht durchschnittlich 15 m.
Minimale Tiefe: 3 m.
Maximale Tiefe: 15 m.
Diese Insel hat den belebtesten Zeltplatz der Capricorn-Gruppe. Man kann rund um die Insel herrlich tauchen und schnorcheln und ausgedehnte Korallengärten, Pfeiler und viele Gräben und Höhlen erkunden. An der Südseite des Riffs fällt eine kleine Wand auf 15 m ab, wo manchmal pelagische Arten zu finden sind. Taucher treffen auf Barrakudas, Stachelmakrelen, Makrelen und Riffische wie Feuer-, Husaren-, Kaiser-, Falter-, Papagei- und Doktorfische. Meeresschildkröten, Stechrochen und Riffhaie sind häufig, ebenso Nacktschnecken, Platt- würmer, Seesterne, Seeanemonen, Krabben, Garnelen und Weichtiere. Vom Riffdach bis zur -kante wird gern geschnorchelt. Das Riffdach ist bei Flut lohnend, da dann Epaulettenhaie, kleine Muränen, Blaupunkt-Stechrochen, Geigenrochen, Schwärme fressender Papageifische, Muscheln, Seesterne, Seegurken und kleine Riffhaie zu sehen sind.

13 BROOMFIELD REEF

* * * * * * *

Lage: Am Nordende der Capricorn-Gruppe 80 km von Gladstone.
Zugang: Über 5 h mit dem Schiff von Gladstone.
Bedingungen: Im Schutz eines Riffs, zumeist ruhig. Sicht durchschnittlich 20 m.
Minimale Tiefe: 6 m.
Maximale Tiefe: 15 m.
Dieses Riff hat viele Pfeiler, deren große Korallenblöcke vielfältiges Meeresleben anlocken, von pelagischen Arten bis zu Riffischen. Häufig sind Barrakudas, Fledermaus- fische, Juwelen-Zackenbarsche, Makrelen, Muränen, Feuerfische, Stachelmakrelen, Glasbarsche, Fransen- Wobbegongs, Meeresschildkröten, Stechrochen und Riffhaie. Am Saumriff laden viele Rinnen und kleine Höhlen zum Erkunden ein. Riffische sind besonders zahlreich; der Taucher sieht Papagei-, Doktor- und Zahn- lippfische, Zackenbarsche, Kugel- und Halfterfische.

Taucher waten vor Lady Elliot Island zu ihrem Boot.

Geweihkorallen gibt es in den verschiedensten Formen und Farben.

14 TRYON ISLAND

★ ★ ★ ★ ★ ★ ☆

Lage: Am Nordende der Capricorn-Gruppe 85 km von Gladstone.
Zugang: Über 5 h mit dem Schiff von Gladstone.
Bedingungen: Im Schutz eines Riffs, zumeist ruhig. Sicht durchschnittlich 20 m.
Minimale Tiefe: 6 m.
Maximale Tiefe: 20 m.
Tryon ist wahrscheinlich die abgelegenste und ursprünglichste Campinginsel der Capricorn- und Bunker-Gruppe. An der Südseite liegen ausgedehnte Korallengärten mit Gräben, wo viele Riffische leben; an der Ostseite gibt es eine kleine Steilwand, die regelmäßig von pelagischen Arten aufgesucht wird. Bei den Tauchern am beliebtesten sind die vielen Pfeiler an der Nord- und Westseite. Einige dieser Korallenblöcke sind 10 m hoch und mit kleinen Höhlen und Vorsprüngen übersät. Feuer- und Husarenfische, Drachenköpfe, Muränen, Kaiser- und Kugelfische, Fahnenbarsche, Juwelen-Zackenbarsche und Flötenfische sind gut vertreten. Die Pfeiler locken auch pelagische Arten an, Riffhaie, Stech- und Adlerrochen, Meeresschildkröten und Mantas, die sich dort von Putzer-Lippfischen putzen lassen. Schnorchler finden viel zu entdecken und kommen dem Leben im Riff sehr nahe.

15 NORTH REEF

★ ★ ★ ★ ★ ★ ☆

Lage: Am Nordende der Capricorn-Gruppe 95 km von Gladstone.
Zugang: Über 5 h mit dem Schiff von Gladstone.
Bedingungen: Im Schutz eines Riffs, zumeist ruhig. Sicht durchschnittlich 20 m.
Minimale Tiefe: 6 m.
Maximale Tiefe: 20 m.
An der Nordseite liegt eine schöne Steilwand mit vielen Überhängen. Zahlreiche Schwarmfische kommen hierher, um Glasbarsche zu fangen: Juwelen-Zackenbarsche, Süßlippen, Stachelmakrelen und Füsiliere. Auch Muränen, Fransen-Wobbegongs, Zackenbarsche, Napoleon-Lippfische, Feuerfische, Zackenbarsche, Barramundis und Husarenfische sind hier zu Hause. Die Steilwand führt zu einem kleinen, mit Korallenblöcken gespickten Korallendamm, wo Taucher kleinere Riffische, Blaupunkt-Stechrochen, Fledermaus-, Papagei- und Kaiserfische, Suppen- und Unechte Karettschildkröten erleben können. Mantas sind häufig hier, beobachten Sie also die Oberfläche, wohin diese majestätischen Tiere in Schwärmen zum Fressen kommen. Auf der Südseite des Riffs liegt das Wrack der Cooma, die 1926 dort sank. Übriggeblieben ist nur ein Haufen Stahl im Flachwasser.

Lady Elliot Island

Lady Elliot ist die südlichste Insel im Great Barrier Reef. Aufgrund der Lage in der Nähe des Kontinentalsockels leben in den Riffen viele einzigartige Tiere. Jahrelang war sie das gutgehütete Geheimnis einiger australischer Taucher, doch dann sprach es sich herum, und jetzt kommen Taucher aus der ganzen Welt hierher. Hauptgrund für den Besuch vieler sind die berühmten Mantas, doch hier sind auch zahlreiche andere Meerestiere zu sehen: im Sommer Seeschlangen und Leopardenhaie, ganzjährig Meeresschildkröten, Stechrochen, Riffhaie und Schwarmfische, und im Winter manchmal Wale und Delphine. Die Insel bietet das ganze Jahr großartiges Tauchen.

Entdeckt und benannt (nach dem Schiff Lady Elliot) wurde die Insel 1816 von Thomas Stewart. Im Verlauf der Jahre wurde dort Guano abgebaut und in den Gewässern nach Trepang gefischt. Während des Guanoabbaus wurden die Bäume auf der Insel gefällt und der Boden 2 m abgetragen. In dieser Zeit gingen auch einige Schiffe im Riff verloren. Die Wracks liegen an der Peripherie, haben das Wracktauchen aber nicht beleben können. 1866 wurde ein Leuchtturm gebaut, damit nicht noch mehr Schiffe auf das Riff liefen.

1969 wurde die Insel für Touristen freigegeben. Man baute eine Landebahn und pflanzte Bäume an. Es ist eine dezente Ferienanlage mit verschiedenen Unterkünften, mit Andenkenladen, Zentrum für Meereskunde, Bibliothek, Bar, Pool und Tauchshop, der Tauchkurse durchführt und täglich Tauchgänge vom Boot oder vom Ufer aus anbietet. Je nach Bedingungen gibt es regelmäßige Nachttauchgänge. Das Tauchen vor Lady Elliot ist ziemlich einfach, ob man Strömungstauchen vom Boot praktiziert oder vom Ufer aus die Pfeiler erkundet. Gelegentlich beeinträchtigen starke Strömungen die Tauchgebiete.

Für Schnorchler gibt es viel zu entdecken. Selbst Nichttaucher sind bald die meiste Zeit im Wasser. Ansonsten kann man am Riff spazieren gehen, im Winter Wale beobachten und Vögel, da in einem großen Schutzgebiet jedes Jahr Tausende von Vögeln nisten.

Lady Elliot erreicht man am besten mit dem Flugzeug von Bundaberg. Der Flug dauert nur 40 Minuten. Der erste Blick aus der Luft auf die Insel, wenn Mantas im klaren blauen Wasser treiben, ist absolut einmalig.

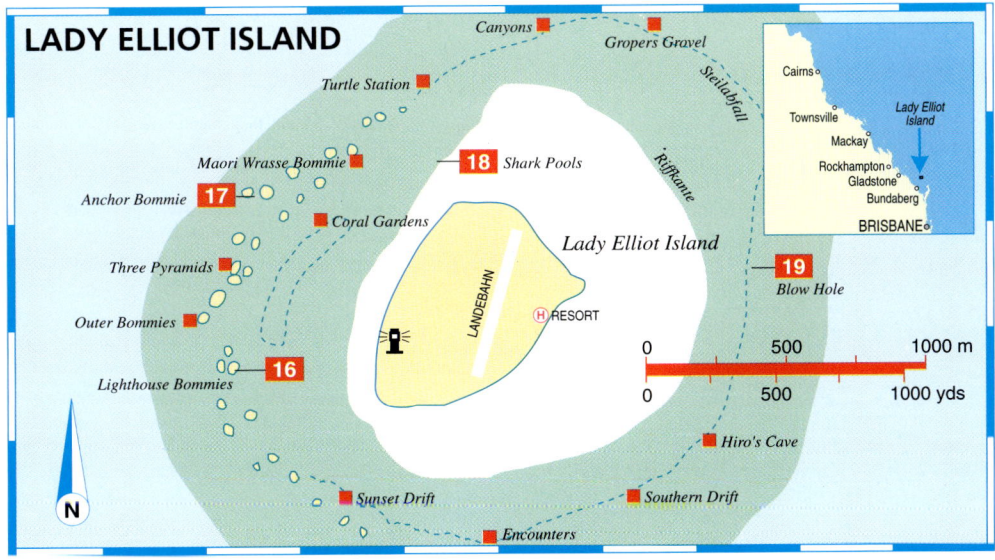

Lady Elliot Island aus der Luft.

16 LIGHTHOUSE BOMMIES

Lage: An der Westseite von Lady Elliot Island 100 m vom Ufer.
Zugang: Mit dem Boot oder vom Ufer aus, nur wenige Minuten vom Hotel.
Bedingungen: Im Schutz eines Riffs, zumeist ruhig, leichte Strömungen. Sicht durchschnittlich 25 m.
Minimale Tiefe: 3 m.
Maximale Tiefe: 16 m.
Die Lighthouse Bommies sind kleine Korallenblöcke voller Meeresleben. Man schnorchelt über eine Sandfläche und steigt hinter einem Korallenvorsprung ab, wo es von Doktorfischen und Süßlippen wimmelt. Vom Vorsprung kann man zu den Blöcken treiben, wo wahrscheinlich Mantas darauf warten, von Putzer-Lippfischen geputzt zu werden. Fast immer stehen Mantas bei den Blöcken und umkreisen die Taucher gelegentlich. Die Lighthouse Bommies beherbergen Fledermausfische, Stechrochen, Weißfleck-Geigenrochen, Echte Karett- und Suppenschildkröten, Seeschlangen, Muränen, Juwelen-Zackenbarsche, Adlerrochen, Feuerfische, Fransen-Wobbegongs, Riffhaie, Stachelmakrelen, Barrakudas und viele andere Fische. Im Sommer sieht man Leopardenhaie. Ein unglaubliches Tauchgebiet mit schönen Korallen und Artenreichtum.

17 ANCHOR BOMMIE

Lage: An der Westseite von Lady Elliot Island 100 m vom Ufer.
Zugang: Mit dem Boot oder vom Ufer aus, nur wenige Minuten vom Hotel.
Bedingungen: Im Schutz eines Riffs, zumeist ruhig, leichte Strömungen. Sicht durchschnittlich 25 m.
Minimale Tiefe: 10 m.
Maximale Tiefe: 20 m.
Hinter den Korallengärten führt ein Seil die Taucher an zahlreichen Korallenblöcken vorbei. Der letzte, Anchor Bommie, ist so groß wie ein zweistöckiges Haus. An seinem Fuß liegen zwei Anker von Guanoschiffen. Der Block weist mehrere Höhlen und Vorsprünge auf, wo sich Glasfische und Kardinalbarsche aufhalten. Neben Feuerfischen, Fahnen- und Riffbarschen, Falter- und Drückerfischen, Büschelbarschen und Schleimfischen verdecken Schwärme von Riffischen den Block. Stachelmakrelen und Barrakudas ziehen zuweilen in Schwärmen vorbei, und wahrscheinlich sieht man auch Makrelen, verschiedene Zackenbarscharten, den seltenen Schaukelfisch, Doktorfische und Napoleon-Lippfischen. Mantas sind häufig und bleiben, wenn man sie nicht stört. Auf dem Sand entdeckt man ganze Kolonien Röhrenaale, Stechrochen, Leopardenhaie, Geigenrochen und manchmal

auch Olive-Seeschlangen. Auch Unechte Karett-, Suppen- und Lederschildkröten schlafen unter Vorsprüngen oder treiben in der Strömung.

18 SHARK POOLS
★★★★★★★★★★★

Lage: An der Westseite von Lady Elliot Island 100 m vom Ufer.
Zugang: Mit dem Boot oder vom Ufer aus, wenige Minuten vom Hotel.
Bedingungen: Im Schutz eines Riffs, zumeist ruhig, leichte Strömungen. Sicht durchschnittlich 15 m.
Minimale Tiefe: 1 m.
Maximale Tiefe: 10 m.

Shark Pools besteht aus mehrere Rinnen, wo Riffhaie ein eigenartiges Verhalten zeigen. Sie sammeln sich bei Ebbe bei den Tümpeln, warten Gezeitenwechsel und stürzen sich dann auf die dort gefangenen Fische. Schwarz-spitzen-, Weißspitzen- und Graue Riffhaie sowie Bronze-haie streichen zu Dutzenden in diesen Rinnen auf und ab – ein Nerventest für den unerfahrenen Taucher. Die meisten Haie schrecken vor den Luftblasen der Geräte zurück; als Schnorchler kann man sich besser annähern. Dann kommen die Haie, vor allem Graue Riffhaie, und inspizieren die Taucher. Auch die Tümpel bieten Sehenswertes. Sie haben Höhlen und Durchgänge, wo man mit etwas Glück ruhende Weißspitzen-Riffhaie, Fransen-Wobbegongs, Schwarmfische und Meeresschild-kröten entdeckt. Ein Tauchgang mit engen Haikontakten und entsprechendem Nervenkitzel.

19 BLOW HOLE
★★★★★

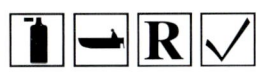

Lage: An der Ostseite von Lady Elliot Island 200 m vom Ufer.
Zugang: Mit dem Boot, nur wenige Minuten vom Hotel.
Bedingungen: Exponierterer Riffteil, daher meistens rauh, leichte Strömungen, die sehr stark werden können. Sicht durchschnittlich 25 m.
Minimale Tiefe: 15 m.
Maximale Tiefe: 26 m.

Eines der beliebtesten Tauchgebiete der Insel. Oben im Riff in 15 m Tiefe befindet sich ein 6 m großes Loch. Man dringt ein, steigt 6 m bis zum Höhlenboden ab, wo man 20 m entfernt in der Riffwand einen zweiten Ausgang sieht. Die Wände dieses riesigen Durchgangs sind mit Schwarzen, Zäpfchen- und Weichkorallen bedeckt. Haar-sterne klammern sich an die Wände, und wer genau hinsieht, entdeckt auch Rotweiß-gebänderte Scheren-garnelen, Kaurischnecken und Seespinnen. Im Sommer sieht man in der Höhle meistens vor Kardinalfischen, die Süßlippen, Juwelen-Zackenbarsche, Stachelmakrelen und andere Raubfische anlocken, nichts anderes mehr. Der Taucher trifft wahrscheinlich auf Fransen-Wobbegongs, Schwarzpunktrochen, Riesen-Zackenbarsche, Feuer- und Wimpelfische sowie Schwärme farbenprächtiger Fahnen-barsche. Die Riffwand mit ihren vielen Höhlen und Vor-sprüngen und den Langusten, Kaiserfischen, Büschel-barschen, Kraken, Riesen-Stachelschnecken und -austern, Husarenfischen, Muränen und Blaue Doktorfische bietet faszinierendes Tauchen. Vor der Wand kann man u. a. Gefleckte Adlerrochen, Mantas, Riffhaie und Meeres-schildkröten beobachten. Lampe und Kamera mitnehmen!

Aus der Nähe sind die Farben von Steinkorallen noch lebhafter.

Lady Musgrave Island

Lady Musgrave Island ist eine 18 ha große Korallenbank auf der Kante eines riesigen, fast 1.200 ha großen Riffs mit Lagune. Der Boden dieser Insel wurde, wie auf Lady Elliot, beim Guanoabbau abgetragen und später von Ziegen verwüstet. Die Insel hat sich jedoch besser als Lady Elliot erholt und ist heute dicht mit Pisonien, Keulenbäumen und Schraubenpalmen bestanden.

Außer einer Toilettenanlage für Camper und Tagesgäste gibt es auf der Insel keine Einrichtungen. Der Katamaran MV Lady Musgrave legt beinahe täglich an einem festen Ponton in der Lagune an. Charterboote und Jachten suchen über Nacht an diesem großen Liegeplatz Schutz. Von hier können Boote die Bunker-Gruppe und die umliegenden Riffe erkunden. Zelten ist beliebt, vor allem wenn Schulferien sind.

Das Tauchen vor Lady Musgrave Island ist aufregend und vielseitig, von der Lagune über die Korallengärten bis zu den ausgedehnten Steilwänden auf der Südseite des Riffs. Man sieht Mantas, Meeresschildkröten, Schwarmfische, Riffhaie, prächtige Riffische, Stechrochen und sogar Seeschlangen. Für Schnorchler gibt es viele seichte Stellen.

🟥20 MANTA RAY BOMMIE

★★★★★★★

Lage: An der Westseite von Lady Musgrave Island 110 km von Bundaberg.

Zugang: Mit dem Boot 3 h von Bundaberg, 15 Min. von der Musgrave-Lagune.

Bedingungen: Im Schutz eines Riffs, zumeist ruhig, leichte Strömungen. Sicht durchschnittlich 20 m.

Minimale Tiefe: 6 m.
Maximale Tiefe: 12 m.

Manta Ray Bommie ist einer der Pfeiler, die das Riff an der Westseite von Lady Musgrave beherrschen. Das Riff ist unregelmäßig und wimmelt von Kugel- und Anemonenfischen, Garnelen, Leoparden-Drücker-, Feilen- und Flötenfischen, Meerbarben und Eidechsenfischen. Die Pfeiler ziehen vielfältiges marines Leben an, unter anderem Meeresschildkröten, Juwelen-Zackenbarsche, Riffhaie, Süßlippen, Nashorndoktorfische und Mantas. Wie schwerelos gleiten die Mantas über die Taucher hinweg, ohne Frage die Attraktion in diesem Gebiet.

Mantas sind fast das ganze Jahr zu sehen.

21 THE DROP-OFF

★★★★★

Lage: An der Südseite von Lady Musgrave Island 110 km von Bundaberg.
Zugang: Mit dem Boot 3 h von Bundaberg, 20 Min. von der Musgrave-Lagune.
Bedingungen: Bei starkem Wind oder hohen Wellen rauh, leichte Strömungen. Sicht durchschnittlich 20 m.
Minimale Tiefe: 10 m.
Maximale Tiefe: 26 m.
An der Südseite von Lady Musgrave Island befindet sich eine Steilwand, die aufregendes Tauchen verspricht. Die Wand ist mit zahllosen Vorsprüngen und Höhlen durchsetzt, in denen sich Glasbarsche tummeln. Drängt man sie beiseite, sieht man Fransen-Wobbegongs, ruhende Meeresschildkröten, Langusten, Stechrochen und Feuerfische. Die Wand und große Teile der Höhle sind reich mit Peitschen-, Schwarzen und Hornkorallen, Schwämmen, Weich- und Zäpfchenkorallen verziert. Vor der Wand stehen mehrere Pfeiler, wo man Olive-Seeschlangen, Süßlippen, verschiedenen Zackenbarscharten, Fledermausfischen und Napoleon-Lippfischen begegnet. An der Wand patrouillieren Riffhaie, Makrelen, Thunfische, Barrakudas und Schwärme von Stachelmakrelen. Herrliches Strömungstauchen bei leichter Strömung.

BEGEGNUNG MIT MANTAS

Mantas sind wohl die majestätischsten Geschöpfe im Great Barrier Reef. Wer sichergehen will, sie zu sehen, sollte zur Lady Elliot Island fahren. Dort sind die mächtigen Tiere das ganze Jahr, fressen an der Oberfläche Plankton oder schweben über Pfeilern und warten darauf, von Putzerlippfischen geputzt zu werden. Beim Tauchen oder Schnorcheln kann man ganz nah an Mantas heranschwimmen, die auch bei einem bleiben, wenn man sie nicht hetzt oder auf ihnen zu reiten versucht. Taucher haben schon Fangen mit den sanften Riesen gespielt, die UW-Fotografen über die Schulter kucken oder darauf warten, am Bauch gekrault zu werden.

Heron Island

Heron Island liegt vor Gladstone 72 km weit im Meer, 620 km nördlich von Brisbane. Heron Island Resort, die größte Ferienanlage für Taucher im Great Barrier Reef, wurde in den 40er Jahren auf dem Gelände einer alten Fabrik zur Verwertung von Meeresschildkröten errichtet. Die Anlage bietet verschiedene Unterkünfte und Einrichtungen wie Speisesaal, Bar und Freizeitkomplex, Swimmingpool, Tauch- und Souvenirshop.

Besitzer und Betreiber der Insel ist P&O, das die Insel regelmäßig mit dem riesigen Hochsee-Katamaran Reef Adventurer anläuft. Die Fahrt dauert etwa 2¹/₂ Stunden. Vom Flughafen Gladstone kann man auch mit dem Hubschrauber einfliegen.

Heron Island hat eine Station für Meeresforschung, die die Gäste ohne weiteres besichtigen können.

Die Insel ist eine bedeutende Aufzuchtstation für Suppenschildkröten. Die Eiablagezeit der Tiere dauert von Oktober bis März, und die Besucher können bei diesem aufregenden Ereignis zusehen. Oft legen bis zu 20 Meeresschildkröten auf einmal ihre Eier am Strand ab.

Am Ufer kann man unbeaufsichtigt schnorcheln, weiter draußen schnorchelt und taucht man jedoch vom Boot. Der Heron Island Dive Shop hat spezielle Tauchboote mit Zubringerdienst vom Strand und allen Sicherheitseinrichtungen. Jeder Tauchgang wird von mindestens einem Tauchlehrer begleitet; unerfahrene Taucher und Anfänger werden speziell betreut. Im Umkreis von 15 Minuten gibt es Dutzende von Tauchgebieten, die der Tauchlehrer nach den herrschenden Bedingungen aussucht. Alle Gebiete sind mit einer Boje versehen, die Tauchgänge sind überwiegend stationär, an einigen Plätzen ist jedoch wegen der starken Strömung Strömungstauchen erforderlich.

MURÄNEN

Muränen können scheu sein und ziehen sich meistens zurück, schnappen aber nach allem, was man ihnen vor die Nase hält, sei es ein Köder oder Finger. Das Füttern mit der Hand war einmal in, wird aber heute kritisch gesehen, denn Muränen sind sehr aggressiv, wenn Nahrung im Wasser ist, und haben schon manchen Taucher gebissen. Im Great Barrier Reef gibt es Dutzende von Muränenarten, von der schönen Geister- bis zur Leoparden-Muräne, die 3 m lang werden kann. Leoparden-Muränen sind die Attraktion mancher Tauchgebiete, aber die berühmtesten gibt es bei „The Bommie" vor Heron Island. Die beiden Muränen namens Harry und Fang sind vielleicht nicht immer zu sehen, kommen aber ansonsten sofort aus ihren Löchern und inspizieren die Taucher. In den tropischen und subtropischen Meeren leben etwa 100 Arten. Über ihr Brutverhalten weiß man wenig, aber man hat einige Arten beobachtet, die sich umschlangen und Eier und Spermien ins Wasser abgaben. Die Aallarven treiben mit dem Plankton im Wasser, sind durchsichtig und platt. Erst wenn sie sich im Riff ansiedeln, werden sie rund.

22 HARRY'S BOMMIE
★★★★

Lage: Am Westriff von Heron Island 2 km vom Bootshafen.
Zugang: Etwa 10 Min. vom Bootshafen von Heron Island.
Bedingungen: Stationäres Tauchen vom Boot, leichte Strömung, vor allem bei Springtiden. Boje vorhanden. Sicht durchschnittlich 10 m.
Minimale Tiefe: 3 m.
Maximale Tiefe: 25 m.
Ein großer Korallenblock aus mehreren Einzelsegmenten mit schönen Grotten und einem Durchgang, der etwas eng und Anfängern nicht zu empfehlen ist. Vor Ort gibt es große Fische wie Juwelen- und Leopard-Zackenbarsche, Süßlippen, Flötenfische und Imperator-Kaiserfische vertreten, regional auch einige andere Kaiserfische. Der Korallenwuchs auf der küstennahen Seite ist üppig; im tieferen Wasser, wo der Sandhang in den eigentlichen Kanal abfällt, findet man Fleckenriffe und kleinere Korallenblöcke. Auch Mantas und Meeresschildkröten sind öfter zu sehen.

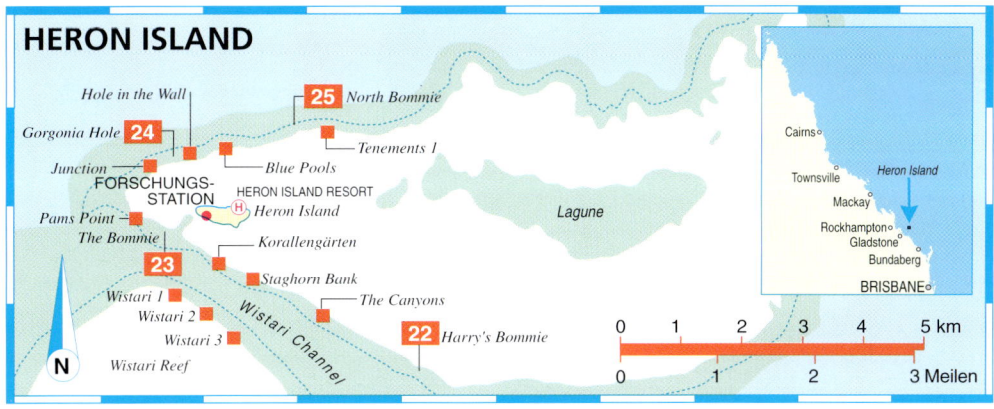

HERON ISLAND

Hole in the Wall
Gorgonia Hole **24**
Junction
FORSCHUNGS-STATION
Pams Point
The Bommie
23
Wistari 1
Wistari 2
Wistari 3
Wistari Reef
N

25 North Bommie
Tenements 1
Blue Pools
HERON ISLAND RESORT
Heron Island
Korallengärten
Staghorn Bank
The Canyons
22 Harry's Bommie
Wistari Channel

Lagune

Cairns
Townsville
Heron Island
Mackay
Rockhampton
Gladstone
Bundaberg
BRISBANE

| 0 | 1 | 2 | 3 | 4 | 5 km |
| 0 | | 1 | | 2 | 3 Meilen |

23 THE BOMMIE
★★★★★★★

Lage: Am Nordwestriff von Heron Island 300 m vom Bootshafen.
Zugang: Etwa 5 Min. vom Bootshafen von Heron Island.
Bedingungen: Stationäres Tauchen vom Boot, wenn die Strömung bei Springtide zu stark ist, Strömungstauchen. Boje vorhanden. Sicht durchschnittlich 10 m.
Minimale Tiefe: 2 m.
Maximale Tiefe: 25 m.
Dieser Pfeiler besteht aus fünf Korallenblöcken in 3 bis 25 m Tiefe. Die große Putzstation dient vielen tagaktiven Fischen wie Schnappern, verschiedenen Arten von Straßenkehrern, Füsilieren und Fledermausfischen. Leopard-Zackenbarsche, Kugel- und Feuerfische, Süßlippen, Schnapper, Papagei-, Lipp-, Falter- und Kaiserfische sind massenhaft vorhanden. Unter den Riffüberhängen wachsen herrliche Zäpfchenkorallen. Man sieht Plattwürmer, Nacktschnecken, Schwämme und Seescheiden, und über einem schwimmen Meeresschildkröten, Adlerrochen und Mantas. Es gibt zwei 2 m lange Leoparden-Muränen, und in den unteren Höhlen leben einige Fransen-Wobbegongs.

24 GORGONIA HOLE
★★★★★★★

Lage: Am Nordriff von Heron Island gegenüber dem Hotel 1 km vom Bootshafen.
Zugang: Etwa 10 Min. vom Bootshafen von Heron Island.
Bedingungen: Stationäres Tauchen vom Boot, Strömungstauchen bei großen Gezeitenströmungen. Boje vorhanden. Sicht durchschnittlich 10 m.

Minimale Tiefe: 2 m.
Maximale Tiefe: 20 m.
Einer der schönsten Tauchplätze von Heron Island. Die Boje befindet sich zwischen einigen Pfeilern und Riffkanten mit Gorgonien und Weichkorallen sowie zahlreichen Haarsternen und Korallenstöcken. Weiter unten gibt es Grotten und Vorsprünge mit Meeresleben der verschiedensten Art. Schwärme von Fahnenbarschen huschen wie lebende Edelsteine vorbei, und große Leopard-Zackenbarsche sowie leuchtend orange und rote Husarenfische bevölkern die Labyrinthe. Zum Osten hin kommen häufiger orangefarbene und rote Gorgonien vor, und regelmäßig werden Meeresschildkröten gesichtet.

25 NORTH BOMMIE
★★★★★★★

Lage: Am Nordriff von Heron Island 2 km vom Bootshafen.
Zugang: Etwa 15 Min. vom Bootshafen von Heron Island.
Bedingungen: Stationäres Tauchen vom Boot, bei Strömung Strömungstauchen. Boje vorhanden. Sicht durchschnittlich 10 m.
Minimale Tiefe: 2 m.
Maximale Tiefe: 25 m.
Ein ziemlich großer Komplex mit Korallenblöcken und ein außergewöhnliches Tauchgebiet mit vielfältigem Meeresleben, unter anderem Meerbarben, Süßlippen, Füsilieren und Riffbarschen in großen Schwärmen. Das ganze Gebiet mit sehr schönen Höhlen und Durchgängen ist recht eindrucksvoll. Man sieht verschiedene bunte Haarsterne, und unter den Überhängen tummeln sich Feuerfische, Leopard- und Juwelen-Zackenbarsche, Husarenfische, Barramundis und unzählige Falterfische. An der Außenseite, wo der Meeresboden in tieferes Wasser abfällt, durchsuchen Rochen den Sandboden nach Nahrung.

WIE MAN HINKOMMT

Die Küste bei der Capricorn- und Bunker-Gruppe heißt allgemein Capricorn Coast. Der erste Ausgangspunkt ist Urangan Harbour in der Hervey Bay, ein beliebter Ferienort 290 km nördlich von Brisbane. Etwas weiter oben an der Küste, im Herzen des Zuckerrohrgebiets, liegt Bundaberg, 368 km nördlich von Brisbane. Der nördlichste Zugang zur Capricorn- und Bunker-Gruppe ist Gladstone, Industriestadt und Fischereihafen, 534 km nördlich von Brisbane. Nach der Ankunft in Brisbane kann man auf Flight West oder Sunstate Airlines umsteigen, die diese Orte anfliegen. Die Fahrt mit dem Bus oder der Bahn ist sicher billiger, vorausgesetzt man hat Zeit, oder man leiht sich einen Wagen und fährt den Bruce Highway hinauf. Schließfächer gibt es in allen Städten, fragen Sie einfach die Tauchveranstalter.

WO MAN ABSTEIGEN KANN

Die Unterkünfte des **Lady Elliot Island Resort** reichen von Zelten über geräumige und komfortable Schlafbaracken mit Gemeinschaftstoiletten und -duschen bis zu Wohnungen für Selbstversorger und luxuriösen Suiten bis sechs Personen. Pauschalarrangements mit Unterkunft, Essen, Transfers und Tauchen sind möglich. Buchungen bei 167b Bourbong St, Bundaberg, Tel. 071-516 077, Fax 071-531 285.
Zum Zelten auf **Lady Musgrave Island** braucht man eine Genehmigung vom State Government Department of Environment & Heritage, 160 Ann Street, Brisbane, Tel. 07-3227 8186. Camper können auf eigene Faust zur Lady Musgrave Island fahren, mit einem Charterboot oder der MV *Lady Musgrave*.
Heron Island Resort bietet komfortable Hütten mit Gemeinschaftstoiletten und -duschen; die Anlagen am Riff sind abgeschlossen und für maximal vier Personen, die Heron- und Pount-Anlagen (die luxuriösesten) für bis zu drei Personen. Pauschalangebote gibt es für Tauchen, Essen, Transfers und Unterkunft. Buchungen bei P&O Resorts,
Tel. 132 469.
Capricorn Coast hat ein gutes Angebot an Unterkünften, vom Motel bis zu Hütten.

Mittlere Preiskategorie
Hervey Bay Motel, 518 Esplanade, Urangan, Tel. 071-289 277, Fax 071-253 675,

dicht beim Urangan Harbour. Die Zimmer haben TV, Videorecorder und Kochgelegenheit; Swimmingpool.

Bert Hinkler Motor Inn, Takalvan St, Bundaberg, Tel. 071-526 400, Fax 071-513 980, Swimmingpool, Whirlpool, Tennisplatz, Sauna und Restaurant.

Country Plaza International, 100 Goondoon St, Gladstone, Tel. 079-724 499, Fax 079-724 921, viergeschossiges 4-Sterne-Haus. Annehmbare Preise.

Untere Preiskategorie
Colonial Log Cabin Resort, Pulgul St, Urangan, Tel. 071-251 844, preiswerte Hütten oder Schlafbaracke mit Swimmingpool, Tennis- und Grillplatz.

Midtown Caravan Park, 61 Takalvan St, Bundaberg, Tel. 071-522 768, Fax 071-512 075, Hütten und Wohnungen für Selbstversorger, mit Kochgelegenheit. Pool- und Grillbereich.

Clinton Van Park Holiday Village, Dawson Hwy, Gladstone, Tel. 079-782 718, Fax 079-782 718, Wohnungen, Wohnwagen oder Zelte zu recht guten Preisen. Ein großes Wohnwagenareal mit Swimmingpool, Tennisplatz, Waschsalon und anderen Einrichtungen.

WO MAN ESSEN KANN

Hervey Bay und Bandaberg sind Ferienorte mit einer guten Auswahl an Restaurants mit und ohne Straßenverkauf. Die Auswahl in Gladstone ist nicht so groß. In Hervey Bay und Bundaberg gibt es chinesische, italienische, griechische, indische und mexikanische Küche sowie Fischspezialitäten, außerdem preiswerte Gerichte in Pubs. In Gladstone kann man wählen zwischen französischen, italienischen und chinesischen Restaurants sowie Pubs; viele Motels haben ein gutes Restaurant.

TAUCHEINRICHTUNGEN

Lady Elliot Island Resort, Buchungsbüro 167b Bourbong St, Bundaberg, Tel. 071-516 077, Fax 071-531 285. Der Tauchshop auf der Insel führt Ferien-, Open-Water- und Spezialkurse durch. Es gibt ein großes Angebot an Leihausrüstung, einen kleinen Laden und einen begrenzten Reparaturservice. Angeboten werden Tauchen an der Küste und vom Boot, zwei bis drei Mal am

Tag, und mehrere Nachttauchgänge pro Woche.

Heron Island Tourist Resort, P&O Resorts, Via Gladstone, Tel. 079-781 488, Fax 079-781 457. Heron Island hat einen kompletten Tauchladen und bietet Tauchkurse, Tauchfahrten, Nacht- und Abenteuertauchen. Vier Boote fahren lokale Gebiete und Riffe an. Die Mitarbeiter auf Heron Island sind professionell und gut organisiert. Ferien auf den Inseln Lady Elliot und Heron können bei den meisten Reisebüros gebucht werden.

Lady Musgrave Barrier Reef Cruises, 1 Quay St, Bundaberg, Tel. 071-529 011, Fax 071-524 948, veranstaltet jeden Dienstag, Donnerstag, Samstag und Sonntag Tagesfahrten zur Lady Musgrave Island, in der Schulferienzeit täglich. Fahrten mit Glasbodenbooten zu den Korallenriffen, Inselwanderungen, Essen und Schnorcheln sowie Tauchen bei Salty's Dive Team, 22 Quay St, Bundaberg, Tel. 071-534 747, Fax 071-526 707. In der Schulferienzeit im voraus buchen.
Charterboote zur Capricorn- und Bunker-Gruppe über:

Boomerang Cruises, 22 Byron St, Scarness, Hervey Bay, Tel. 071-242 393.

Spirit of Bundaberg, 39 Baldwin Crs, Bundaberg, Tel. 071-522 780, bietet Tagesfahrten an.

Sewah Charters, Gayndah Rd, Oakhurst, Tel. 071-213 155.

Reef Knot Charters, 19 The Esplanade, Gladstone, Tel. 079-724 129.

Booby Bird, Marine Drv, Gladstone, Tel. 079-726 990, Fax 079-726 990.

Australiana, 45 Hickey Ave, Gladstone, Tel. 079-783 956.

Max Allen Cruises, 7 Illawong Crt, Gladstone, Tel. 079-791 377.

Diver's Mecca, 472 Esplanade, Hervey Bay, Tel. 071-251 626.

Bernie's Dive Connection, 382 Esplanade, Hervey Bay, Tel. 071-241 133.

Bundaberg Scuba Centre, 200 Bourbong St, Bundaberg, Tel. 071-516 422.

Harris Undersea Services, 44 Higgins St, Gladstone, Tel. 079-722 784.

Last Wave Watersports, 16 Goondoon St, Gladstone, Tel. 079-729 185.

Gladstone Reef Charters, Marine Dve, Gladstone, Tel. 079-725 166, setzt Gruppen, die auf den Inseln North West, Tryon und Masthead zelten möchten, dort ab.

FILMENTWICKLUNG

Dia-Entwicklung ist unter Umständen eingeschränkt.

KRANKENHÄUSER

Bundaberg Health Services, Bourbong St, Bundaberg, Tel. 071-521 222.

Hervey Bay Hospital, Long St, Point Vernon, Tel. 071-281 444.

Maryborough General Hospital, 185 Walker Rd, Maryborough, Tel. 071-238 222.

Gladstone Hospital, Kent St, Gladstone, Tel. 079-763 200.

Telefon für Notfälle, Feuerwehr, Polizei und Krankenwagen 000.

Bei Tauchunfällen in Australien wende man sich an DES (Diving Emergency Service) unter 1800 088 200. Weiter Informationen unter Tauchunfälle, S. 169.

LOKALE BESONDERHEITEN

Hervey Bay ist das Zentrum der australischen Walbeobachtung von August bis Oktober, wenn die Touristen zu Tausenden kommen, um Buckelwale zu beobachten. Man sieht garantiert Wale, die manchmal bis an die Boote kommen. Australien hat strenge Richtlinien für die Walbeobachtung.

Hervey Bay ist das Tor zur **Fraser Island**, der größten Sandinsel der Welt. Fraser Island ist beliebt bei Urlaubern mit Zelt und Geländewagen. Die ganze Insel ist ein Nationalpark und beherbergt Känguruhs, Wallabys, Warane, Dingos und viele Vogelarten. Es gibt herrliche Süßwasserseen, riesige Sanddünen, Regenwald, endlose Strände und klare Flüsse. Tagesausflüge zur Fraser Island sind von Urangan möglich, man kann aber auch einen Geländewagen leihen und die Insel erkunden.

Bundaberg ist die Heimat des Bundaberg Rum und der Geburtsort des berühmten australischen Fliegers Bert Hinkler. Es liegt mitten zwischen Zuckerrohrplantagen. Im Winter gibt es einige lohnende Möglichkeiten zum Küstentauchen, z. B. **Hoffman Rocks**. Die Sicht ist nicht immer gut, doch man trifft auf reichlich kleine Fische, Nacktschnecken, Gorgonien, Seeschlangen und andere Meerestiere. Einige kleine Riffe werden vom Boot betaucht, außerdem gibt es das Wrack eines Bombers aus dem 2. Weltkrieg.

Die Strände von Bundaberg werden jeden Sommer von Touristen überschwemmt, die die Eiablage der Unechten Karett- und Suppenschildkröten beobachten wollen. Die Nistplätze, vor allem **Mon Repos**, gehören zu den bedeutendsten des australischen Festlands. Naturschutzmitarbeiter und Wissenschaftler sorgen dafür, daß die Schildkröten nicht gestört werden.

Gladstone ist eine Industriestadt ohne besondere touristische Attraktionen und dient hauptsächlich als Sprungbrett zum Riff.

Das **Heron Island Dive Festival**, das alle zwei Jahre im November gefeiert wird, bietet Nachttauchen am Riff, Kurse und Plaudereien umjubelter Redner.

Ein Walbeobachtungsschiff bei Sonnenuntergang in Hervey Bay.

DIE KEPPEL-INSELN

Die Keppel-Inseln in der Nähe des südlichen Wendekreises bestehen aus zwei großen kontinentalen Inselmassen, Great Keppel und North Keppel, um die sich einige kleinere Inseln, Felsen und Riffe scharen. Sie liegen etwa 520 km nördlich von Brisbane und 48 km östlich von Rockhampton. Die nächste Küstenstadt ist Yeppoon 40 km nordöstlich von Rockhampton. Ein großer Teil des Küstengebiets ist Nationalpark, genau wie viele der Inseln.

Die Keppel-Inseln wurden 1770 von James Cook entdeckt und nach Konteradmiral Augustus Keppel benannt. Damals bewohnte eine kleine Gruppe Aborigines Great Keppel. Später baute eine Familie Leeke, die von den 1920er bis 1940er Jahren Schafe auf der Insel weidete, ein Gehöft.

Heute besitzt Great Keppel, die größte der Keppel-Inseln, eine gutgehende Ferienanlage, die bis zu 500 Personen aufnehmen kann. Es gibt Hütten und Zelte in Keppel Haven, und auch in anderen ausgewiesenen Gegenden kann man campen.

Die Insel wird täglich vom Bootshafen Rosslyn Bay bei Yeppoon mit dem Katamaran des Touristenservice von Great Keppel angefahren (der direkt am Strand landet), oder mit dem Flugzeug vom Flugplatz Rockhampton. Diese Flüge erfolgen zusammen mit den normalen Inlandsflügen. An der Rosslyn Bay kann man seinen Wagen unterstellen.

Die Kontinentalinsel Great Keppel ist dicht bewaldet, etwa 7 km lang, hat 17 schöne Sandstrände und eine abwechslungsreiche Landschaft. Die Ferienanlage bietet verschiedene Aktivitäten. Die Inseln, Felsen und Riffe des Inselkomplexes weisen eine herrliche Unterwasserflora und -fauna auf.

Überall bei den Inseln und Riffen kann man tauchen und schnorcheln. Selbst der Sandboden und die Gräben zwischen den Inseln bieten ein vielfältiges marines Leben - für das ungeübte Auge ist es nur etwas schwerer zu entdecken. In vielen ausgezeichneten Gebieten bei Great Keppel wie Egg Rock, Outer Rocks, Hannah Rock und Halfway Island sowie bei

Gegenüber: Das Vorland der Humpy Island südlich der Great Keppel Island.
Oben: Die Keppel Islands sind berühmt für ihre Saumriffe.

KEPPEL-INSELN

N

Capricorn Channel

Child Island
10
North Coral Face
9
Barren Island
8
Korallengärten
Egg Rock

Big Peninsula
6
Man & Wife Rocks
5
Bald Rock
Sykes Rock
7
Halfway Island
Hannah Rock
Cathedral Rock
1

Outer Rocks

Keppel-
Inseln

Passage Rocks
Great Keppel Island
RESORT (H)
Humpy Island

Conical Rocks
North Keppel
Island N.P.
Pumpkin Island
Sloping Island
The Wall
3
Half Tide Rocks
4
Olive Point
Miall Island
Midale Island
Underwater
Observatory
2
Monkey Point
Divided Island

Pleasant Island
Corroboree Island
North Keppel Island
Square Rocks

Pelican Island N.P.
Wedge Island N.P.
Pelican Rock

Tanby Point
Emu Park
Coconut Point

Double Head N.P.
Bluff Point N.P.
Mulambin N.P.
Shoal
Bay

Cooee Bay
Statue
Bay
Rosslyn Bay
N.P.
Yeppoon

Queensland

Yeppoon
Cooroovan Creek
Palm Creek

Nach Rockhampton
Nach Rockhampton

5 km
0 1 2 3 4 5 km
0 1 2 3 Meilen

Cairns
Townsville
Mackay
Rockhampton
Gladstone
Bundaberg
Keppel-Inseln
BRISBANE

den Inseln um North Keppel wird nicht regelmäßig getaucht, da sie weit vom Hotel und nur bei Stillwasser zugänglich sind.

Tagesausflüge finden ab Bootshafen Rosslyn Bay in Yeppon statt und machen einen Zwischenstopp bei Great Keppel auf dem Weg zu Barren Island am inneren Barriere-Riff. Diese Ausflüge umfassen Schnorcheln, Fahrten mit Glasbodenbooten, Tee am Morgen und Nachmittag und Sandwiches; Tauchen ist nach Wahl und zusätzlich möglich. Halbtagesfahrten starten ab Great Keppel. Es gibt Verbindungen vom Festland zu den vielen umliegenden Riffen und Inseln in der Keppel Bay.

1 CATHEDRAL ROCK
✱✱✱✱✱✱

Lage: An der Ostseite von Humpy Island 18 km von Rosslyn Bay.
Zugang: Etwa 20 Min. von Great Keppel. Mit dem Boot etwa 1½ h vom Bootshafen in Rosslyn Bay.
Bedingungen: Stationäres Tauchen vom Boot. Keine Bojen. Sicht durchschnittlich 15 m.
Minimale Tiefe: 6 m.
Maximale Tiefe: 12 m.
Ein schönes Tauchgebiet, wenn auch nicht so spektakulär wie andere. Was an großen Fischen und tiefen Bereichen fehlt, wird durch interessante Höhlen, Vorsprünge und Durchgänge wettgemacht. Das Saumriff ist etwas niedriger als anderswo. An den Graten und Felsen bedecken Stein- und Weichkorallen mit Eier-Kaurischnecken fast den ganzen steinigen Untergrund. Unter den Überhängen sieht man viele kleinere Fische, an den Seiten der Gräben Schwämme, Seescheiden und Nacktschnecken. Bohrmuscheln sitzen auf einigen älteren Korallenbauten.

2 MIDDLE ISLAND UNDERWATER OBSERVATORY
✱✱✱✱

Lage: An der Südwestseite von Middle Island 12 km von Rosslyn Bay.
Zugang: Etwa 20 Min. vom Great Keppel Island Resort. Mit dem Boot etwa 1½ h vom Bootshafen in Rosslyn Bay.
Bedingungen: Stationäres Tauchen von der Mole. Keine Bojen. Sicht durchschnittlich 8 m.
Minimale Tiefe: 6 m.
Maximale Tiefe: 6 m.
Die Gewässer am Observatory wimmeln von Fischen und bieten immer gutes Tauchen. Stachelmakrelen patrouillieren in großen Schwärmen, und zur Fütterungszeit stellen sich auch Feldwebel-, Lipp- und Kaninchenfische ein. Auf dem seichten Sandboden liegen mehrere von großen Zackenbarschen bewohnte Wracks. Die Zackenbarsche sind ziemlich zahm und haben nichts dagegen, zuerst gefüttert zu werden. Es gibt Muränen, ortstreue Feuerfische und zahlreiche kleinere Fische. Fast überall bei den Keppel-Inseln sind Riffbarschschwärme anzutreffen, und Süßlippen halten den Kopf in die leichte Strömung.

3 OLIVE POINT
✱✱✱✱✱✱

Lage: An der Nordseite von Middle Island 12 km von Rosslyn Bay.
Zugang: Etwa 20 Min. von Great Keppel. Mit dem Boot etwa 1½ h vom Bootshafen in Rosslyn Bay.
Bedingungen: Stationäres Tauchen vom Boot, ideal für Anfänger. Keine Bojen. Sicht durchschnittlich 15 m.
Minimale Tiefe: 5 m.
Maximale Tiefe: 14 m.
Eine gesegnete Korallenhalbinsel an der exponierten Nordseite von Middle Island. Dieser Saumriffbereich weist einen dichten Geweihkorallenbestand auf und ist leicht anzulaufen. Neben Riffbarschschwärmen gibt es Falter-, Kaiser-, Papagei- und Lippfische, farbenprächtige Hornkorallen, Fledermausfische und unter den Korallen auf dem Sandboden verstecken sich Blaupunkt-Stechrochen. Dies ist auch ein guter Platz zum Schnorcheln.

PAPAGEIFISCHE

Außer Algen und Seegras fressen Papageifische große Mengen tote und lebende Steinkorallen, hin und wieder auch Weichkorallen. Abgestorbene Korallenskelette und -stöcke sind der ideale Nährboden für Fadenalgen, die die poröse Oberfläche der Korallenbauten durchsetzen. Papageifische fressen auch Fleisch und Gewebe von verschiedenen Korallenarten ab.

> ### QUEENSLAND-ZACKENBARSCH
>
> Der Queensland-Zackenbarsch ist mit bis 3 m Länge und über 250 kg Gewicht der größte Riffisch. Er ist braungrau und leicht gefleckt.

4 THE WALL

★ ★ ★ ★ ★ ★

Lage: An der Nordseite von Miall Island 10 km von Rosslyn Bay.
Zugang: Etwa 20 Min. von Great Keppel. Mit dem Boot etwa 1¹/₂ h vom Bootshafen in Rosslyn Bay.
Bedingungen: Stationäres Tauchen vom Boot, keine Bojen. Sicht durchschnittlich 15 m.
Minimale Tiefe: 5 m.
Maximale Tiefe: 15 m.
Ein Gebiet mit einer geneigten Wand. Der Boden weist guten Korallenwuchs und viele Niedere Tiere auf, unter anderem Weichtiere, Stachelhäuter, Schwämme, See- und Krustenanemonen, Gorgonien und Weichkorallen. Auf dem sandigen Saum im tiefsten Teil, wo die Strömung am stärksten ist, stehen ganze Wälder von Peitschenkorallen. Da das Gebiet flach ist, kann man nach kleineren Lebewesen wie Nacktschnecken sowie Platt- und Röhrenwürmern Ausschau halten. An den Vorsprüngen sieht man Juwelen-Zackenbarsche.

5 BIG PENINSULA

★ ★ ★ ★ ★ ★

Lage: An der Nordostspitze von Great Keppel 18 km von Rosslyn Bay.
Zugang: Etwa 20 Min. von Great Keppel. Mit dem Boot etwa 1¹/₂ h vom Bootshafen in Rosslyn Bay.
Bedingungen: Stationäres Tauchen vom Boot, keine Bojen. Sicht durchschnittlich 15 m.
Minimale Tiefe: 5 m.
Maximale Tiefe: 12 m.
In diesem Gebiet im Schutz von Great Keppel kann man selbst bei widriger See tauchen. Bei Springtide kann die Strömung stark sein. Am Riff patrouillieren oft pelagische Schwärme wie z. B. Stachelmakrelen. Korallen, Gorgonien und Peitschenkorallen sind üppig und gut entwickelt. Es gibt Seeanemonen, Schwärme von Riffbarschen, Papagei- und Lippfischen, Meerbarben und Falterfischen. Auf dem Sand am Riff sieht man Flundern, Grundeln, zahlreiche Seegurken und Peitschenkorallen.

6 MAN & WIFE ROCKS

★ ★ ★ ★ ★ ★ ★ ★

Lage: Nordöstlich von Great Keppel zwischen den Inseln Sloping und Great Keppel 22 km von Rosslyn Bay.
Zugang: Etwa 20 Min. von Great Keppel. Mit dem Boot etwa 2 h vom Bootshafen in Rosslyn Bay.
Bedingungen: Stationäres Tauchen vom Boot, keine Bojen. Sicht durchschnittlich 20 m.
Minimale Tiefe: 6 m.
Maximale Tiefe: 20 m.
Aufgrund der isolierten Lage ist dies einer der besten Tauchgänge bei den Keppel-Inseln, ein schönes Plateau aus prächtigen Korallenriffen mit vielfältigen Stein- und Weichkorallen. Geweihkorallen sind häufig und zum Teil auch sehr zerbrechlich, also entsprechend vorsichtig tauchen. Einige Seeanemonen mit Anemonenfischen sind zu sehen, und Schwärme pelagischer Arten ziehen vorüber. Am Rand des Plateaus geht es etwa 18 m in die Tiefe; dort findet man große Schwämme, Gorgonien, Seeschlangen und Wobbegongs. Achten Sie bei Springtide auf Strömungen.

7 BALD ROCK

★ ★ ★ ★ ★ ★

Lage: An der Ostseite von Great Keppel 20 km von Rosslyn Bay.
Zugang: Etwa 20 Min. von Great Keppel. Mit dem Boot etwa 1¹/₂ h vom Bootshafen in Rosslyn Bay.
Bedingungen: Stationäres Tauchen vom Boot, keine Bojen. Sicht durchschnittlich 15 m.
Minimale Tiefe: 6 m.
Maximale Tiefe: 15 m.
Ein ziemlich großer, flacher Saumriffbereich mit farbenprächtigen Korallenarten, von Geweih- bis zu Nadelkorallen. Ein recht großer Teil weist üppige Kolonien lediger und dorniger Weichkorallen sowie Gorgonien auf. Seeanemonen mit Anemonenfischen sind häufig, und in den tieferen Bereichen kommen Nacktschnecken, Schwämme, Plattwürmer, Seescheiden und Krustenanemonen vor. In Schwärmen halten sich Fledermaus-, Kaiser- und Falterfische, Gestreifte Drückerfische, Riffbarsche und Scheinschnapper auf. Fotografen können wunderbare Nahaufnahmen von Nacktschnecken und Weitwinkelaufnahmen von Korallen und Fischschwärmen machen.

8 CORAL GARDENS

★★★★★★★

Lage: An der Südseite von Barren Island 25 km von Rosslyn Bay.
Zugang: Etwa 40 Min. vom Hotel auf Great Keppel. Mit dem Boot etwa 2 h vom Bootshafen in Rosslyn Bay.
Bedingungen: Stationäres Tauchen vom Boot. Keine Bojen. Sicht durchschnittlich 20 m.
Minimale Tiefe: 6 m.
Maximale Tiefe: 20 m.
Diese geschützte Bucht bietet Fortgeschrittenen und Anfängern eine große Fläche verschiedenster Lebensräume und ein interessantes Meeresleben. Die Felswand der Insel fällt bis zu einem Vorsprung in etwa 8 m ab, wo kompakte Bänke abgestorbener Geweihkorallen lange Hügel bilden. Diese sind überzogen mit rosa, grünen und blauen Korallenanemonen. In 20 m Tiefe liegen korallenverkrustete Blöcke auf dem Korallenschutt, mit Kolonien riesiger Seeanemonen an ihrem Fuß. Es existiert eine große Höhle mit leichtem Ein- und Ausgang; ein kleinerer Eingang bei Flut ist erfahrenen Tauchern vorbehalten. Schwärme von Falterfischen, Seegurken, Seesterne und Haarsterne sind zu sehen.

Die 1969 entdeckte Rotgeränderte Prachtsternschnecke.

9 NORTH CORAL FACE/BARREN ISLAND

★★★★★★★★

Lage: An der Nordseite von Barren Island 25 km von Rosslyn Bay.
Zugang: Etwa 40 Min. vom Hotel auf Great Keppel. Mit dem Boot etwa 2 h vom Bootshafen in Rosslyn Bay.
Bedingungen: Stationäres Tauchen vom Boot. Keine Bojen. Sicht durchschnittlich 20 m.
Minimale Tiefe: 6 m.
Maximale Tiefe: 15 m.
Über Wasser mag es öde sein, unter Wasser ganz sicher nicht. Ein exzellentes Tauchgebiet mit riesigen Tischkorallen, die die gesamte Steilwand beherrschen. Überall sieht man grüne, blaue und rosafarbene Steinkorallen sowie grüne, gelbe und braune Weichkorallen mit Eier-Kaurischnecken. Schwärme von Goldstreifen-Falterfischen, Lipp- und Papageifische, Gestreifte Drücker- und Kaiserfische sowie Langmaul-Pinzettfischgruppen suchen im Riff nach Nahrung. Rosafarbene, blaue und grüngetupfte Korallenanemonen wachsen in Schichten auf dem Korallenschutt, und im tieferen Wasser gibt es riesige Seeanemonen. Neben Muränen und Schwämmen sieht man Muscheln, Seesterne, Seegurken und Seeigel sowie leuchtendrote Haarsterne.

10 CHILD ISLAND

★★★★★★★

Lage: An der Ostseite von Barren Island 25 km von Rosslyn Bay.
Zugang: Etwa 40 Min. vom Hotel auf Great Keppel. Mit dem Boot etwa 2 h vom Bootshafen in Rosslyn Bay.
Bedingungen: Stationäres Tauchen vom Boot. Keine Bojen. Sicht durchschnittlich 20 m. Bei Springtide leichte Strömung.
Minimale Tiefe: 10 m.
Maximale Tiefe: 30 m.
Dies ist der tiefste Tauchgang, den Keppel Reef Scuba Adventures anbietet, und wenn die größeren Tiefen auch nur für erfahrene Taucher sind, reichen die herrlichen Korallenbauten und das Leben im Flachwasser, die Gulch-Höhle, Wälder aus Peitschenkorallen und Gorgonien in etwa 15 m Tiefe doch für jeden Neuling mehr als aus. Für erfahrene Taucher, die die Gulch-Steilwand erkunden, sind die Riesenschwärme pelagischer Fische rings um die Insel wirklich sehenswert. Auf dem Boden entdeckt man Riesen-Zackenbarsche und Stachelmakrelen sowie Wobbegongs, und auf den Vorsprüngen sitzen Nacktschnecken. Child Island ist nur bei relativ ruhiger See zugänglich.

Plattwürmer können auf den ersten Blick mit Nacktschnecken verwechselt werden, die jedoch zum Tierstamm der Weichtiere (Mollusca) gehören. Wegen des weichen Körpers und der leuchtenden Farben sind Plattwürmer und Nacktschnecken nur schwer in ihrer ursprünglichen Gestalt zu bewahren, ihre Farben noch schwerer. Am besten erlebt man sie daher in ihrer natürlichen Umgebung und hält sie im Foto fest.

Plattwürmer bilden einen eigenen Tierstamm (Platyhelminthes), der in zwei Klassen unterteilt wird, Turbellaria und Acoela. Die meisten marinen Plattwürmer, die Taucher zu Gesicht bekommen, stammen aus der Ordnung Polycladia. Es gibt fünf Hauptgattungen: Pseudoceros, Pseudobiceros, Thysanozoon, Aconthozoon und Eurylepta. Es sind waffeldünne, zweiseitig symmetrische Tiere, die gleitend vorwärtskriechen; die meisten können auch schwimmen.

Plattwürmer haben keine äußeren Kiemen, einige allerdings Randfalten am „Kopfende", das Gruppen von winzigen „Augen" oder Lichtrezeptoren besitzen kann. Andere verfügen über echte Tentakel weiter hinten im Bereich des Gehirns. Die Tiere ernähren sich von Hornkorallen, Austern, Röhrenwürmern und Moostierchen, manchmal indem sie ihren Schlund ausstülpen und die Beute verschlingen; unverdaute Nahrung wird durch den Mund wieder ausgeschieden. Plattwürmer haben kein Kreislaufsystem und atmen über die Haut, Sauerstoff diffundiert aus dem Meerwasser in den Körper.

Fortpflanzung
Plattwürmer sind Zwitter mit komplexen männlichen und weiblichen Geschlechtsorganen. Jeweils zwei Individuen paaren und befruchten sich. Bei der Paarung sticht ein Plattwurm dem anderen den scharfen Penis, der direkt unter dem Mund in der „Brustregion" sitzt, irgendwo in den Körper. Bei Arten der Gattung Pseudobiceros besteht der Penis aus zwei Stiletten.

Beim Werben können sich die Würmer umkreisen, übereinanderkriechen oder den Vorderteil des Körpers „Penis an Penis" gegeneinanderstemmen. Der Einstich hinterläßt im Körper des Getroffenen ein richtiges Loch. Nach der Paarung werden die Eier auf dem Substrat, unter Felsen oder Korallen oder in der Nähe der Nahrungsquelle in Spiralen abgelegt, die denen einiger Nacktschnecken und anderer Weichtiere ähneln.

Der Linda-Plattwurm wurde 1981 vom Autor in Papua-Neuguinea entdeckt und erst 1995 beschrieben.

Tagsüber sieht man Plattwürmer kaum, aber nachts kriechen sie über das Riff.

Obwohl Plattwürmer sich nicht ungeschlechtlich fortpflanzen, können sich aus einem durchgetrennten Tier zwei Exemplare entwickeln, und ein stark verletztes Tier kann sich regenerieren. Manchmal folgt das neue Wachstum nicht dem ursprünglichen Körperbau.

Räuber
Da sie so auffällig und bunt gemustert sind, sind einige Arten wahrscheinlich giftig, und Räuber wie Fische werden beim ersten Freßversuch sicher abgeschreckt. Ältere Fische meiden sie entweder oder wissen, wie man das Gift entfernt und sie trotzdem fressen kann.

Färbung
Nur wenige frei bewegliche Wirbellose entwickeln auch nur annähernd die Farbenvielfalt der Plattwürmer.

WIE MAN HINKOMMT

Rockhampton und das nahe Yeppoon sind das Tor zur Keppel-Gruppe. Rockhampton liegt 726 km nördlich von Brisbane, Yeppoon 41 km nordöstlich von Rockhampton am Ufer der Rosslyn Bay. Am besten erreicht man Rockhampton mit einer der regionalen Fluggesellschaften Flight West oder Sunstate, die täglich mehrere Flüge anbieten. Man kann auch mit dem Zug, Bus oder Auto anreisen, was von der Reisekasse und der Zeit abhängt, die man hat. Von Rockhampton nach Yeppoon kann man den Zug oder Bus nehmen. Fliegen Sie von Rockhampton zur Great Keppel Island oder nehmen Sie das Boot, das mehrmals täglich von Yeppoon fährt.

Wassersport gehört zu den Attraktionen der Ferienanlagen.

WO MAN ABSTEIGEN KANN

Great Keppel Island Resort hat ein breites Angebot an Einrichtungen und Unterkünften.

The Oceanview Villas haben 4-Sterne-Zimmer für zwei bis vier Personen mit Klimaanlage, TV, Kühlschrank, Waschmaschine und Wäschetrockner. Die Unterkünfte im Park und zum Strand hin sind für zwei bis sechs Personen und sind ähnlich ausgestattet, nur ohne Klimaanlage. Die Anlage hat Restaurant, Nachtclub, Kongreßzentrum, Swimmingpool, Whirlpool, Squash- und Tennisplätze sowie einen Golfplatz und bietet verschiedene Wassersportmöglichkeiten. Auskunft bei Great Keppel Island Resort, PO Box 108, Rockhampton, 4700, Tel. 079-395 044, Fax 079-391 775.

Keppel Haven Resort ist eine preiswerte Ferienanlage auf Great Keppel und bietet Unterkunft in Hütten und Zelten. Die Hütten sind für Selbstversorger und bis sechs Personen, die Zelte für vier Personen und mit Gemeinschaftstoiletten und -duschen. Die Anlage hat ein Restaurant, Campingküche und -grill; mehrere Wassersportarten sind möglich. Auskunft bei Keppel Haven Resort, Tel. 079-336 744, Fax 079-336 429.

Auf dem Festland stehen im Gebiet von Rockhampton und Yeppoon Unterkünfte jeder Art zur Verfügung.

Obere Preiskategorie
Capricorn International Resort, Farnborough Rd, Yeppoon, Tel. 079-395 111, Fax 079-395 666. Diese große Anlage bietet Suiten, Hotelzimmer und Ferienwohnungen. Alle haben Klimaanlage, TV und Videorecorder, die besseren Unterkünfte auch Koch- und Waschgelegenheit. Es gibt Swimmingpool, Sporthalle, Sauna, Tennisplatz, Golfplatz, Restaurant und Kongreßzentrum, außerdem kann man reiten, bogenschießen, Katamaran fahren, surfen und tauchen.

Mittlere Preiskategorie
Cattle City Motor Inn, 139 Gladstone Rd, Rockhampton, Tel. 079-277 811, Fax 079-225 448. Diese zweigeschossige Anlage hat Restaurant, Swimmingpool, Kongreßzentrum und Grillplatz. Die Zimmer haben Klimaanlage, TV, Videorecorder, Mikrowelle und Minibar. Die Suiten haben Whirlpool.

Bayview Tower, Adelaide St, Yeppoon, Tel. 079-394 500, Fax 079-393 915, bietet Meerblick und Selbstversorgerzimmer mit TV, Videorecorder und Klimaanlage. Es gibt Restaurant, Swimmingpool, Sauna, Whirlpool und Kongreßzentrum.

Untere Preiskategorie
Southside Caravan Village, Lower Dawson Rd, Rockhampton, Tel. 079-273 013, Fax 079-277 750. Die Anlage besteht aus Bungalows, Hütten und Wohnwagen, hat Swimmingpool, Tennisplatz, Kiosk, Grillplatz, Campingküche und Gemeinschaftstoiletten und -duschen.

Capricorn Palms Holiday Village, Wildin Way, Mulambin Beach, Yeppoon, Tel. 079-336 144, Fax 079-336 266, hat Bungalows und Hütten für bis zu sieben Personen, Swimmingpool, Whirlpool, Kiosk, Campingküche, Grillplatz und Gemeinschaftstoiletten und -duschen.

WO MAN ESSEN KANN

Auf dem Festland in Rockhampton und Yeppoon gibt es eine gute Auswahl an Restaurants, auch mit Straßenverkauf, bei denen man u. a. zwischen chinesischer, italienischer, indischer, französischer und malaysischer Küche sowie Holzkohlengrill und Fischspezialitäten wählen kann; Kleinigkeiten kann man auch in Cafes und Pubs essen. Steaks bekommt man in Pubs oder Steakhäusern.

TAUCHEINRICHTUNGEN

Keppel Reef Scuba Adventures, Great Keppel Island, Tel. 079-395 022, Fax 079-395 022. Der Veranstalter bietet Tagesfahrten zu lokalen Tauchgebieten und längere Fahrten zum inneren Riff. Die PADI-Einrichtung veranstaltet Tauch- und Ferienkurse, verkauft und verleiht Ausrüstung.

Capricorn Reef Diving, 189 Musgrave St, North Rockhampton, Tel. 079-227 720, Fax 079-227 933.

Inner Space Images, 17 Caroline St, Yeppoon, Tel. 018 458 602.

Rockhampton Diving, 61 High St, North Rockhampton, Tel. 079-280 433.

Tropicana Dive, 12 Anzac Pde, Yeppoon, Tel. 079-394 642, Fax 079-394 662.

Keppel Tourist Services, Rosslyn Bay Boat Harbour, Yeppoon, Tel. 079-336 744.

Capricorn Coast Charters, 12 Poplar St, Cooee Bay, Tel. 079-394 949.

FILMENTWICKLUNG

Negativfilme können in verschiedenen Fotogeschäften der Gegend entwickelt werden; wegen Dia-Filmen wende man sich an **Casey's Cameras**, Denham St, Rockhampton, Tel. 079-227 331.

KRANKENHÄUSER

Rockhampton Hospital, Canning St, Rockhampton, Tel. 079-316 211.

Yeppoon Hospital, Anzac Pde, Yeppoon, Tel. 079-393 511.

Telefon für Notfälle, Feuerwehr, Polizei und Krankenwagen 000.

DEKOMPRESSIONSKAMMER

Bei Tauchunfällen in Australien wende man sich an DES (Diving Emergency Service) unter 1800 088 200. Weiter Informationen unter Tauchunfälle, S. 169.

LOKALE BESONDERHEITEN

Rockhampton, die Rinderkapitale Australiens, besitzt wahrscheinlich mehr Rinderdenkmäler als jede andere Stadt der Welt.

Cammoo und **Olsen's Cave** liegen 22 km nördlich von Rockhampton und sind einen Besuch wert. Es gibt Tagesausflüge zu den Höhlen, die Stalagmiten, Stalaktiten, Versteinerungen und Säulen aus dicken Baumwurzeln aufzuweisen haben.

Weitere Attraktionen sind eine Krokodilfarm, historische Hütten und Museen, ein Kupferbergwerk am Mt Morgan und der Mt Hay Tourist Park, wo man Edelsteine kaufen oder selbst suchen kann, was besonders die Kinder gern tun.

Die Strände von **Yeppoon** sind friedlich, lieblich und von Bäumen gesäumt, berühmt aber vor allem wegen der jährlich im August stattfindenden World Cooee Championships.

DIE SWAIN REEFS UND POMPEY REEFS

Das Südende der Swain Reefs ist der Anfang des Barriereriffs, das bis nach Papua-Neuguinea reicht. Dieses Hindernis ist seit Jahrhunderten eine Gefahr für Schiffe, seit Captain Cooks Reisen 1770 bis heute für die Öltanker. Einige sichere Durchfahrten sind kartiert, aber vielerorts liegen die Riffe so dicht beieinander, daß sie kartographisch nicht erfaßt werden und eine Bedrohung für ortsfremde Schiffe darstellen.

Die Swain und Pompey Reefs sind ein solches Gebiet. Die Riffe bilden ein unentwirrbares, größtenteils namenloses Labyrinth. Sie sind ein Paradies für Taucher und bieten fast alle ganzjährig phantastisches Tauchen. Die meisten Riffe haben Wände und bunte Korallengärten im Flachwasser, einige auch geschützte Lagunen mit sicheren Ankerplätzen und ausgezeichneten Nachttauchmöglichkeiten. Meeresfauna und -flora sind generell vielfältig. Pelagische und ortstreue Fische sind an den meisten Riffen zu finden, genauso wie Seeschlangen, Riffhaie, Mantas und Meeresschildkröten zu bestimmten Jahreszeiten. Viele Riffe haben kleine Sandbänke, die einen Besuch lohnen. Dort nisten meistens Seevögel wie Tölpel, Seeschwalben und Möwen, und auch Meeresschildkröten legen ihre Eier ab.

Die Swain Reefs sind seit über 20 Jahren ein beliebtes Ziel für Fischer und Taucher, während die Pompey Reefs noch weitgehend unerforscht sind. Schiffe, die diese Gebiete anlaufen, fahren normalerweise ab Urangan, Gladstone oder Bundaberg, und da die meisten Riffe mehr als 200 km vom Festland entfernt sind, erfolgt die Fahrt in der Regel nachts. Die Überfahrt kann etwas rauh werden, doch in den Riffen sind die Gewässer ruhig und geschützt. In der Strömung, die manchmal zwischen den Gezeiten aufkommt, ist Strömungstauchen möglich. Starke Strömung kann die Sicht verringern, die zwischen 10 und 30 m liegt.

Swain und Pompey Reefs liegen innerhalb der Grenzen der Great Barrier Reef Marine Park Southern Section (Mackay und Capricorn Section). Die meisten Riffe sind für die allgemeine Nutzung zugelassen, aber es gibt Schutzzonen, und einige Riffe sind vorübergehend gesperrt - denken Sie bei Ihrer Planung daran.

Gegenüber: Seeschlangen sind eine der Besonderheiten der Swain Reefs, aber man sollte sie nicht anfassen.
Oben: Kunie-Prachtsternschnecke.

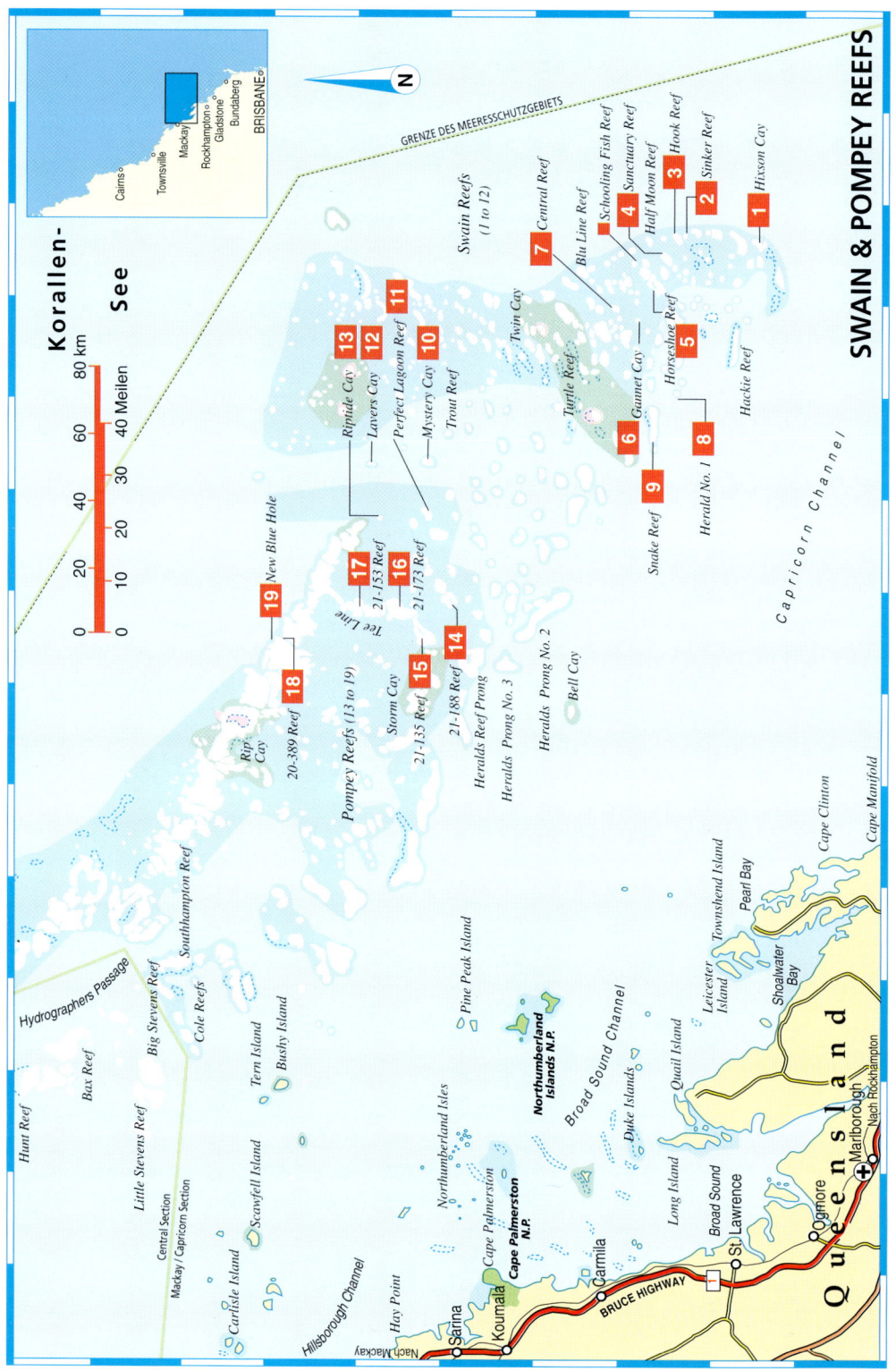

SWAIN & POMPEY REEFS

Korallen-See

GRENZE DES MEERESSCHUTZGEBIETS

Swain Reefs (1 to 12)

1 Hixson Cay
2 Sinker Reef
3 Hook Reef
4 Sanctuary Reef
5 Horseshoe Reef
6
7 Central Reef
8 Herald No. 1
9 Snake Reef

Schooling Fish Reef
Half Moon Reef
Blu Line Reef
Twin Cay
Turtle Reef
Gannet Cay
Hackie Reef
Trout Reef
Mystery Cay

10
11 Perfect Lagoon Reef
12 Lavers Cay
13 Riptide Cay

14 21-188 Reef
15 21-135 Reef
16 21-173 Reef
17 21-153 Reef
18 20-389 Reef
19 New Blue Hole

Pompey Reefs (13 to 19)

Storm Cay
Heralds Reef Prong
Heralds Prong No. 3
Heralds Prong No. 2
Bell Cay
Rip Cay
Tee Line

Capricorn Channel

Cape Manifold
Cape Clinton
Townshend Island
Pearl Bay
Shoalwater Bay
Leicester Island
Quail Island

Pine Peak Island
Broad Sound Channel
Duke Islands
Long Island
Broad Sound

Northumberland Isles
Northumberland Islands N.P.
Cape Palmerston
Cape Palmerston N.P.

Carlisle Island
Scawfell Island
Tern Island
Bushy Island
Hillsborough Channel
Hay Point
Sarina
Nach Mackay
Koumala
Carmila
St. Lawrence
Ogmore
Marlborough
Nach Rockhampton
BRUCE HIGHWAY

Queensland

Hunt Reef
Bax Reef
Little Stevens Reef
Big Stevens Reef
Cole Reefs
Southhampton Reef
Hydrographers Passage
Central Section
Mackay / Capricorn Section

80 km
40 Meilen
60
40
30
20
20
10
0
0

BRISBANE
Mackay
Rockhampton
Gladstone
Bundaberg
Cairns
Townsville

N

Die Swain Reefs

Die Swain Reefs sind seit vielen Jahren bei Tauchern und Fischern beliebt, und der Fischfang hat begehrte Speisefische wie den Juwelen-Zackenbarsch und Süßlippen arg dezimiert. Die Swain Reefs sind voller Farben: Die meisten Steilwände sind mit Weich- und Hornkorallen geschmückt, und man findet wahrscheinlich auch Schwarze Korallen, Wälder von Peitschenkorallen, zarte Feuerkorallen und sehr große Schwämme. Seeschlangen sind häufig dort, genau wie Meeresschildkröten, Stechrochen, Barrakudas, Stachelmakrelen, Fledermausfische, Muränen und Riffhaie. Bei einigen Riffen tauchen Mantas auf, und man hat schon Große Tümmler sowie Buckel- und Zwergwale in dieser Gegend beobachtet.

Die meisten Charterboote fahren pro Jahr nur ein paar Male zu den Swain Reefs. Es gibt keine festen Routen, aber die meisten fahren um das Südende herum und machen es von den Bedingungen abhängig, welches Riff sie ansteuern. An vielen Riffen dort ist noch nie getaucht worden, so daß spektakuläre Entdeckungen möglich sind. Die Tauchgebiete tragen meistens den Namen des Riffs.

1 HIXSON CAY
✱✱✱✱✱✱✱

Lage: Am Südende der südlichen Swain Reefs 200 km von Gladstone.
Zugang: Über 10 h mit dem Schiff von Gladstone.
Bedingungen: Im Schutz eines Riffs, zumeist ruhig, leichte Strömungen. Sicht durchschnittlich 25 m.
Minimale Tiefe: 3 m.
Maximale Tiefe: 60 m.
An der Riffkante gibt es Steilwände mit Horn-, Weich- und Peitschenkorallen. Fledermausfische, Riffhaie, Makrelen, Stachelmakrelen, Füsiliere und Süßlippen sind häufig. An der Nordseite liegt eine geschützte Lagune mit vereinzelten Korallenblöcken. Man sieht zahlreiche Blaupunkt-Stechrochen, Juwelen-Zackenbarsche, Kaiser-, Kugel-, Falter-, Feilen- und Anemonenfische. Wahrscheinlich entdeckt man auch Riesenmuscheln, Schlangensterne, Röhrenwürmer, Seesterne, Nacktschnecken und bunte Plattwürmer. Die Lagune bietet einen ausgezeichneten Ankerplatz und Schnorchelmöglichkeiten.

2 SINKER REEF
✱✱✱✱✱✱✱✱

Lage: Am Ostrand der südlichen Swain Reefs 220 km von Gladstone.
Zugang: Über 11 h mit dem Schiff von Gladstone.
Bedingungen: Generell ruhig, da es im Schutz eines Riffs liegt. Sicht durchschnittlich 25 m.
Minimale Tiefe: 1 m.
Maximale Tiefe: 20 m.

Die Nordseite des Riffs ist ein Labyrinth aus Korallenbauten, die Höhlen, Rinnen, Überhänge und Durchgänge bilden. Die Korallen hier im Flachwasser sind üppig und garantieren einen artenreichen Fischbestand, darunter Kaiser-, Flöten-, Drücker-, Feilen-, Lipp-, Fledermaus- und Anemonenfische, Riffbarsche und Papageifische. In den Rinnen liegt Korallenschutt, in dem Spinnen-, Kegel- und Nacktschnecken, Fangschrecken- und Einsiedlerkrebse sowie Kraken leben. An der Riffkante sieht man wahrscheinlich Barrakudas, Stachelmakrelen, Zackenbarsche und scheue Weißspitzen-Riffhaie.

3 HOOK REEF
✱✱✱✱✱✱✱

Lage: Am Ostrand der südlichen Swain Reefs 220 km von Gladstone.
Zugang: Über 11 h mit dem Schiff von Gladstone.
Bedingungen: Im Schutz eines Riffs, zumeist ruhig, leichte Strömungen. Sicht durchschnittlich 25 m.
Minimale Tiefe: 3 m.
Maximale Tiefe: 20 m.
An der Nordseite von Hook Reef liegt ein ausgedehntes flaches Riff mit zahlreichen Pfeilern. Die Korallen sind farbenprächtig, Fische und andere Meerestiere gibt es im Überfluß - ein Paradies für Fotografen. Estuar-Zackenbarsche, Barramundis, Juwelen- und andere Zackenbarsche, Drachenköpfe, Nashorndoktor- und Papageifische sowie Füsiliere sind häufig, und Olive Seeschlangen suchen auf dem Grund nach Nahrung oder schlafen in den Korallen. Nachts in der Lagune zu tauchen ist wunderbar. Man erlebt die verschiedensten Krabben, Garnelen und in ihren Schleimhüllen schlafende Papageifische. Um diese Zeit machen auch Stechrochen, Seesterne, Weichtiere und Kraken Jagd auf Beute.

4 SANCTUARY REEF

★ ★ ★ ★ ★ ★

Lage: Am Ostrand der südlichen Swain Reefs 220 km von Gladstone.
Zugang: Über 11 h mit dem Schiff von Gladstone.
Bedingungen: Im Schutz eines Riffs, zumeist ruhig, leichte Strömungen. Sicht durchschnittlich 20 m.
Minimale Tiefe: 3 m.
Maximale Tiefe: 25 m.
Der Riffrand am Sanctuary Reef fällt in tiefes Wasser ab. An der Steilwand finden Taucher bunte Weich-, Horn-, und sich wiegende Peitschenkorallen sowie Hydroid-polypen-Kolonien. Stachelmakrelen in Schwärmen, Füsiliere, Süßlippen, Fledermaus-, Flöten- und Falterfische, Büschel- und scheue Zackenbarsche gehören zum üblichen Bild. Mehrere Nacktschneckenarten leben hier. Gelegentlich sieht man auch die korallenfressenden Dornenkronen, die hier nur geringen Schaden anrichten.

CHEMISCHE ABWEHRSTOFFE

Hunger treibt einen Fisch manchmal dazu, Tiere fressen zu wollen, die abscheulich schmecken. Der Fisch spuckt seine Beute jedoch sofort wieder aus, die kaum verletzt ist, während der Räuber oft sich schüttelnd und offensichtlich verstört davonschwimmt. Die chemischen Abwehrstoffe einiger Niederer Meerestiere sind so stark, daß sie den Orientierungssinn eines Fisches beeinträchtigen können, der nach dem Genuß des Giftes unter Umständen gegen irgendein Hindernis schwimmt. Einzelne Fische mindestens zweier Familien (Lipp- und Kugelfische) haben jedoch gelernt, mit ungenießbaren Niederen Tieren umzugehen (z. B. mit Nacktschnecken und Plattwürmern). Durch mehrmaliges Verschlucken und Ausspucken der Beute veranlaßt der Fisch sie, alle chemischen Abwehrstoffe ins Wasser abzugeben. Wenn das Opfer schließlich gereinigt ist, kann der Fisch es am Ende doch noch fressen.

Die Prächtige Riffkrabbe sieht man im allgemeinen nur bei Nachttauchgängen.

5 HORSESHOE REEF

★★★★

Lage: Im Zentrum der südlichen Swain Reefs 220 km von Gladstone.
Zugang: Über 11 h mit dem Schiff von Gladstone.
Bedingungen: Im Schutz eines Riffs, zumeist ruhig, leichte Strömungen. Sicht durchschnittlich 20 m.
Minimale Tiefe: 3 m.
Maximale Tiefe: 35 m.
Die Südseite des Horseshoe Reef bietet aufregendes Steilwandtauchen. Bunte Korallen, darunter Geweih-, Peitschen-, Horn- und verschiedene Steinkorallen, schmücken die Wand. Es wimmelt von kleinen Riffischen, und man sieht wahrscheinlich Weißspitzen-Riffhaie, Zackenbarsche, Napoleon-Lippfische, Stachelmakrelen, Fledermausfische und große Juwelen-Zackenbarsche. Suppenschildkröten schlafen auf Vorsprüngen, und Seeschlangen gleiten vorbei. Die geschützte Lagune an der Nordseite ist ein beliebter Ankerplatz. Nachttaucher sehen bei den vielen Korallenblöcken Garnelen, Schlangensterne, Weichtiere, Seegurken und Riffsepien.

6 GANNET CAY

★★★★

Lage: Im Zentrum der südlichen Swain Reefs 230 km von Gladstone.
Zugang: Über 11 h mit dem Schiff von Gladstone.
Bedingungen: Im Schutz eines Riffs, zumeist ruhig, leichte Strömungen. Sicht durchschnittlich 20 m.
Minimale Tiefe: 3 m.
Maximale Tiefe: 35 m.
An der Südseite steht ein mit Horn-, Weich-, Schwarzen und unzähligen Peitschenkorallen bedeckter mächtiger Pfeiler, der die Fische wie ein Magnet anzieht - Barrakudas, Juwelen- und andere Zackenbarsche, Stachelmakrelen, Makrelen, Füsiliere, Doktor- und Fledermausfische sowie Weißspitzen-Riffhaie. Riffische sind massenhaft vertreten, gelegentlich sieht man Seeschlangen.

7 CENTRAL REEF

★★★★★★★

Lage: An der Ostseite der südlichen Swain Reefs 230 km von Gladstone.
Zugang: Über 11 h mit dem Schiff von Gladstone.
Bedingungen: Im Schutz eines Riffs, zumeist ruhig, leichte Strömungen. Sicht durchschnittlich 20 m.

Stachel-Anemonenfische verlassen nur selten den Schutz ihrer Wirtsanemone.

Minimale Tiefe: 3 m.
Maximale Tiefe: 35 m.
Central Reef bietet gutes Steilwandtauchen. Die Wände sind bedeckt mit Horn-, Peitschen- und bunten Weichkorallen. Es gibt eine reiche Fischfauna mit Fledermausfischen, Makrelen, Süßlippen, Juwelen- und anderen Zackenbarschen, Schweins-Lipp-, Flöten-, Kaiser- und Papageifischen. Oben sind viele Rinnen in das Riff geschnitten, ein lohnendes Gelände zum Erkunden. Langusten, Süßlippen, Lipp- und Falterfische sowie kleine Muränen sind gut vertreten.

8 HERALD NO. 1

★★★★★★★★

Lage: An der Westseite der südlichen Swain Reefs 200 km von Gladstone.
Zugang: Über 10 h mit dem Schiff von Gladstone.
Bedingungen: Im Schutz eines Riffs, zumeist ruhig, leichte Strömungen. Sicht durchschnittlich 20 m.
Minimale Tiefe: 6 m.
Maximale Tiefe: 40 m.
An der Westseite des Gebiets liegt eine recht gute Steilwand. Schwarmfische wie Doktor-, Nashorndoktor-, Fledermaus- und Papageifische, Füsiliere und Glasbarsche sind recht häufig zu sehen. Auch riesige Napoleon-Lippfische, Juwelen-Zackenbarsche, Makrelen, Langusten und kleine Suppenschildkröten sind anzutreffen. Die bunte Wand bietet Fotomotive im Überfluß.

RIESENMUSCHELN

Riesenmuscheln gehören zur Familie Tridacnidae und sind mit sechs Arten im Great Barrier Reef vertreten. Die Riesenmuschel ist die größte bekannte Muschelart und wird bis 137 cm groß. Allein die Schalen können 240 kg wiegen. Riesenmuscheln sind sequentielle simultane Zwitter, d. h. sie beginnen ihr Leben als Männchen und bilden nach der Geschlechtsreife beide Geschlechter aus. Berichte über die Gefährlichkeit der Muschel für Taucher sind übertrieben, auch wenn ihre Kanten messerscharf sind und schmerzhafte Schnittwunden zufügen können. Die Wissenschaft hat nachgewiesen, daß die Muscheln schneller wachsen als angenommen, was Möglichkeiten zur Aquakultur und kommerzieller Nutzung eröffnet.

9 SNAKE REEF
* * * * * * *

Lage: An der Westseite der südlichen Swain Reefs 200 km von Gladstone.
Zugang: Über 10 h mit dem Schiff von Gladstone.
Bedingungen: Im Schutz eines Riffs, zumeist ruhig, leichte Strömungen. Sicht durchschnittlich 20 m.
Minimale Tiefe: 3 m.
Maximale Tiefe: 40 m.
Snake Reef ist ein langes, schmales Riff mit vielen Steilwänden. An der Westseite stehen mehrere Pfeiler, und die Rinnen und Vorsprünge lohnen einen genaueren Blick. Jenseits der 20 m findet man Gärten von Peitschen- und viele große Hornkorallen. Zur reichen Fischfauna gehören Fledermausfische, Juwelen- und andere Zackenbarsche, Drachenköpfe, Süßlippen und Kaiserfische.

10 MYSTERY CAY
* * * * * * *

Lage: Im Zentrum der südlichen Swain Reefs 250 km von Gladstone.
Zugang: Über 12 h mit dem Schiff von Gladstone.
Bedingungen: Im Schutz eines Riffs, zumeist ruhig, leichte Strömungen. Sicht durchschnittlich 20 m.
Minimale Tiefe: 3 m.
Maximale Tiefe: 20 m.
Die Westseite von Mystery Cay ist ein beliebter Ankerplatz und gutes Tauchgebiet mit vielen Pfeilern und Riffschluchten. Die recht gute Fischfauna umfaßt so häufige Arten wie Fledermausfische, Riffhaie, Juwelen-

Zackenbarsche, Süßlippen, Papagei-, Flöten-, Kaiser- und Anemonenfische. Hier findet man auch riesige Stachelmakrelen, Schwärme von Bonites und sogar Napoleon-Lippfische. Olive Seeschlangen sind häufig und gute Begleiter, solange man sie nicht reizt. Auf der Südseite des Riffs gibt es weitere Pfeiler, wo sich gelegentlich Mantas von Putzerlippfischen reinigen lassen. Wenn Mantas da sind, kann dies zu einem der besten Tauchgänge in den Swain Reefs werden, denn die Tiere umkreisen offenbar mit großer Freude die Taucher und schlagen sogar Purzelbäume.

11 PERFECT LAGOON REEF
* * * * * *

Lage: An der Westseite der nördlichen Swain Reefs 250 km von Gladstone.
Zugang: Über 12 h mit dem Schiff von Gladstone.
Bedingungen: Im Schutz eines Riffs, zumeist ruhig, leichte Strömungen. Sicht durchschnittlich 20 m.
Minimale Tiefe: 3 m.
Maximale Tiefe: 20 m.
Geweihkorallenwälder beherrschen die Riffkante an der Nordseite von Perfect Lagoon Reef. Zu sehen sind verschiedene Weichtiere wie Spinnen-, Kauri- und Kegelschnecken sowie Muscheln mit farbenprächtigen Mänteln. Vor allem kleine Riffischarten sind vertreten wie Riffbarsche, Grundeln, Schleim-, Lipp- und Falterfische, Zacken- und Büschelbarsche sowie Schweins-Lippfische. Ein guter Ort für Olive Seeschlangen.

12 LAVERS CAY
* * * * * * *

Lage: An der Westseite der nördlichen Swain Reefs 250 km von Gladstone.
Zugang: Über 12 h mit dem Schiff von Gladstone.
Bedingungen: Im Schutz eines Riffs, zumeist ruhig, leichte Strömungen. Sicht durchschnittlich 20 m.
Minimale Tiefe: 3 m.
Maximale Tiefe: 20 m.
Die Nordostecke von Lavers Cay ist voller Schluchten, Rinnen, Vorsprünge und Höhlen. Das Vorkommen an Stein- und Weichkorallen ist eindrucksvoll, der Fischbestand aber noch mehr. Zwei ortstreue über 2 m lange Riesen-Zackenbarsche sind normalerweise zu sehen. Sie verstecken sich im Riff und sind manchmal recht fotoscheu. In Schwärmen belagern Stachelmakrelen und Bonitos das Riff und lauern den Glasbarschen auf. Häufig zu sehen sind auch Juwelen-Zackenbarsche, Kaiser-, Fledermaus-, Papageifische und Weißspitzen-Riffhaie.

Die Pompey Reefs

Nördlich an die Swain Reefs schließen sich die Pompey Reefs an, wo selten getaucht wird. Das Navigieren in diesem Gebiet ist ein Horror, da große Wassermengen durch die Riffe zirkulieren und gewaltige „Flüsse" bilden. Diese „Flüsse" können über 80 m tief sein, und das zwischen Riffen, die nur 200 m breit sind. Mit dem Boot kann es recht spannend sein, durch Strudel, stehende Wellen, „Wasserfälle" und „Stromschnellen" zu fahren. Das Südende der Pompey Reefs wird durch die T-Line beherrscht, eine Gruppe kompakter Riffe in Form eines riesigen T. Das Tauchen ist ähnlich wie bei den Swain Reefs, die Fischfauna allerdings sehr viel reicher, da hier nicht so stark gefischt wird. Es gibt zwei „blaue Löcher", von denen aber nur das New Blue Hole einen Tauchgang wert ist - das andere, Cockatoo Blue Hole, ist eher ein stehender Tümpel. Die Pompey Reefs werden selten angelaufen, wegen der Entfernung und weil das Gebiet so unbekannt ist. Wenn doch, dann meistens zusammen mit einer Fahrt zu den nördlichen Swain Reefs.

An den Riffen begegnen Taucher oft großen Schwärmen farbenprächtiger Riffische.

13 RIPTIDE CAY

★★★★★★

Lage: Am Südende von Pompey Reefs 250 km von Gladstone.
Zugang: Über 14 h mit dem Schiff von Gladstone.
Bedingungen: Im Schutz eines Riffs, zumeist ruhig, starke Strömungen. Sicht durchschnittlich 20 m.
Minimale Tiefe: 3 m.
Maximale Tiefe: 15 m.
Die Nordseite dieses Riffs hat einen uneinheitlichen Korallengrund mit kleinen Korallenblöcken und schönen Korallengärten. Am besten taucht man bei Ebbe oder Flut, weil die starken Strömungen zwischen den Gezeiten das Tauchen unmöglich machen können. Dank den Strömungen ist die Fischfauna recht gut und bietet Juwelen-Zackenbarsche, Bonitos, Süßlippen, Kofferfische, Regenbogen-Stachelmakrelen, Füsiliere, Kaninchen-, Kaiser- und schwarmweise Papageifische. Wahrscheinlich sieht man auch Blaupunkt-Stechrochen.

14 21–188 REEF

★★★★★★★

Lage: Am Südende der Pompey Reefs 250 km von Gladstone.
Zugang: Über 14 h mit dem Schiff von Gladstone.
Bedingungen: Im Schutz eines Riffs, zumeist ruhig, starke Strömungen. Sicht durchschnittlich 20 m.
Minimale Tiefe: 3 m.
Maximale Tiefe: 35 m.
Die meisten Riffe der Pompey Reefs haben keinen Namen, nur Nummern. Auf der Westseite dieses Riffs gibt es eine beeindruckende Steilwand mit gesundem Stein- und Weichkorallenwuchs. Der Bestand an kleinen Riffischen ist beachtlich, und Glasbarsche stehen in Schwärmen vor der Wand. Stachelmakrelen und Makrelen versuchen, einzelne Glasbarsche aus dem Schwarm zu trennen. Zu sehen sind ferner Juwelen-Zackenbarsche sowie Olive Seeschlangen.

15 21–135 REEF

★★★★★★

Lage: An der T-Line der Pompey Reefs 250 km von Gladstone.
Zugang: Über 14 h mit dem Schiff von Gladstone.
Bedingungen: Im Schutz eines Riffs, zumeist ruhig. Sicht durchschnittlich 15 m.

Minimale Tiefe: 3 m.
Maximale Tiefe: 15 m.
An der Nordostecke dieses Riffs liegt eine seichte Korallenbucht mit kleinen Korallenwänden und Pfeilern. Der Korallenwuchs ist einmalig: Weich-, Horn-, Peitschen-, Geweih-, Platten- und Flaschenbürstenkorallen sowie Schwämme und Seescheiden. Es wimmelt von Riffischen - Fledermaus-, Doktor-, Feilen-, Zahnlipp-, Kaiser-, Falter- und Kaninchenfische, Grundeln und andere mehr. Auch einige Riesenmuscheln sind vertreten. Olive Seeschlangen sind recht häufig und kommen dicht heran, um den Taucher zu untersuchen.

16 21–173 REEF

★★★★★★

Lage: An der T-Line der Pompey Reefs 250 km von Gladstone.
Zugang: Über 14 h mit dem Schiff von Gladstone.
Bedingungen: Im Schutz eines Riffs, zumeist ruhig. Sicht durchschnittlich 15 m.
Minimale Tiefe: 3 m.
Maximale Tiefe: 12 m.
Dieses Riff hat eine kleine, geschützte, mit Korallen zugewachsene Lagune. An den vielen Korallenvorsprüngen kann man Krabben, Garnelen und sogar Langusten finden. Ein guter Platz für Makroaufnahmen. Taucher entdecken wahrscheinlich auch Plattwürmer, Nacktschnecken, Haar- und Seesterne, Weichtiere, Schlangensterne und viele kleine Riffische. Seeschlangen sind hier so häufig wie überall in den Pompey Reefs.

17 21–153 REEF

★★★★★★

Lage: An der T-Line der Pompey Reefs 250 km von Gladstone.
Zugang: Über 14 h mit dem Schiff von Gladstone.
Bedingungen: Im Schutz eines Riffs, zumeist ruhig. Sicht durchschnittlich 15 m.
Minimale Tiefe: 3 m.
Maximale Tiefe: 15 m.
Die Nordseite dieses Riffs hat eine große geschützte Lagune zum Ankern und Tauchen. Der sandige Lagunenboden ist bedeckt mit Korallenblöcken und das Zuhause für Krabben, Garnelen, Schlangensterne, Nacktschnecken, Haarsterne und verschiedene Weichtiere. Die Fische sind überwiegend klein, Riffbarsche, Grundeln und Schleimfische kommen am häufigsten vor. Nachts kann man die verschiedensten Riffische und farbenprächtige Wirbellose beobachten.

Die Swain Reefs sind reich an Korallen und marinem Leben.

18 20–389 REEF

★★★★★★★

Lage: An der Ostseite der Pompey Reefs 250 km von Gladstone.
Zugang: Über 14 h mit dem Schiff von Gladstone.
Bedingungen: Meistens ruhig, leichte Strömungen. Sicht durchschnittlich 20 m.
Minimale Tiefe: 3 m.
Maximale Tiefe: 25 m.

Dieses Riff hat mehrere gute Tauchgebiete, unter anderem eine kleine Lagune an der Südseite mit üppigem Korallenwuchs. Es gibt viele kleine Höhlen und Überhänge zu erkunden, die meistens mit Horn- und Weichkorallen überzogen sind. Anemonen mit ihren Anemonenfischen sind häufig, genau wie Vulkanschwämme. Weißspitzen-Riffhaie, Stechrochen, Fledermausfische, Süßlippen, Schnapper, Zahnlippfische, Doktorfische, Juwelen- und andere Zackenbarsche sind hier zu sehen. Nachts tauchen die kleinen Riffbewohner auf: Weichtiere, See- und Schlangensterne, Garnelen, Krabben, Plattwürmer, Seeigel und Einsiedlerkrebse. Riesige Gorgonenhäupter strecken ihre Arme aus, um Nahrungspartikel zu fangen, und Seeschlangen suchen den Grund nach schlafenden Fischen ab. An der etwas exponierteren Ostseite des Riffs liegen viele schöne Korallengärten. Es wimmelt von kleinen Riffischen, aber man sieht auch Stachelmakrelen, Zackenbarsche, Blaupunkt-Stechrochen und Riffhaie.

19 NEW BLUE HOLE

★★★★★★★★

Lage: Am Südende des 20-389 Reef der Pompey Reefs 250 km von Gladstone.
Zugang: Über 14 h mit dem Schiff von Gladstone.
Bedingungen: Im Schutz eines Riffs, zumeist ruhig. Sicht durchschnittlich 20 m.
Minimale Tiefe: 3 m.
Maximale Tiefe: 90 m.

Dieses herrliche Tauchgebiet wird selten von Booten angelaufen. Das Loch ist etwa 100 m groß und hat steile Wände, die ab 50 m bis zum Boden in 90 m zurückweichen. Während dieser Teil die meisten Taucher überfordert, ist der obere Bereich für jeden geeignet. Einige der vielen kleineren Höhlen sind voller Hornkorallen und Hydroidpolypen-Kolonien. Das Loch selbst weist kaum Korallen auf, aber man sieht einige Stachel- und Riffaustern. An den Wänden können sich Sand und Sediment lösen und das Fotografieren erschweren. Bis in 45 m gibt es viel zu sehen, und man kann das Loch beim Aufsteigen problemlos umkreisen. Man sieht erstaunlich viele Fische, unter anderem Weißspitzen-Riffhaie, Fledermausfische, Juwelen-Zackenbarsche, Husarenfische und Stachelmakrelen. Nebenan liegen schöne Korallengärten, wo man Nashorndoktorfische, Regenbogen-Stachelmakrelen, Papageifische, Leopard-Zackenbarsche, Napoleon-Lippfische, Süßlippen und Haie entdecken kann.

Im Great Barrier Reef und der Korallen-See begegnen dem Taucher verschiedene Hai-arten. Am häufigsten ist der Weißspitzen-Riffhai, der die Riffe abschwimmt und in Höhlen ruht. Weitere Höhlenbewohner sind Fransen-Wobbegongs und große Gelbbraune Ammenhaie, die harmlos sind, wenn man sie in Ruhe läßt. Nachts kommen die schöngezeichneten Epaulettenhaie hervor, um nach Krabben, Würmern und Garnelen zu suchen. Die bis 1 m langen Tiere laufen beim Überqueren der Riffe fast auf den Flossen. Graue Riffhaie und Silberspitzenhaie sind an Steilwänden in der Korallen-See häufiger. Ansonsten kann man an den Riffen noch Walhaie, Schwarzspitzen-Riffhaie, Leoparden-, Stier- und Tigerhaie, Große und sogar Bogenstirn-Hammerhaie sehen.

HAIFÜTTERUNGEN

Haifütterungen sind eine Attraktion in der nördlichen Korallen-See. Einige Veranstalter organisieren solche Fütterungen, um die Haie anzulocken, damit man sie fotografieren kann. Von Hand dürfen Haie nicht mehr gefüttert werden. Die Köder werden ferngesteuert hinuntergelassen. Man kann aus einem Käfig zusehen, doch die meisten Taucher halten sich in sicherer Entfernung, während die Crew als Sicherheitstaucher fungiert. Angelockt zu den Fütterungen werden vor allem Weißspitzen- und Graue Riffhaie, Silberspitzenhaie, etliche Tigerhaie und Große Hammerhaie. Kritiker wenden ein, daß Fütterungen die Haie aggressiv und gefährlich machen. Das gilt, solange Köder im Wasser sind, aber die Haie sind nur an ihnen interessiert und verschwinden nach dem Fressen sofort wieder. Eine Fütterung bietet die einmalige Gelegenheit, Haie aus der Nähe zu erleben.

WOBBEGONGS

In australischen Gewässern gibt es sechs Wobbegong-Arten, drei davon in den Riffen. Diese Grundhaie mit ihrer starkgemusterten Haut und dem flachen Körper werden auch Teppichhaie genannt. Im Riff am häufigsten ist der Fransen-Wobbegong, der mit seiner

Ein Weißspitzen-Riffhai kreuzt vor dem Riff.

hellbraunen oder sandfarbenen Haut auf dem Grund hervorragend getarnt ist. Die bis zu 3 m langen Fransen-Wobbegongs ruhen die meiste Zeit in Höhlen oder unter Vorsprüngen. Lassen Sie sich nicht durch ihre Trägheit täuschen: Die Tiere haben schnelle Reflexe und lange, scharfe Zähne, die sie gegebenenfalls auch einsetzen. Manchmal kann man einer Begegnung nicht ausweichen, gerade in dunklen Höhlen. Prüfen Sie also immer den Höhlenboden, bevor Sie eindringen; wenn man sie in Ruhe läßt, kann man Wobbegongs aus nächster Nähe beobachten und fotografieren.

PAARUNG DER HAIE

Haie paaren sich meistens nachts. Das Männchen muß seine zu Fortpflanzungsorganen umgewandelten Afterflossen, die Klasper, ohne Hilfe von Armen oder Beinen in die Geschlechtsöffnung des Weibchens einführen. Es verbeißt sich in den Nacken, den Kopf, den Kiemenbereich, die Seite, die Rückenflossen, den Rücken oder die Brustflossen des Weibchens und schlingt den Körper, sobald es festen Halt hat, um den des Weibchens, bis das Paar nach einigem Rollen und Wälzen ruhig wird und einige Zeit in einer verdrehten Umklammerung daliegt.

Viele Haie und Rochen sind ovovivipar, das heißt das Ei bleibt im Körper des Weibchens, bis die Jungen schlüpfen. Die frischgeschlüpften Fische bleiben im Körper des Weibchens, bis der Dottersack restlos aufgezehrt ist.

WIE MAN HINKOMMT

Zu den Swain Reefs kommen jedes Jahr einige Boote, zu den Pompey Reefs dagegen nur wenige. Man kann selbst ein Boot dorthin leihen oder sich einer Gruppe oder Tauchschule anschließen. Charterboote in diese Gegend starten meistens in Hervey Bay, Bundaberg und Gladstone. Hervey Bey liegt 290 km, Bundaberg 368 km und Gladstone 534 km nördlich von Brisbane. Nach dem Flug nach Brisbane kann man mit Flight West und Sunstate Airlines alle drei Orte anfliegen. Bus und Bahn sind wohl am billigsten, wenn man etwas Zeit hat, man kann aber auch einen Wagen leihen und den Bruce Highway die Küste entlang fahren. Schließfächer gibt es in allen Orten - fragen Sie die Tauchveranstalter.

WO MAN ABSTEIGEN KANN

Wer vor oder nach der Fahrt zu den Swain Reefs auf dem Festland bleiben möchte, findet in Hervey Bay, Bundaberg und Gladstone Unterkunft jeder Art. Eine kleine Auswahl findet sich unter den regionalen Adressen der Capricorn- und Bunker-Gruppe.

WO MAN ESSEN KANN

Wenn man auf dem Festland bleibt, hat man immer genügend Auswahl an Essenslokalen, ob mit Straßenverkauf, Pubs oder gute Restaurants.

TAUCHEINRICHTUNGEN

Australiana, 45 Hickey Ave, Gladstone, Tel. 079-783 956. Die *Australiana* ist ein 19 m langes Motorboot, das 16 Passagiere befördern kann. Man kann sie für Fahrten zu den Swain Reefs, der Capricorn- und Bunker-Gruppe sowie in die Korallen-See chartern.

Booby Bird, Marine Drv, Gladstone, Tel. 079-726 990, Fax 079-726 990. Die *Booby Bird* kann das ganze Jahr gechartert werden; sie fährt zu den Swain Reefs, der Capricorn- und Bunker-Gruppe sowie in die südliche Korallen-See. Sie ist ein 24 m langes Motorboot für maximal 21 Passagiere.

Boomerang Cruises, 22 Byron St, Scarness, Hervey Bay, Tel. 071-242 393. Die *Boomerang* ist ein 21 m langes Schiff für maximal 22 Passagiere. Sie befährt das Gebiet am Südende der Swain Reefs, der Bunker-Gruppe und der südlichen Korallen-See.

Max Allen Cruises, 7 Illawong Crt, Gladstone, Tel. 079-791 377, betreibt die Charterboote *Kanimbla* und *Spirit of Freedom*. Beide können gechartert werden und fahren zu den Swain Reefs, der Capricorn- und Bunker-Gruppe sowie in die südliche Korallen-See.

Reef Knot Charters, 19 The Esplanade, Gladstone, Tel. 079-724 129. Die *Reef Knot* ist ein 15 m langes Motorboot für den Fischfang und das Tauchen. Sie macht ganzjährig Charterfahrten zu den Swain Reefs sowie der Capricorn- und Bunker-Gruppe.

Sewah Charters, Gayndah Rd, Oakhurst, Tel. 071-213 155. Die *Sewah* ist ein 15 m langes Schiff für bis zu zwölf Passagiere. Sie fährt zu den Swain Reefs sowie zur Capricorn- und Bunker-Gruppe.

FILMENTWICKLUNG

Auf dem Festland gibt es viele Fotogeschäfte.

KRANKENHÄUSER

Bundaberg Health Services, Bourbong St, Bundaberg, Tel. 071-521 222.

Hervey Bay Hospital, Long St, Point Vernon, Tel. 071-281 444.

Maryborough General Hospital, 185 Walker Rd, Maryborough, Tel. 071-238 222.

Gladstone Hospital, Kent St, Gladstone, Tel. 079-763 200.

Telefon für Notfälle, Feuerwehr, Polizei und Krankenwagen 000.

DEKOMPRESSIONSKAMMER

Bei Tauchfällen in Australien wende man sich an DES (Diving Emergency Service) unter 1800 088 200. Weiter Informationen unter Tauchunfälle, S. 169. Alle Tauchboote müssen Sauerstoff mitführen und wissen, wie bei Tauchfällen vorzugehen ist.

LOKALE BESONDERHEITEN

In Hervey Bay, Bundaberg und Gladstone gibt es einiges zu tun und zu sehen. Ein kleine Auswahl der lokalen Besonderheiten findet sich unter den regionalen Adressen der Capricorn- und Bunker-Gruppe auf S. 46.

Schiffshalter sind die Begleiter von Großfischen.

DIE SÜDLICHE
KORALLEN-SEE

Die Korallen-See ist ohne Frage eines der aufregendsten Tauchgebiete der Erde. Die Riffe, einst die Gipfel urgeschichtlicher Gebirge, steigen steil aus dem kristallklaren Wasser auf, das vielfältigstes marines Leben birgt. Die Korallen-See, die östlich von Australien und Neuguinea liegt und im Süden in die Tasman-See übergeht, hat eine Fläche von 4.791.000 km².

Die südliche Korallen-See wird weit seltener besucht als die beliebte nördliche. Nur ein paar Charterboote kommen pro Jahr hierher, so daß noch viel zu entdecken ist. Es gibt generell keine festen Tauchgebiete, Anlegeplätze, Läden oder Einrichtungen, nur Unberührtheit und phantastisches Tauchen. Saumarez und Marion Reefs sind wahrscheinlich die beliebtesten Riffe in der südlichen Korallen-See. Ihre großen Lagunen sind mit Hunderten von Pfeilern übersät und bieten zahllose Tauchmöglichkeiten, genau wie Frederick und Wreck Reef. Cato und Kenn Reefs sind die abgelegensten Riffe der südlichen Korallen-See und daher kaum berührt.

Die Korallen in der südlichen Korallen-See sind generell unspektakulär, aber Taucher fahren nicht so weit, um sich Korallen anzusehen, sie lockt das Meeresleben, vor allem die Seeschlangen. Die südliche Korallen-See ist das Dorado der Seeschlangen. Mindestens fünf Arten gibt es hier, und bei jedem Tauchgang sieht man ein Dutzend Schlangen oder mehr, daneben massenhaft Riffische, Meeresschildkröten, Schwärme von pelagischen Fischen, die verschiedensten Weichtiere und Wirbellosen und natürlich Haie.

Eine Fahrt in die südliche Korallen-See ist unter Umständen schwierig zu organisieren. Nur wenige Charterboote laufen das Gebiet an, wegen der Entfernung und der Probleme, wenn man fern vom Heimathafen in schlechtes Wetter gerät. Schiffe aus Urangan, Gladstone, Airlie Beach und Townsville unternehmen gelegentlich Erkundungsfahrten. Man kann als Gruppe selbstverständlich ein Boot leihen, das einen zu diesen abgelegenen Riffen bringt. So oder so, es wird ein unvergeßliches Abenteuer in unberührtem Gebiet.

Gegenüber: Bei einer Sicht von oft über 60 m ist Schnorcheln in der südlichen Korallen-See immer ein Vergnügen.
Oben: Harlekin-Lippfische schwimmen oft hinter den Tauchern her.

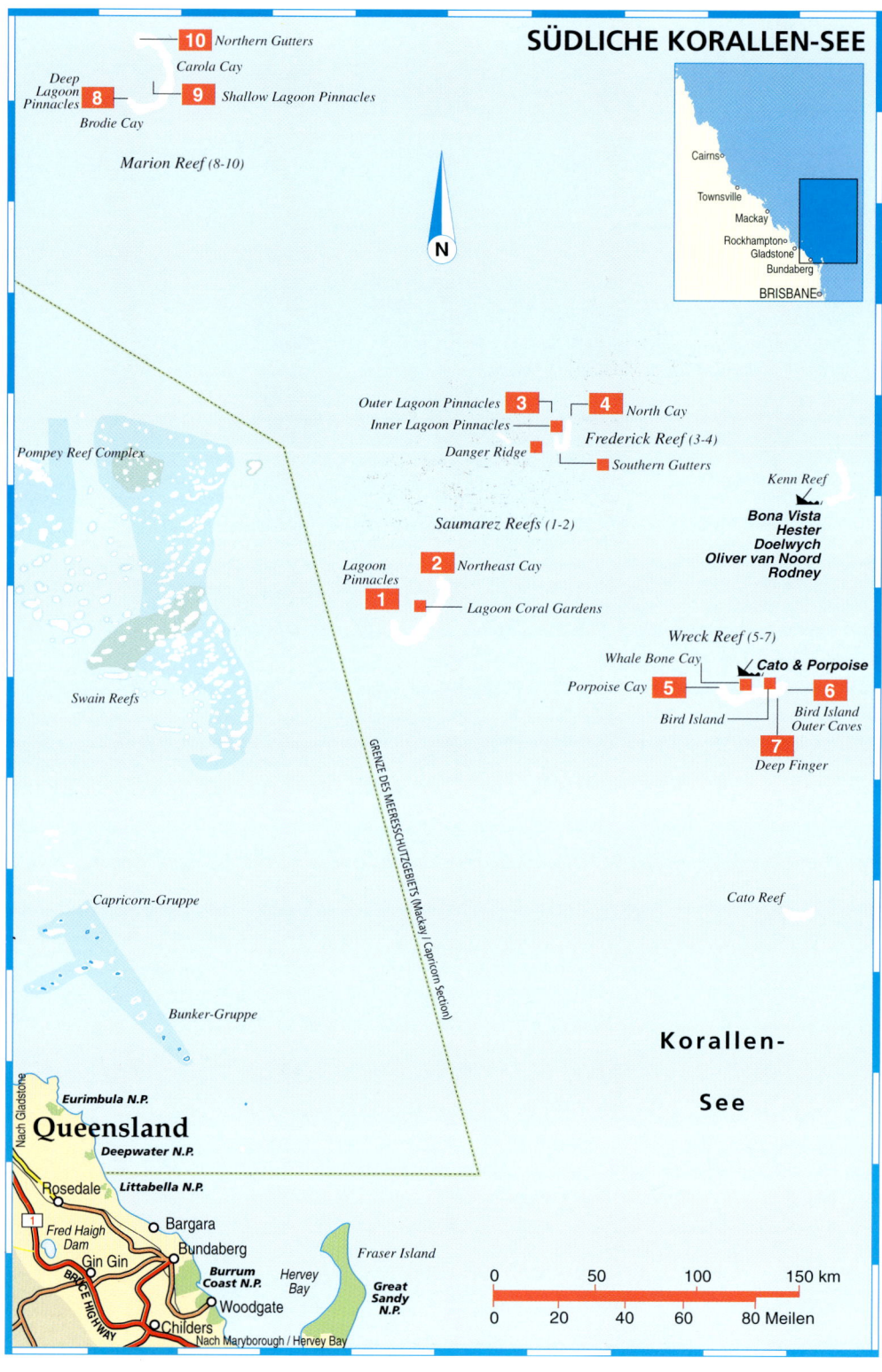

SÜDLICHE KORALLEN-SEE

10 Northern Gutters

Carola Cay

Deep Lagoon Pinnacles **8**

9 Shallow Lagoon Pinnacles

Brodie Cay

Marion Reef (8-10)

N

Cairns
Townsville
Mackay
Rockhampton
Gladstone
Bundaberg
BRISBANE

Outer Lagoon Pinnacles **3**

4 North Cay

Inner Lagoon Pinnacles

Danger Ridge

Frederick Reef (3-4)

Southern Gutters

Pompey Reef Complex

Kenn Reef

**Bona Vista
Hester
Doelwych
Oliver van Noord
Rodney**

Saumarez Reefs (1-2)

2 Northeast Cay

Lagoon Pinnacles

1

Lagoon Coral Gardens

Wreck Reef (5-7)

Whale Bone Cay

Cato & Porpoise

Porpoise Cay **5**

6

Bird Island

Bird Island Outer Caves

7

Deep Finger

Swain Reefs

Cato Reef

Capricorn-Gruppe

GRENZE DES MEERESSCHUTZGEBIETS (Mackay / Capricorn Section)

Korallen-

See

Bunker-Gruppe

Eurimbula N.P.

Nach Gladstone

Queensland

Deepwater N.P.

Rosedale

Littabella N.P.

Fred Haigh Dam

Bargara

Gin Gin

Bundaberg

Burrum Coast N.P.

Hervey Bay

Fraser Island

Woodgate

Great Sandy N.P.

BRUCE HIGHWAY

Childers

Nach Maryborough / Hervey Bay

0	50	100	150 km
0	20	40	60	80 Meilen

Saumarez Reefs

Die Saumarez Reefs sind über 30 km lang und mehr als 300 km vom australischen Festland entfernt. Man erkennt das Riff schon von weitem, da auf einer der Korallenbänke ein Leuchtturm steht. Das auffälligste Merkmal ist jedoch das Wrack der Francis Preston Blair. Das mächtige amerikanische Frachtschiff liegt oben auf dem Riff, wohin sein Kapitän es auf der Flucht vor einem japanischen U-Boot 1945 gesetzt hat. Schade, daß es nicht unter Wasser liegt, denn es gäbe ein ideales Tauchwrack ab, aber auch so gibt es genug zu sehen. Die Riffe sind gesund und haben einen zahl- und artenreichen Bestand an Fischen und Niederen Tieren. Bei fast jedem Tauchgang sieht man Seeschlangen, Meeresschildkröten, Riffhaie, Stechrochen und massenhaft Fische. Ein paar Charterboote im Jahr laufen das Gebiet an. Es gibt zwar keine festen Tauchgebiete, aber doch einige, die beliebt sind, und noch mehr, die darauf warten entdeckt zu werden.

1 LAGOON PINNACLES
★★★★

Lage: An der Nordseite der Saumarez Reefs 300 km von Gladstone.
Zugang: Mit dem Schiff über 17 h von Gladstone und Urangan.
Bedingungen: Allgemein ruhig, im Schutz eines Riffs. Sicht durchschnittlich 40 m.
Minimale Tiefe: 12 m.
Maximale Tiefe: 30 m.
Am Rand der Lagune ragen große Pfeiler auf, die zumeist üppig mit Stein- und Weichkorallen, langen Peitschen- und einigen großen Hornkorallen bedeckt sind. Viele weisen Höhlen und Vorsprünge auf, wo man Husaren- und Kugelfische, Langusten, Zackenbarsche und gutgetarnte Fransen-Wobbegongs findet. Die Vielfalt der Riffische sorgt für Farbtupfer - Fahnenbarsche, Kaiserfische, Riffbarsche, Blaue Doktorfische, Flötenfische und unzählige Falterfische sind zu sehen. Spektakulär sind auch die größeren Fische. Einzelne Barrakudas ziehen vorüber, Schwärme von Stachelmakrelen und Doktorfischen huschen an den Pfeilern vorbei, vor denen Barrakuda-Schnapper und Makrelen patrouillieren. Überall begegnen einem ein Dutzende Gebänderter und Oliver Seeschlangen, die ideale Fotomotive abgeben.

2 NORTHEAST CAY
★★★★★★★★★★

Lage: An der Ostseite der Saumarez Reefs 300 km von Gladstone.
Zugang: Mit dem Schiff über 17 h von Gladstone und Urangan.

Bedingungen: Allgemein ruhig, im Schutz eines Riffs. Sicht durchschnittlich 40 m.
Minimale Tiefe: 2 m.
Maximale Tiefe: 20 m.
An der Nordwestseite von Northeast Cay liegt ein ausgedehnter Korallengarten mit vielen tiefen Gräben und Grotten. Hier ist Tauchen unglaublich, die Korallen sind üppig und vielfältig, die Meeresfauna und -flora ist reich und aufregend. In Schwärmen ziehen Stachelmakrelen, Doktorfische, Füsiliere und Ruderbarsche über das Riff, während darunter Riffische über den Korallen schwärmen und sofort Schutz suchen, wenn Feinde zu nahe kommen. Blaupunkt-Stechrochen gleiten über die Sandgräben, Seeschlangen suchen in den Korallen nach Nahrung, Meeresschildkröten, Barrakudas, Napoleon-Lippfische, Juwelen-Zackenbarsche und Barrakuda-Schnapper patrouillieren am Riff. Viele Grotten sind mit bunten Peitschen- und Zäpfchenkorallen ausgekleidet. Dort suchen Süßlippen, Fledermausfische, Schwarzpunkt-Stechrochen, Fransen-Wobbegongs, Langusten und große Gelbbraune Ammenhaie Schutz. Neben guten Motiven für Makrofotografen sind hier auch Riffhaie, Gefleckte Adlerrochen und einige Tigerhaie zu sehen.

Seeschlangen trifft man hier regelmäßig.

Frederick Reef

Frederick Reef wird selten angelaufen, ist aber trotzdem ein lohnendes Ziel. Das Riff ist über 10 km lang und hat am Nordende eine Sandbank. Diese ist zwar nur 100 m lang und 10 m breit, beherbergt aber Tausende von Seeschwalben und Tölpeln. Die Seeschwalbeneier liegen überall zwischen dem Korallenschutt und sind schwer zu erkennen, beim Gehen also bitte auf jeden Schritt achten. Neben den lärmenden Vögeln beherrscht ein raketenförmiger Leuchtturm die Bank, sicher einer der ungewöhnlichsten seiner Art in Australien.

Frederick Reef bietet reichlich unerschlossene Tauchgebiete, alle noch namenlos. Einige sind durchschnittlich, andere außergewöhnlich, aber nie sind sie langweilig, denn es gibt Seeschlangen und Fische im Überfluß.

Der raketenartige Leuchtturm auf dem Frederick Reef.

3 OUTER LAGOON PINNACLES

* * * * * * *

Lage: An der Nordseite von Frederick Reef 350 km von Gladstone.
Zugang: Über 20 h mit dem Schiff von Gladstone und Urangan.
Bedingungen: Allgemein ruhig, im Schutz eines Riffs. Sicht durchschnittlich 40 m.
Minimale Tiefe: 10 m.
Maximale Tiefe: 30 m.
Das Riff bildet an seiner Nordseite eine geschützte Lagune, die mit Pfeilern übersät ist. Manche der Pfeiler im tieferen Wasser sind mit Peitschen-, Geweih-, Stein- und Weichkorallen und sogar mit einigen großen Vulkanschwämmen überzogen. Kleinere Riffische wie Flöten-, Falter-, Lipp- und Drückerfische, Riff- und Fahnenbarsche sind häufig, ebenso Seeschlangen, und vielleicht stößt man auch auf Riffhaie, Stechrochen und scheue Zackenbarsche. Die Pfeiler locken auch pelagische Fische an. In Schwärmen ziehen Füsiliere, Ruderbarsche und Stachelmakrelen vorüber, während Makrelen, Barrakuda-Schnapper und einige Barrakudas hin- und herpatrouillieren. Das klare Wasser der Korallen-See ist ideal zum Schnorcheln.

4 NORTH CAY

* * * * * * * *

Lage: An der Nordseite von Frederick Reef 350 km von Gladstone.
Zugang: Über 20 h mit dem Schiff von Gladstone.
Bedingungen: Allgemein ruhig, im Schutz eines Riffs. Sicht durchschnittlich 40 m.
Minimale Tiefe: 6 m.
Maximale Tiefe: 20 m.
Vor North Cay liegt ein großer Korallengarten mit Gräben, Graten und Pfeilern sowie gesunden Steinkorallen. Im Riff wimmelt es von kleinen Riffischen und farbenprächtigen niederen Tieren - ein guter Platz zum Fotografieren. Große Fische sind häufig in diesen Korallengärten: Napoleon-Lippfische, Juwelen-Zackenbarsche, Stachelmakrelen, Barrakuda-Schnapper, Doktorfische, Ruderbarsche und Estuar-Zackenbarsche. Vielleicht wird man sogar von einem großen Hundezahn-Thunfisch anvisiert. Die Seeschlangen- und Weichtierpopulationen sind groß, und wahrscheinlich begegnet der Taucher auch Weißspitzen-Riffhaien, Meeresschildkröten, Stechrochen und mächtigen Großen Geigenrochen, die die Sandgräben abschwimmen. Das Flachwasser ist etwas für Schnorchler, vor allem bei oft über 60 m Sicht.

Cato Reef und Kenn Reef

C ato und Kenn Reef sind kleine, abgelegene und selten besuchte Riffe. Nach Angaben von Tauchern, die dort waren, lohnt die lange Fahrt nicht. Die Korallen sind langweilig, die Fischfauna dürftig, interessant sind allein die Tausende von Seeschlangen. Wahrscheinlich gibt es schon gute Tauchgebiete, aber nur selten kommt ein Schiff in diese Gegend. Besucher sind hauptsächlich Fischer und Meeresarchäologen, die die Wracks dort untersuchen.

Wreck Reef

W reck Reef hat seinem Namen bisher alle Ehre gemacht, da schon mehrere Schiffe dort aufgelaufen sind. Es ist eine etwa 30 km lange Ansammlung zerbrochener Riffe im tiefen Wasser. Direkt hinter dem Riff können Boote sicher ankern, und man kann an Land gehen, um die vielen Bänke oder das reiche Meeresleben zu erkunden. Es gibt Pfeiler, Korallengärten, Überreste alter Schiffswracks, Grotten, Gräben und eine eindrucksvolle Steilwand. Fast überall trifft der Taucher auf unzählige Riffische, Seeschlangen, zahllose Niedere Tiere, Stechrochen, Meeresschildkröten, Riffhaie und Ansammlungen pelagischer Fische.

Das Wrack der Francis Preston Blaie, *Saumarez Reef.*

Der Dornenkronen-Seestern, der in dem Ruf steht, das Great Barrier Reef zu zerstören, gehört zum natürlichen Erbe Australiens wie das Riff selbst. Die Dornenkrone, 1758 von dem großen Naturwissenschaftler Carl Linneaus Acanthaster planci benannt, gehört zum Tierstamm Echinodermata oder Stachelhäuter. Sie ist einer der größten Seesterne Australiens, wird über 50 cm groß und hat im Gegensatz zu ihren Verwandten viele Arme, meist zwischen 12 und 17.

Der Rücken der Dornenkrone ist mit hochgiftigen, nadelscharfen, bis 25 mm langen Stacheln besetzt. Diese unten kräftigen Stacheln können einen Tauchanzug durchbohren. Selbst kleine Verletzungen können starke, stundenlange Schmerzen verursachen. Schwere Stichwunden erfordern oft ein operatives Entfernen der Stacheln, die in der Wunde abbrechen und lebensbedrohliche Komplikationen mit sich bringen können. Auch das Immunsystem kann zusammenbrechen. Vermeiden Sie unbedingt jegliche Berührung.

Auf der Bauchseite sitzen Tausende mit kräftigen Saugnäpfen versehene Ambulakralfüßchen. Sie sind hohl und werden durch ein starkverzweigtes Wassergefäßsystem gesteuert. Sie dienen zwar hauptsächlich der Fortbewegung, der Seestern hält damit jedoch die Koralle auch beim Fressen fest.

Mund und Magen sitzen zentral auf der Unterseite. Der Seestern sucht sich eine Korallenkolonie aus, bevorzugt Geweihkorallen, und klammert sich mit den Armen fest. Dann stülpt er den Magen über die lebenden Korallenpolypen. Deren Gewebe wird außerhalb des Körpers der Dornenkrone verdaut, die über die Kolonie kriecht, bis nur noch das Skelett übrig ist.

Die Dornenkrone ist nachtaktiv und versteckt sich tagsüber unter Überhängen und Korallen. Hat sich eine Population jedoch ausgebreitet, fressen sie fast ununterbrochen.

Im Hochsommer geben geschlechtsreife Männchen und Weibchen Samen und Eier in das Wasser ab. Nach einigen Schätzungen sondert ein Weibchen bis zu 20 Millionen Eier ab. Nicht alle Eier werden befruchtet, aber die befruchteten treiben wochenlang als Plankton im Wasser, wo sie zahlreichen Filtrierern wie Muscheln zum Opfer fallen. Auch Weich- und Steinkorallen, Rankenfüßer, Krabben und kleine Fische fressen die Larven. Die überlebenden Larven siedeln sich schließlich auf dem Grund an und verwandeln sich. Die jungen Dornenkronen wachsen etwa zwei Jahre sehr schnell und sind dann 25 bis 30 cm groß.

Die Dornenkrone hat kaum Feinde. Ihre Schnelligkeit und Waffen halten selbst sehr hungrige Unterwasserschlemmer ab. Im Aquarium greifen zwei Schneckenarten sie an und fressen sie. Das Tritonshorn (Charonia tritonis) und die Große Sturmhaube (Cassis cornuta) fressen fast ausschließlich Seesterne und Seeigel. Feldversuche haben gezeigt, daß das Tritonshorn sich in der Regel von Dornenkronen ernährt, aber es kommt normalerweise im Riff nicht vor.

Ein Vorschlag ging dahin, die kleine Harlekingarnele (Hymenocera picta) als biologisches Regulativ im Great Barrier Reef auszusetzen, da sie, wie man weiß, unter Aquarienbedingungen Dornenkronen frißt. Es deutet jedoch vieles darauf hin, daß Korallen sich genauso regenerieren, wie Riffe sich nach einer Süßwasserüberflutung oder Zyklonen erholen, und man sie im Kampf gegen die Dornenkrone ruhig sich selbst überlassen kann. Angst um das Great Barrier Reef wäre demnach überflüssig.

Gegenüber: Die unersättliche Dornenkrone.

Ein kleiner Korallenstock auf dem Wreck Reef.

5 PORPOISE CAY

★★★★★★★★

Lage: An der Nordseite des Wreck Reef 350 km von Gladstone.
Zugang: Über 20 h mit dem Schiff von Gladstone oder Urangan.
Bedingungen: Allgemein ruhig, im Schutz eines Riffs. Sicht durchschnittlich 40 m.
Minimale Tiefe: 3 m.
Maximale Tiefe: 15 m.
An der Nordseite von Porpoise Cay liegt ein schöner Korallengarten mit Rinnen und herrlichen Höhlen. Es gibt zahllose kleine Wirbellose, Langusten, Husarenfische, Stechrochen und Napoleon-Lippfische in den Grotten. Manchmal kann man im Dunkeln versteckt einen riesigen Queensland-Zackenbarsch sehen. Durch Löcher in der Decke dringt Licht ein. Häufig sind auch kleine tropische Fische, Seeschlangen, Meeresschildkröten und Riffhaie.

6 BIRD ISLAND OUTER CAVES

★★★★★★★★

Lage: An der Ostspitze des Wreck Reef 350 km von Gladstone.
Zugang: Über 20 h mit dem Schiff von Gladstone oder Urangan.
Bedingungen: Meistens ruhig, hinter einem Riff. Sicht durchschnittlich 40 m.
Minimale Tiefe: 3 m.
Maximale Tiefe: 18 m.
Einige lange gewundene Höhlen dringen weit in das Riff auf der Südwestseite von Bird Island vor. Nehmen Sie eine Lampe mit, denn einige Höhlen sind mit bunten Korallen ausgekleidet und beherbergen Zackenbarsche, Stechrochen, Gelbbraune Ammenhaie, Langusten, Kugelfische, Krabben, Garnelen und Weichtiere. Andere Höhlen reichen 50 m in das Riff, und mit etwas Vernunft macht es riesigen Spaß, sie zu erforschen. Im Riff selbst gibt es Riffische, Seeschlangen, kleine Riffhaie, Schwärme von Papageifischen, die an den Korallen knabbern, und etliche Meeresschildkröten.

7 DEEP FINGER

★★★★★

Lage: An der Ostspitze des Wreck Reef 350 km von Gladstone.
Zugang: Über 20 h mit dem Schiff von Gladstone oder Urangan.
Bedingungen: Es kann rauh werden, ziemlich exponiert, leichte Strömungen. Sicht durchschnittlich 40 m.
Minimale Tiefe: 10 m.
Maximale Tiefe: 200 m.
Ein einmaliges Tauchgebiet. Das Riff ist eine Fortsetzung von Bird Island, seine Spitze liegt in 10 m Tiefe und geht in eine Steilwand über, die in einer ersten Stufe auf 40, in einer zweiten auf über 200 m abstürzt. Die Wand ist reihenweise mit Horn-, Peitschen-, kleinen Weichkorallen und Schwämmen geschmückt. Kleine Riffische suchen im Riff Schutz, und vor der Wand erlebt man eine erstaunliche Ansammlung pelagischer Arten: Schwärme von Barrakudas, Stachelmakrelen und Doktorfischen. Auch Makrelen, Thunfische und Große Barrakuda-Schnapper kreuzen vor der Wand. Am aufregendsten sind hier die Haie. Weißspitzen-Riffhaie patrouillieren in den oberen Bereichen, Graue Riffhaie „überfliegen" Taucher vor der Wand und gelegentlich taucht aus dem Blau ein Tigerhai auf. Tigerhaie halten sich im allgemeinen in der Tiefsee auf, einzelne Exemplare kommen jedoch zuweilen nach oben, um einen Taucher zu inspizieren. Man sollte angemessenen Abstand halten.

Marion Reef

Marion Reef wurde regelmäßig angelaufen und war das beliebteste Ziel in der südlichen Korallen-See, doch nach dem Aufschwung des Sporttauchens im Norden kommen jetzt nur noch wenige Schiffe hierher. Marion ist ein etwa 30 km großes kreisförmiges Riff. Die Riffkanten fallen steil ab, und auf dem Lagunenboden sind zahlreiche Pfeiler verstreut. Das Riff liegt 350 km vom Festland entfernt draußen in der Korallen-See und hat einiges zu bieten.

Am Marion Reef wimmelt es von Seeschlangen. Sie sind so zahlreich, daß man sie nach ein paar Tagen kaum noch wahrnimmt. Riffhaien begegnet man bei jedem Tauchgang, und wahrscheinlich sieht man auch Meeresschildkröten, Zackenbarsche, Stechrochen, Schwärme pelagischer Fische und farbenprächtige Riffische. Marion Reef bietet die besten Korallen in der südlichen Korallen-See: große Horn-, Schwarze, Peitschen- und Steinkorallen sowie prächtige Weichkorallen. Das Riff liegt zwischen Gladstone und Townsville, so daß man in jedem Hafen zwischen diesen beiden Städten ablegen kann.

Im Laufe der Jahre sind mächtige Korallenbauten entstanden.

Riffkante am Marion Reef.

8 DEEP LAGOON PINNACLES

* * * * * * * *

Lage: An der Nordseite von Marion Reef 350 km von Gladstone und Airlie Beach.
Zugang: Über 18 h mit dem Schiff von Gladstone und Airlie Beach.
Bedingungen: Allgemein ruhig, im Schutz eines Riffs. Sicht durchschnittlich 40 m.
Minimale Tiefe: 10 m.
Maximale Tiefe: 60 m.
Der sandige Lagunenboden des Marion Reef ist mit Dutzenden von Pfeilern übersät. Einige liegen in tiefem Wasser an der Kante, andere im Flachwasser. Erstere sind mit Geweih-, Peitschen- und Weichkorallen überzogen. Diese Pfeiler beherbergen die verschiedensten Riffische wie Kaiserfische, Fahnenbarsche, Muränen, Juwelen-Zackenbarsche, Flötenfische, Süßlippen, Feuerfische und Napoleon-Lippfische. Graue, Weißspitzen- und Schwarzspitzen-Riffhaie tauchen regelmäßig auf. Seeschlangen schlafen oder untersuchen das Riff (und aufgeregte

Taucher). In Schwärmen und einzeln kreuzen pelagische Fische wie Stachelmakrelen, Barrakudas, Makrelen und Thunfische auf.

9 SHALLOW LAGOON PINNACLES

* * * * * * * *

Lage: An der Nordseite von Marion Reef 350 km von Gladstone und Airlie Beach.
Zugang: Über 18 h mit dem Schiff von Gladstone und Airlie Beach.
Bedingungen: Allgemein ruhig, im Schutz eines Riffs. Sicht durchschnittlich 40 m.
Minimale Tiefe: 3 m.
Maximale Tiefe: 15 m.
Diese Pfeiler im Flachwasser sind mit verschiedenen Steinkorallen bedeckt und beherbergen Tausende von Riffischen. Sie sind außerdem mit Vorsprüngen und Höhlen übersät, wo man Muränen, Husarenfische, ruhende Meeresschildkröten, Zackenbarsche, Langusten, Stechrochen und etliche Gelbbraune Ammenhaie findet. Im Flachwasser entdecken Fotografen Muscheln, Seeanemonen, Haarsterne, Röhrenwürmer, Gehäuseschnecken, Nacktschnecken, Seeschlangen, Riffhaie und Meeresschildkröten. Nachts herrscht an diesen Pfeilern reges Treiben, Einsiedlerkrebse kommen hervor, Muränen gehen auf Jagd, Weichtiere erscheinen auf dem Sand, und im Licht der Lampen wirkt alles noch bunter.

10 NORTHERN GUTTERS

* * * * * * * *

Lage: Am Nordende von Marion Reef 350 km von Gladstone und Airlie Beach.
Zugang: Über 18 h mit dem Schiff von Gladstone und Airlie Beach.
Bedingungen: Allgemein ruhig, im Schutz eines Riffs. Sicht durchschnittlich 40 m.
Minimale Tiefe: 6 m.
Maximale Tiefe: 18 m.
Ein prächtiger Korallengarten mit vielen Gräben und Höhlen, von denen einige über 30 m lang sind, nehmen Sie also eine Lampe mit. Die Höhlen bieten großen Juwelen-Zackenbarschen, Husarenfischen, Gefleckten Zackenbarschen, Stechrochen und selbst Langusten Schutz. Das Riff beherbergt Feilenfische, Muränen, Anemonenfische, Riff- und Büschelbarsche, Lippfische, Süßlippen, Füsiliere, Stachelmakrelen, Barrakuda-Schnapper und Makrelen. Daneben gibt es Riffhaie, Gelbbraune Ammenhaie, Riesen-Zackenbarsche, Meeresschildkröten, Napoleon-Lippfische, Thunfische und Seeschlangen.

WIE MAN HINKOMMT

Nur ein paar Schiffe besuchen die abgelegenen Riffe der südlichen Korallen-See jedes Jahr. Chartern Sie selbst ein Boot, oder schließen Sie sich einer Gruppe an. Charterboote fahren normalerweise in Hervey Bay, Gladstone und Airlie Beach ab. Hervey Bay liegt 290 km und Gladstone 534 km nördlich von Brisbane. Nach dem Flug nach Brisbane kann man mit Flight West und Sunstate Airlines diese Orte anfliegen, Bus oder Bahn nehmen oder einen Wagen leihen und den Bruce Highway hinauffahren. Airlie Beach liegt über 1.100 km nördlich von Brisbane und ist per Flugzeug, Auto, Bus und Bahn zu erreichen. Wer fliegt, muß zum Flugplatz von Hamilton Island oder Proserpine und mit dem Wassertaxi oder Bus weiter nach Airlie Beach.

WO MAN ABSTEIGEN KANN

In Hervey Bay, Gladstone und Airlie Beach besteht ein großes Angebot an Unterkünften. Eine kleine Auswahl findet sich bei den regionalen Adressen.

WO MAN ESSEN KANN

Auf dem Festland wird man immer genügend Essenslokale finden.

TAUCHEINRICHTUNGEN

Australiana, 45 Hickey Ave, Gladstone, Tel. 079-783 956. Die *Australiana* ist ein 19 m langes Motorboot für 16 Passagiere. Man kann sie für Fahrten zu den Swain Reefs, der Capricorn- und Bunker-Gruppe sowie in die Korallen-See chartern.
Booby Bird, Marine Drv, Gladstone, Tel. 079-726 990, Fax 079-726 990. Die *Booby Bird* kann das ganze Jahr für Fahrten zu den Swain Reefs, der Capricorn- und Bunker-Gruppe sowie in die südliche Korallen-See gechartert werden. Sie ist ein 24 m langes Motorboot für 21 Passagiere.
Boomerang Cruises, 22 Byron St, Scarness, Hervey Bay, Tel. 071-242 393. Die *Boomerang* ist ein 21 m langes Schiff für 22 Passagiere. Sie befährt das Gebiet am Südende der Swain Reefs, der Bunker-Gruppe und der südlichen Korallen-See.
Max Allen Cruises, 7 Illawong Crt, Gladstone, Tel. 079-791 377, betreibt die Charterboote *Kanimbla* und *Spirit of Freedom*, die gechartert werden können, um damit die Swain Reefs, die Capricorn- und Bunker-Gruppe sowie die südliche Koral-

len-See anzulaufen.
Pacific Star Charters, 48 Coral Esplanade, Cannonvale, Airlie Beach, Tel. 079-466 383, Fax 079-466 901, betreibt den motorisierten 19-m-Katamaran *Pacific Star*, der wöchentliche und längere Fahrten zum Lihou-Riff, den Diamond Islets, Abington Reef, Flinders Reef, den Riffen bei den Whitsundays und sogar zum Marion Reef in der südlichen Korallen-See unternimmt.

FILMENTWICKLUNG

Die Dia-Entwicklung ist in dieser Gegend eingeschränkt.

KRANKENHÄUSER

Hervey Bay Hospital, Long St, Point Vernon, Tel. 071-281 444.
Maryborough General Hospital, 185 Walker Rd, Maryborough, Tel. 071-238 222.
Gladstone Hospital, Kent St, Gladstone, Tel. 079-763 200.

Proserpine Hospital, 2 Herbert St, Proserpine, Tel. 079-451 422.

Telefon für Notfälle, Feuerwehr, Polizei und Krankenwagen 000.

DEKOMPRESSIONSKAMMER

Bei Tauchunfällen in Australien wende man sich an DES (Diving Emergency Service) unter 1800 088 200. Weitere Informationen unter Tauchunfälle, S. 169. Alle gecharterten Tauchboote müssen Sauerstoff mitführen und wissen, wie bei Tauchunfällen vorzugehen ist.

LOKALE BESONDERHEITEN

In Airlie Beach, Hervey Bay und Gladstone gibt es einiges zu tun und zu sehen. Eine kleine Auswahl findet sich unter den regionalen Adressen.

SCHIFFSWRACKS

Früher befuhren die Seeleute die Korallen-See immer mit Bangen, und so manche Fahrt endete auf nicht kartierten Riffen.

Die *Cato* und *Porpoise* liefen 1803 auf das Wreck Reef, der *Bona Vista, Hester, Doelwych, Oliver Van Noord* und *Rodney* wurde zwischen 1828 und 1857 das Kenn Reef zum Verhängnis, und viele andere Schiffe gingen an anderen Riffen der Gegend unter.

Die meisten Wracks sind für Meeresarchäologen äußerst interessant, für Taucher allerdings kaum, da sie zerbrochen sind und versteckt zwischen Korallen liegen. Alle Wracks stehen unter dem Schutz des Historic Shipwrecks Act und dürfen nicht beschädigt werden.

Mehrere Schiffe gingen am Wreck Reef verloren, u. a. Guanofrachter, die sanken, als in den 1860er Jahren auf der Bird Island Guano abgebaut wurde.

Die berühmtesten Wracks sind die der *Cato* und *Porpoise*, die 1803 mit Captain Matthew Flinders, einem bekannten australischen Forscher, an Bord sanken. Die Frachtschiffe *Bridgewater* und *Cato* waren in Begleitung der HMS *Porpoise* auf der Fahrt von Sydney nach England. Die *Porpoise* lief zuerst auf das Riff, die anderen Schiffe versuchten auszuweichen, aber für die *Cato* war es zu spät. Die *Bridgewater* machte einen großen Bogen, überließ die beiden Havaristen sich selbst und setzte die Fahrt nach England fort, verschwand aber nach einem Zwischenhalt in Indien spurlos.

Bis auf drei Mann konnte sich die gesamte Besatzung der verunglückten Schiffe mit recht viel Proviant und Material auf die Insel retten. Captain Flinders gelang mit ein paar Mann in einem Langboot das Kunststück, die über 1.000 km nach Sydney zurückzulegen. Binnen zwei Monaten kehrten sie zurück und retteten die übrige Besatzung.

Heute sind die Überreste dieser Wracks zerstreut und von Korallen überkrustet. Man sollte nichts entfernen, denn diese historischen Wracks werden immer noch von Meeresarchäologen erforscht.

DIE WHITSUNDAY-INSELN

Die kontinentale Inselgruppe der Whitsundays, vulkanischen Ursprungs, durch Erosion geformt und dann vom steigenden Meer überflutet, ist Jahr für Jahr ein beliebtes Ziel für Urlauber aus aller Welt. Die meisten Inseln sind zerklüftet und stark bewaldet, haben felsige Küsten, schöne Buchten, weiße Sandstrände mit Riffplattformen, Saumriffen, guten Schnorchelmöglichkeiten und einigen interessanten Tauchgebieten.

Sie hießen ursprünglich Cumberland-Inseln, wurden dann aber nach der Nordpassage benannt, die nach dem Whit Sunday (Pfingstsonntag) Whitsunday's Passage hieß, und durch die James Cook 1770 segelte. Die Whitsunday-Küste reicht von Mackay im Süden bis nach Bowen im Norden. Mackay ist ein großer Hafen, der Ausgangshafen zu den Inseln Brampton, Lindeman und Hamilton. 203 km nördlich von Mackay liegt der Ort Whitsunday, der aus den drei Dörfern Cannonvale, Airlie Beach und Shutehaven besteht, den Hauptabgangshäfen zu den Whitsundays.

Von den 150 Inseln und Inselchen, die die Whitsundays bilden, haben nur sieben Hotels, und obwohl man überall dort tauchen und schnorcheln kann, gibt es nur auf den Inseln Hayman, South Molle, Daydream und Hamilton gutausgestattete Tauchshops. Täglich fahren Boote bei den anderen Inselhotels vorbei und bringen die Taucher und Schnorchler zu den Pontons bei den äußeren Riffen, wo sie sich im glasklaren Wasser vergnügen und von Tauchlehrern ausbilden lassen können.

Es gibt einige ausgezeichnete Riffe und Tauchgebiete, die man mit dem Boot von Hotels auf den Whitsundays erreichen kann. Einige Inseln wie Long, Hayman und Brampton haben gute Wanderrundwege, um die sich der Queensland Nationalpark kümmert. Die Strände sind herrlich - weißer Sand und einsame, von Kokospalmen gesäumte Buchten. Die meisten sind jedoch wegen des rauhen Geländes nur mit dem Boot zu erreichen. Viele Bereiche sind zu Fuß nicht zu erreichen, insbesondere Hook Island, wo es keine Wege gibt.

Direktflüge von Sydney, Brisbane, Melbourne und Cairns landen auf Hamilton Island,

Gegenüber: Ein typisches Saumriff bei den Whitsunday Islands.
Oben: Eier-Kaurischnecken ernähren sich von Weichkorallen.

WHITSUNDAY-RIFFE

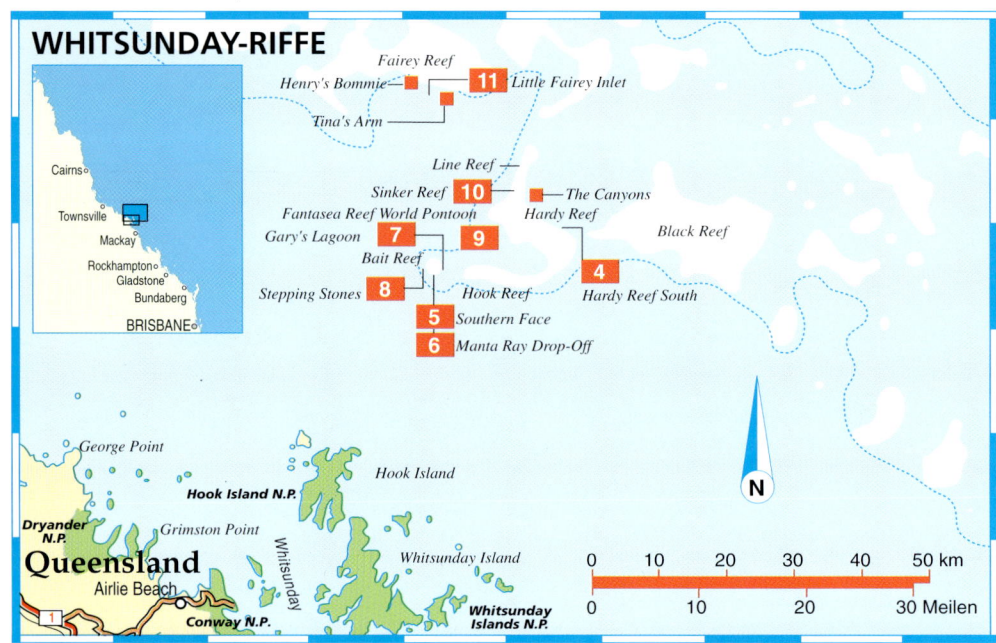

Fairey Reef
Henry's Bommie — **11** — Little Fairey Inlet
Tina's Arm

Line Reef
Sinker Reef **10** ▪— The Canyons
Fantasea Reef World Pontoon — Hardy Reef
Gary's Lagoon **7** **9**   Black Reef
Bait Reef
4
Stepping Stones **8** — Hardy Reef South
Hook Reef
5 Southern Face
6 Manta Ray Drop-Off

Cairns
Townsville
Mackay
Rockhampton
Gladstone
Bundaberg
BRISBANE

George Point
Hook Island N.P.   Hook Island
Dryander N.P.   Grimston Point
Queensland   Whitsunday Island
Airlie Beach
Conway N.P.   **Whitsunday Islands N.P.**

N

| 0 | 10 | 20 | 30 | 40 | 50 km |
| 0 | | 10 | | 20 | 30 Meilen |

WHITSUNDAY-INSELN

Maureen's Cove — **3** Manta Ray Bay
Dolphin Point   **2** The Woodpile
Hayman Island   RESORT
East Reef   Pinnacle Point — **1** The Pinnacles
Alcyonia Point
West Reef   **Hook Island N.P.**
  Saba Bay
Stonehaven Anchorage   **Whitsunday Group**
Hook Island   RESORT   Cataran Bay
  Border Island
The Gardens
Whitsunday Islands N.P.

George Point
Gumbrell Island
Armit Island
Olden Island   Double Cone Island
Grassy Island
Earlando
Grimston Point
North Molle Island
Dryander N.P.   **Molle Islands N.P.**
Pioneer Point   Mid Molle Island   Cid Island
Bluff Point   Pioneer Bay
Airlie Beach   Daydream Island   **Whitsunday Island**
Cannonvale   South Molle Island
Shutehaven   Shute Harbour   Waite Bay
  Lupton Island
Queensland   Haslewood Island
PALM BAY HIDEAWAY   Long Island
  Dent Island   CROWN PLAZA RESORT   **Korallen-**
Foxdale   Pine Island   Hamilton Island   Perseverance Island
  See
Proserpine   Pentecost Island
Conway N.P.   **Lindeman Islands N.P.**
Lindeman Island   RESORT
Conway   Lethe Brook   **Lindeman Group**
Repulse Bay   Shaw Island   Keyser Island
Cape Conway   Thomas Island

Nach Townsville
Long Island Sound
Molle Channel
Whitsunday Passage
CONWAY RANGE
Repulse Creek
Proserpine

N

| 0 | 5 | 10 | 15 | 20 km |
| 0 | 2 | 4 | 6 | 8 | 10 Meilen |

Nach Mackay

Lufttaxis und Charterflüge von Mackay auf Brampton und dem kleinen Grasflugplatz von Lindeman Island. Alle anderen Inseln sind auf Boote angewiesen: Das Boot von Hayman Island operiert von Hamilton Island aus, Privat- und Charterboote von Mackay, die Katamaranfähre von Shute Harbour und Wassertaxis von Hamilton Island und Shute Harbour.

Südlich von Mackay liegt Broad Sound. Hier wirken die Gezeiten am stärksten auf die australische Ostküste ein; der Tidenhub beträgt maximal 10 m. Mackay bringt es auf 7 m. Überall bei den Whitsundays gibt es gesperrte Passagen mit tiefen, schmalen Kanälen. Starke Gezeitenströmungen können das Bootfahren und Tauchen erschweren, vor allem bei Springtiden.

Dieser gewaltige Komplex mit seinen 150 Inseln und Hunderten von Riffen muß biologisch noch genau erforscht werden. Man weiß, daß er mit über 1.000 Fisch-, über 300 Korallen- und mehreren tausend Weichtierarten ein äußerst reiches Meeresleben hat.

Es gibt eine Vielzahl leicht zugänglicher Tauch- und Schnorchelgebiete und dank des hohen Profils vieler Inseln geschützte Buchten, die man je nach Wetter fast ganzjährig aufsuchen kann. Die „richtigen" Tauchgebiete des Great Barrier Reef am Außenriff liegen etwa 60 km nordöstlich des Whitsunday-Festlands und 40 km von den Inselhotels entfernt.

1 THE PINNACLES
* * * * * * * *

Lage: An der Nordostspitze von Hook Island 35 km von Shute Harbour.
Zugang: 30 Min. mit dem Boot von Shute Harbour.
Bedingungen: An der Ostseite der Spitze starke Strömungen, vor allem bei Springtide. An der Westseite generell gut, außer bei Nordwind, aber Einwirkungen durch südliche Dünungswellen möglich, die um die Spitze kommen. Sicht durchschnittlich 3 bis 15 m.
Minimale Tiefe: 3 m.
Maximale Tiefe: 18 m.
Dieses Flachwassergebiet ist dicht mit Korallen und einem Wald aus Kalkpfeilern bedeckt, die 5 bis 18 m hoch sind. Auf dem Sandboden liegen Korallenklumpen und -schutt. Die meisten Pfeiler haben mächtige Köpfe. Über den Korallen schwimmen Riffbarsche und Füsiliere, und Falter- und Lippfische sorgen für Farbtupfer. Der beste Einstiegspunkt liegt auf der Westseite. Im Winter (Mai bis September) gibt es hier Mantas. Vor dem Westende kann man ausgezeichnet schnorcheln.

2 THE WOODPILE
* * * *

Lage: An der Nordostspitze von Hook Island 35 km von Shute Harbour.
Zugang: 30 Min. mit dem Boot von Shute Harbour.

Bedingungen: Nordwinden und den südlichen Dünungswellen ausgesetzt, die um die Spitze kommen. Starke Strömungen an der Spitze. Sicht 5 bis 15 m.
Minimale Tiefe: 5 m.
Maximale Tiefe: 30 m.
Gilt als bester Steilwandtauchgang bei den Whitsundays; die Wand fällt 30 m bis zum Sandboden mit vereinzelten Korallenflecken und -blöcken im Tiefwasser. Aber vor allem die Wand, die üppig mit Weichkorallen und Gorgonien bedeckt ist, macht diesen Tauchgang so spektakulär. Nehmen Sie eine Lampe für die Höhlen und Überhänge mit, die mit Wirbellosen wie Schwämmen, Moostierchen und Seescheiden überkrustet sind und verschiedene Plattwürmer und Nacktschnecken aufweisen. Eindrucksvoll sind die großen Schwarzen Korallen, um deren Äste sich bunte Schlangensterne geschlungen haben.

3 MANTA RAY BAY
* * * * * * * *

Lage: Am Nordostende von Hook Island 35 km von Shute Harbour.
Zugang: 30 Min. mit dem Boot von Shute Harbour.
Bedingungen: Allgemein ausgezeichnetes, geschütztes Gewässer, außer bei Nordwind. Strömungen an der Nordostspitze können stark sein. Sicht 3 bis 15 m.
Minimale Tiefe: 3 m.
Maximale Tiefe: 15 m.
Gilt allgemein als eines der besten Tauchgebiete bei den küstennahen Inseln. Das zerklüftete Gelände bietet Pfeiler, Riffe, Schluchten und Grotten bis hinunter zum Sand-

GEMEINE LANGUSTEN

Tropische Langustenarten kommen im gesamten Küstenbereich, bei den Inseln, Sandbänken und Riffen des Great Barrier Reef vor. Einige Arten gehen nicht in die Korbfallen und können nur tauchend oder mit dem Schleppnetz gefangen werden. Bärenkrebse leben auf den Riffen und müssen mit der Hand gefangen werden. Alle Gemeinen Langusten sind nachtaktiv. Meistens verstecken sie sich unter Platten oder in Höhlen und Spalten im tieferen Wasser. Langusten werden am Great Barrier Reef nicht erfolgreich und kommerziell gefischt, auch wenn sie gelegentlich auf der Speisekarte eines Tauchkreuzfahrtschiffes auftauchen. Langusten dürfen nicht harpuniert werden, vor allem nicht in der Brutzeit, da die Weibchen unter Umständen Eier tragen, die nachher nicht mehr zur Fortpflanzung freigesetzt werden können. Die meisten tropischen Langusten ernähren sich von Weichtieren.

boden mit Fleckenriffen, vereinzelten Horn- und einigen Schwarzen Korallen. Geweihkorallen beherrschen das Flachwasser, und die 12 m hohen Pfeiler reichen bis 2 m unter die Oberfläche. Am Westende des Strandes ist ein tiefer Spalt. Im Winter (Mai bis September) kommen Mantas, und die Riffbarsche ernähren sich in Schwärmen von Plankton. Es wimmelt von Weichkorallen, Schwämmen und anderen Korallen. Achten Sie auf den dort ansässigen Napoleon-Lippfisch.

4 HARDY REEF SOUTH
★★★★★★★★★★

Lage: An den Südenden von Hardy Reef am äußeren Great Barrier Reef 60 km von Shute Harbour.
Zugang: 2¹/₂ h mit dem Boot von Shute Harbour, 2 h von den Whitsunday-Inseln.
Bedingungen: Südlichen Winden, Dünung und starken Strömungen ausgesetzt. Sicht 12 bis 30 m.
Minimale Tiefe: 5 m.
Maximale Tiefe: 30 m.
Das Riff bietet üppige Korallen im Flachwasser, die allerdings wegen der Südlage niedrig sind, viele Tisch- und ausgefranste Geweihkorallen. Das Gelände ist von Rinnen zerfurcht, die in das Riff laufen, und es gibt Sandflecken. Der korallenreiche Abhang fällt stark ab und ist spektakulär. Neben Riffbarschen und Füsilieren im Flach-

wasser gibt es Falter-, Lipp- und Kaiserfische, Süßlippen und Zackenbarsche in den Rinnen und an den Wänden, während im tieferen Wasser pelagische Arten anzutreffen sind. Im Flachwasser kann man gut schnorcheln.

5 SOUTHERN FACE
★★★★★★★★★★

Lage: Am Südende von Bait Reef am äußeren Great Barrier Reef 60 km von Shute Harbour.
Zugang: 2¹/₂ h mit dem Boot von Shute Harbour, 2 h von den Whitsunday-Inseln.
Bedingungen: Südlichen Winden, Dünung und gemäßigten Strömungen ausgesetzt. Sicht 5 bis 30 m.
Minimale Tiefe: 5 m.
Maximale Tiefe: 30 m.
Das flache obere Riff ist mit gesunden Korallen, zumeist Geweihkorallen, bedeckt. Das Riff fällt schräg auf 30 m ab und ist von verwitterten Rinnen durchzogen. Diese sind häufig mit Horn- und Weichkorallen ausgekleidet und haben unter den Überhängen eine unglaublich bunte Fauna von Niederen Tieren. Es wimmelt von Koffer-, Lipp-, Falter- und Kaiserfischen, Riffbarschen, Kugel- und Drückerfischen, und regelmäßig zeigen sich Meeresschildkröten, Mantas, Makrelen und Barrakudas. Auch ein ideales Gebiet zum Schnorcheln.

6 MANTA RAY DROP-OFF
★★★★★★★★★★

Lage: Am Südende von Bait Reef am äußeren Great Barrier Reef 60 km von Shute Harbour.
Zugang: 2¹/₂ h mit dem Boot von Shute Harbour, 2 h von den Whitsunday-Inseln.
Bedingungen: Südlichen Winden und Dünung ausgesetzt, Neigung zu starken Strömungen. Sicht 12 bis 30 m.
Minimale Tiefe: 3 m.
Maximale Tiefe: 36 m.
Manta Ray Drop-off gilt bei vielen als das Tauchgebiet schlechthin. Es bietet Steilwandtauchen am Außenriff in Vollendung: Bis in 30 m abfallende senkrechte Korallenwände mit einem Labyrinth aus Tunnels, Schluchten und einem Kamin. Die Wände sind mit Gorgonien, Schwarzen Korallen, 3 m langen Peitschenkorallen, mächtigen dornigen Weichkorallen, Haarsternen und Schwämmen bedeckt, und man sieht zahllose Fische - Riffbarsche, Füsiliere, Riesenlippfische, Stachelmakrelen, Makrelen und gelegentlich einen Hai aus tieferen Gewässern. Im

Whitehaven Beach, Whitsunday Islands.

Feuerfische kommen überall in den Riffen der Whitsundays vor.

Winter (Mai bis September) trifft man auch Mantas an. Es gibt viele Arten Falter-, Papagei- und Lippfische, sie sind alle prächtige Fotomotive. Auch schnorcheln kann man hervorragend, muß aber auf Strömungen achten.

7 GARY'S LAGOON

★ ★ ★ ★ ★ ★ ★ ★

Lage: An der Ostseite von Bait Reef am äußeren Great Barrier Reef 60 km von Shute Harbour.
Zugang: 2¹/₂ h mit dem Boot von Shute Harbour, 2 h von den Whitsunday-Inseln.
Bedingungen: Innen ist die schmale Bucht außer vor Nordwestwind recht gut geschützt. Außen herrschen an den Steilwänden während der Springtide starke Strömungen. Sicht durchschnittlich 10 bis 20 m.
Minimale Tiefe: 4 m.
Maximale Tiefe: 18 m.
Dieses beliebte Tauchgebiet ist relativ einfach zugänglich und bietet verschiedene Profile. Das Tauchen an der äußeren Riffkante entlang in den Eingang ist Wandtauchen in 10 bis 18 m Tiefe. Der Korallenwuchs ist hervorragend. Große Weich- und Hornkorallen wiegen sich in der Strömung. Größere Fische sind häufig, darunter auch Zackenbarsche, Stachelmakrelen, Makrelen und Juwelen-Zackenbarsche. In der schmalen Bucht herrscht kaum Strömung, was weniger erfahrenen Tauchern entgegenkommt. Bei nur 12 m Tiefe hat man viel Zeit, die

Schluchten und Vorsprünge zu erkunden. Es gibt riesige Seeanemonen und Anemonenfische und unzählige Riffische. Ausgezeichnete Schnorchelmöglichkeiten.

8 STEPPING STONES

★ ★ ★ ★ ★ ★ ★

Lage: An der Westseite von Bait Reef am äußeren Great Barrier Reef 60 km von Shute Harbour.
Zugang: 2¹/₂ h mit dem Boot von Shute Harbour, 2 h von den Whitsunday-Inseln.
Bedingungen: Südwinden und Dünung ausgesetzt, starke Strömungen. Sicht 10 bis 30 m.
Minimale Tiefe: 3 m.
Maximale Tiefe: 30 m.
Ein riesiges Tauchgebiet mit 18 oben flachen, runden Korallenpfeilern, die aus 25 m bis auf 1 m unter die Oberfläche ragen. Einer der Monolithe ist mit herrlichen Korallen gekrönt und von oben bis unten mit prächtigen Weichkorallen, Schwarzen Korallen und Gorgonien bedeckt, zwischen denen es von bunten Fischen wimmelt. Es gibt ansässige Napoleon-Lippfische, und im Winter (Mai bis September) zeigen sich Mantas. Über den Korallengärten oben kann man herrlich schnorcheln.

9 FANTASEA REEF WORLD PONTOON

* * * * * *

Lage: An der Westseite von Hardy Reef am äußeren Great Barrier Reef 60 km von Shute Harbour.
Zugang: 2¹/₂ h mit dem Boot von Shute Harbour, 2 h von den Whitsunday-Inseln.
Bedingungen: Außer bei nördlichen Winden immer geschützt. Strömungen im Kanal besonders stark. Sicht durchschnittlich 8 bis 18 m.
Minimale Tiefe: 5 m.
Maximale Tiefe: 18 m.
Im Flachwasser guter Korallenwuchs und eine Wand bis in 10 m, die unterhöhlt ist von Grotten und Vorsprüngen mit kleinen Gorgonien, Schwämmen und Weichkorallen. Wie bei den meisten Pontons ist jedoch die Fischfauna das herausragende. Die Fische hier sind groß und dreist. Einer der ansässigen Riesen-Zackenbarsche ist etwa 2 m lang, und es gibt Stachelmakrelen und Schnapper in

---

Gorgonien-Schnecken sind ein ausgezeichnetes Motiv für Nahaufnahmen.

Schwärmen, ein paar Juwelen-Zackenbarsche und riesige Napoleon-Lippfische. Jahrelanges Füttern hat die Anzahl der Tiere erhöht, und im Schatten des Pontons leben Unmengen kleinerer Fische. Prima Schnorchelgebiet.

10 SINKER REEF

* * * *

Lage: Kleines Riff dort, wo Line Reef und Hardy Reef sich treffen, 60 km von Shute Harbour.
Zugang: 2¹/₂ h mit dem Boot von Shute Harbour, 2 h von den Whitsunday-Inseln.
Bedingungen: Geschützt, aber mit Neigung zu starken Strömungen (Strömungstauchen). Sicht 8 bis 18 m.
Minimale Tiefe: 5 m.
Maximale Tiefe: 30 m.
Dieses kleine Riff ist auf dem Riffdach eine einzige Ansammlung von Geweihkorallen. Die Folge der Beliebtheit sind zahlreiche Ankerschäden. Das Riff fällt ziemlich steil ab; in den Spalten, Höhlen und an den Vorsprüngen der Wände findet man reichen Bewuchs an Korallen, Gorgonien, Seescheiden und Schwämmen. Überall sind Haarsterne, und um die größeren Gorgonien schlingen sich dornige Schlangensterne. Zackenbarsche, Süßlippen, Falter-, Papagei- und Lippfische sind häufig. Juwelen-Zackenbarsche verbergen sich im Halbdunkel, und unter den Überhängen lugen Husarenfische hervor.

11 LITTLE FAIREY INLET

* * * * * * * * *

Lage: Eine Einbuchtung etwas südlich von Henery's Bommie beim Fairy Reef am äußeren Great Barrier Reef 60 km von Shute Harbour.
Zugang: 2¹/₂ h mit dem Boot von Shute Harbour, 2 h von den Whitsunday-Inseln.
Bedingungen: Guter Schutz in der Bucht, draußen etwas Strömung an der tieferen Wand. Sicht bis 20 m.
Minimale Tiefe: 5 m.
Maximale Tiefe: 18 m.
Steilwandtauchen auf 16 m, wo die Einbuchtung beginnt. Es gibt Stein- und Weichkorallen und Gorgonien an der Wand, die aber unterhalb 18 m weniger werden. An der Wand schwimmen Falter-, Kaiser-, Papagei- und Lippfische, Juwelen-Zackenbarsche und Süßlippen, und Husarenfische verstecken sich unter Korallenvorsprüngen. Die Wände der Einbuchtung weisen zahllose Zuflüchte und Einhöhlungen auf, wo Schwämme, Seescheiden, Hydrokorallen, Nacktschnecken und Moostierchen gute Makromotive abgeben. Dem Schnorchler erschließt sich eine vielfältige UW-Welt.

Nacktschnecken, oft die Schmetterlinge des Meeres genannt, gehören zu den farbenprächtigsten Meerestieren. Ihr Körper ist so weich, daß man ihre wahre Schönheit nur auf einem Unterwasserfoto festhalten kann, denn sie fallen außerhalb des Wassers zusammen, und die Farben verblassen sofort. Da sie nur eine Lebensdauer von ein, zwei Monaten, maximal einem Jahr haben, ist es tatsächlich reizvoll, sie zu fotografieren und zu erforschen.

Nacktschnecken finden sich in jeder Umgebung, vom Felsenpool im Intertidal bis in 100 m Tiefe, und fast alle sessilen kolonienbildenden Organismen vom Schwamm bis zu Weichkorallen sind eine potentielle Nahrungsquelle. Es gibt tag- und nachtaktive Nacktschnecken, einige leben im Sand, andere unter Steinen, einige sogar in Schwämmen und Seescheiden.

Alle Nacktschnecken sind funktionale Zwitter mit Geschlechtsöffnungen an der rechten Halsseite. Sie paaren sich mit jedem geschlechtsreifen Individuum derselben Art und bilden manchmal gemeinsame Paarungsgruppen. Zum Zeitpunkt der Paarung sind beide Tiere männlich. Sie befruchten einander, indem sie Samenpakete austauschen; danach produzieren beide Eier. Oft werden die Eier auf oder neben Nahrungsquellen abgelegt. Einige größere Arten produzieren bis zu eine Million Eier auf einmal. Manche verbreiten sich in Form von Planktonlarven und schlüpfen als winzige Larven in embryonalen Schalen. Sie treiben im Wasser, bis sie mit ihren Nahrungsorganismen in Berührung kommen; dann siedeln sie sich an und verwandeln sich in kriechende Jungtiere. Einige Arten wie Hypselodoris bennetti entwickeln sich direkt und entschlüpfen den Eiern als kriechende Jungtiere.

Nacktschnecken fressen mit Hilfe der Radula, einer mit kleinen Zahnreihen besetzten beweglichen Zunge. Jede Art hat eine Radula mit eigenem Zahnmuster.

Nacktschnecken haben keine schützende Schale, sind aber dennoch nicht wehrlos. Die meisten werden noch im Planktonstadium gefressen, bevor die Jungen sich am Boden ansiedeln. Nach der Umwandlung müssen sie sich mit Fischen, Weichtieren, Krabben und Seesternen auseinandersetzen.

Die Nacktschnecken verteidigen sich durch Tarnung oder Giftstoffe, die sie ihrer Nahrungsquelle entnehmen und die sie ungenießbar machen. Viele farbenprächtige Nacktschnecken produzieren die chemischen Abwehrstoffe selbst, während die Aeolidier, die sich von Nesseltieren ernähren, die Nesselzellen ihrer Wirte regelrecht fressen, ohne daß erstere explodieren, und sie zur eigenen Verteidigung in ihre Rückenanhänge befördern.

Einige Nacktschnecken ahmen wehrhafte Arten oder andere giftige Wirbellose wie Plattwürmer nach.

Links: Nacktschnecken kriechen über das Riff. Gegenüber: Nacktschnecken sammeln die Nesselkapseln ihrer Beute in den vielen Darmzotten.

Regionale Adressen

WIE MAN HINKOMMT

Airlie Beach und Mackay sind das Tor zu den Whitsunday Islands. Mackay liegt 975 km nördlich von Brisbane und wird mit regulären Inlandsflügen von Sunstate und Flight West Airlines angeflogen. Es ist auch per Bahn, Bus und Auto zu erreichen. Von Mackay gibt es täglich Flüge und Bootsfahrten zur Brampton Island. Um nach Airlie Beach zu kommen, muß man zum nahen Proserpine 1.100 km nördlich von Brisbane fliegen oder mit Bahn oder Bus dorthin fahren. Proserpine ist nur 26 km von Airlie Beach entfernt. Von dort verkehren regelmäßig Wassertaxis und Boote zu den Inseln. Die Alternative ist ein Direktflug zur Hamilton Island mit Quantas oder Ansett und von dort dann weiter mit einem Wassertaxi zur gewünschten Insel.

WO MAN ABSTEIGEN KANN

Resort Islands

Brampton Island Resort, Tel. 079-514 499, Fax 079-514 097. Zweigeschossige Anlage mit 108 Wohneinheiten für bis zu drei Personen. Alle Zimmer abgeschlossen, mit Klimaanlage, TV, Videorecorder und französischem Doppelbett. Einrichtungen: Restaurant, Nachtclub, Swimmingpool, Sporthalle, Tennis- und Golfplatz. Programm: Buschwanderungen, Fischen, Segeln, Wasserski, Bogenschießen, Surfen, Schnorcheln und Tauchen.

Daydream Island, Trevelodge Resort, Tel. 079-488 488, Fax 079-488 499. Die Anlage verfügt über drei verschiedene jeweils abgeschlossene Wohneinheiten (über 300 Zimmer) zu unterschiedlichen Preisen, alle mit Klimaanlage, TV, Videorecorder und Minibar. Zur Anlage gehören ein Restaurant, Cocktailbar, Kongreßzentrum, Nachtclub, Sauna, Swimmingpool, Whirlpool, Sporthalle, Tennisplatz und Putting green. Das Programm umfaßt Fischen, Segeln, Buschwandern, Wasserski, Parasailing, Surfen, Schnorcheln und Tauchen.

Hamilton Island Holiday Inn, Crown Plaza Resort, Tel. 079-469 999, Fax 079-468 888. Zwei Hoteltürme mit 554 Zimmern, zwei Anlagen mit 60 Zimmern und 53 Hütten. Dieser große Komplex bietet Unterkünfte von der Penthouse-Suite bis zum normalen Zimmer, aber alle abgeschlossen, mit Klimaanlage, TV und Mini-

bar. An Einrichtungen gibt es Restaurant, Kongreßzentrum, Nachtclub, Sauna, Whirlpool, Swimmingpool, Sporthalle, Squash-, Tennis- und Minigolfplatz. Die Gäste können fischen, Wasserski fahren, segeln, buschwandern und mit H20 Sportz tauchen.

Hayman Island Resort, Tel. 079-401 234, Fax 079-401 567. Die exklusivste Hotelanlage der Gegend mit über 250 Wohneinheiten: Penthouses, Suiten und normale Zimmer, alle mit TV, Videorecorder, Minibar, 24-Stunden-Zimmerservice und Klimaanlage. Das Programm umfaßt Golf, Tennis, Fischen, Buschwandern, Wasserski, Surfen, Parasailing und Tauchen mit Barrier Reef Diving Services. Zu den Einrichtungen gehören ein Restaurant, Nachtclub, Kongreßzentrum, Grillplatz, Sauna, Swimmingpool und Sporthalle.

Long Island, Club Crocodile Long Island Resort, Tel. 079-469 400, Fax 079-469 555. Die zweigeschossige Anlage hat über 140 abgeschlossene Wohneinheiten für bis zu drei Personen. Die Einrichtungen umfassen ein Restaurant, Cocktailbar, Nachtclub, Swimmingpool, Whirlpool, Sauna, Sporthalle und Tennisplätze. Die Gäste können segeln, fischen, Wasserski fahren, surfen, buschwandern und tauchen.

Long Island, Palm Bay Hideaway Resort, Tel. 079-469 233. Eine kleine Anlage mit nur 14 Hütten und Wohneinheiten für bis zu sechs Personen. Zu den Einrichtungen gehören ein Restaurant, Grill, Swimmingpool, Lounge und Whirlpool, das Programm umfaßt Bootsfahrten, Fischen, Buschwandern, Surfen und Schnorcheln.

South Molle Island Resort, Tel. 079-469 433, Fax 079-469 580. Die Anlage bietet sechs verschiedene Wohneinheiten (über 200 Zimmer) für fast jeden Geldbeutel, alle abgeschlossen, mit Klimaanlage, TV und Minibar. Das Programm umfaßt Squasch, Tennis, Golf, Fischen, Wasserski, Bogenschießen, Segeln, Surfen und Tauchen. Die Anlage hat ein Restaurant, Nachtclub, Swimmingpool, Sauna, Whirlpool und Sporthalle.

Wer auf dem Festland bleibt, findet eine gute Auswahl an Hotels, Motels und Campingplätzen in Airlie Beach und Mackay.

Obere Preiskategorie

Whitsunday Terraces Resort, Golden Orchid Drv, Airlie Beach, Tel. 079-466 788, Fax 079-467 128. 112 völlig abgeschlossene Wohneinheiten mit Klimaanlage, Kochgelegenheit, TV und Videorecorder. Zur Anlage gehören ein Restaurant, Kongreßzentrum, Grillplatz, Swimmingpool, Whirlpool und Gemeinschaftswaschsalon.

Ocean International Hotel, 1 Bridge Rd, Mackay, Tel. 079-572 044, Fax 079-572 636. 4-Sterne-Hotel mit Restaurant, Kongreßzentrum, Swimmingpool, Sauna, Whirlpool und 24-Stunden-Zimmerservice. Alle Zimmer sind abgeschlossen und haben Klimaanlage, TV und Videorecorder.

Mittlere Preiskategorie

Colonial Palms Motor Inn, Shute Harbour Rd, Airlie Beach, Tel. 079-467 166, Fax 079-467 522. Alle Zimmer abgeschlossen, mit Klimaanlage, TV und Videorecorder. Dieses Motel hat ein eigenes Restaurant, Swimmingpool, Whirlpool und Zimmerservice.

Coral Sands Motel, 44 MacAlister St, Mackay, Tel. 079-511 244, Fax 079-572 095. Die zweigeschossige Anlage hat ein Restaurant, Kongreßzentrum, Sauna, Swimmingpool, Zimmerservice und Waschsalon. Alle Zimmer mit Klimaanlage, TV, Videorecorder und Minibar.

Untere Preiskategorie

Airlie Cove Resort Van Park, Shute Harbour Rd, Airlie Beach, Tel. 079-466 727, Fax 079-465 526. 30 Hütten für bis zu sechs Personen, einige davon sind abgeschlossen, mit Klimaanlage, TV und Videorecorder, die übrigen einfach ausgestattet. Zur Einrichtung gehören Gemeinschaftsduschen und -toiletten, ein Grillplatz, Swimmingpool, Whirlpool, Tennisplatz und Laden.

Beach Tourist Park, Petrie St, Maykay, Tel. 079-574 021, Fax 079-514 551. Mehrere abgeschlossene Hütten für bis zu sechs Personen, außerdem einige Zelte. Zur Einrichtung gehören ein Meerwasser-Swimmingpool, Kiosk, Campingküche, Gemeinschaftsduschen, -toiletten und -waschsalon.

WO MAN ESSEN KANN

Viele Hotels bieten in ihrem Restaurant Essenspakete. Die Hotelrestaurants haben ein gutes Angebot, wobei die teureren erwartungsgemäß die beste Küche haben. Auf dem Festland gibt es in Mackay und Airlie Beach eine gute Auswahl an Restaurants mit und ohne Straßenverkauf, u. a. chinesische und italienische Küche, Fischspezialitäten, Bistros und einige Cafes.

TAUCHEINRICHTUNGEN

Zahlreiche Tauchshops im Gebiet der Whitsundays unternehmen Fahrten zu den Inseln und Riffen.

Barrier Reef Diving Services, The Esplanade, Airlie Beach, Tel. 079-466 204, Fax 079-465 130. Ist auf Hayman Island und von Airlie Beach aus tätig. Bietet Tauchkurse bis zum Tauchlehrer, gute Auswahl an Ausrüstung (Kauf und Leihen), Ein- und Mehrtagesfahrten zu den Inseln und Riffen.

Downunder Dive, 11 Iluka St, Cannonvale, Tel. 079-466 869.

H20 Sportz, Front St, Hamilton Island, Tel. 079-469 888, Fax 079-469 888.

Kelly Dive Whitsundays, Eshelby Drv, Cannonvale, Tel. 079-466 122.

Mackay Adventure Divers, 153 Victoria St, Mackay, Tel. 079-531 431. Unregelmäßig Fahrten zu den Inseln und Riffen. 5-Sterne-PADI-Zentrum, das Tauchkurse bis zum Tauchlehrer durchführt und eine gute Auswahl an Ausrüstung hat (Kauf und Leihen).

Oceania Dive, Shute Harbour Rd, Airlie Beach, Tel. 079-466 032, Fax 079-466 032. 5-Sterne-PADI-Einrichtung, die Tauchkurse und -fahrten zu den lokalen Inseln und Riffen unternimmt.

Pro Dive Whitsunday, Shute Harbour Rd, Airlie Beach, Tel. 079-466 508. Unternimmt Tages- und Übernachtfahrten zu den Inseln und Riffen. 5-Sterne-PADI-Einrichtung, die Tauchkurse bis zum Tauchlehrer veranstaltet und eine gute Auswahl an Ausrüstung hat (Kauf und Leihen).

Aquatic Centre of Education, Shute Harbour Rd, Airlie Beach, Tel. 079-467 446.

Island Divers, Mandalay Point Rd, Airlie Beach, Tel. 079-465 650.

Scuba Sport, The Esplanade, Airlie Beach, Tel. 079-466 204, Fax 079-465 130. Unternimmt täglich Fahrten mit einem 15-m-Katamaran zum Riff und führt Tauchkurse durch.

True Blue Dive, 364 Shute Harbour Rd, Airlie Beach, Tel. 079-466 662.

Whitsunday Diving Services, 34 Manooka Drv, Cannonvale, Tel. 079-466 811.

Whitsunday Scuba Centre, 5 Garema St, Cannonvale, Tel. 079-466 864.

Charterboote im Whitsunday-Gebiet sind u. a.:

Elizabeth E Coral Cruises, 102 Goldsmith St, Mackay, Tel. 079-574 281, Fax 079-572 268. Betreibt das Kreuzfahrtschiff *Elizabeth E*, das für Gruppenfahrten ins Great Barrier Reef und die Korallen-See gechartert werden kann.

Hamdon Star Charters, Mackay Harbour, Mackay, Tel. 079-552 490, Fax 079-553 209. Fährt zu den Inseln und Riffen.

Maxi Ragamuffin, 283 Shute Harbour Rd, Airlie Beach, Tel. 079-467 777, Fax 079-466 941. Fährt täglich zu den Inseln und bietet Schnorcheln und Tauchen.

Pacific Reef Charters, 48 Coral Esplanade, Cannonvale, Tel. 079-466 383, Fax 079-466 901. Unternimmt mit dem Kreuzfahrtschiff *Pacific Star* Wochen- und längere Fahrten zu den Riffen im Whitsunday-Gebiet sowie in der nördlichen und südlichen Korallen-See.

Reef Enterprise Diving Services, 386 Shute Harbour Rd, Airlie Beach, Tel. 079-467 228. Unternimmt Ein- und Mehrtagesfahrten zu den Inseln und Riffen und bietet Tauchkurse bis zum Tauchlehrer-Level.

FILMENTWICKLUNG

Es gibt im Whitsunday-Gebiet einige Fotogeschäfte mit Einstundenservice; einige entwickeln sogar Dias am selben Tag.

Tropix Photography, Shute Harbour Rd, Airlie Beach, Tel. 079-466 639.

Whitsunday Kodak Express, 239 Shute Harbour Rd, Airlie Beach, Tel. 079-465 404.

KRANKENHÄUSER

Mackay Hospital, Bridge Rd, Mackay, Tel. 079-515 211.

Proserpine Hospital, 2 Herbert St, Proserpine, Tel. 079-451 422.

Telefon für Notfälle, Feuerwehr, Polizei und Krankenwagen 000.

DEKOMPRESSIONSKAMMER

Bei Tauchunfällen in Australien wende man sich an DES (Diving Emergency Service) unter 1800 088 200. Weiter Informationen unter Tauchunfälle, S. 169.

LOKALE BESONDERHEITEN

Im Whitsunday-Gebiet kann man viel unternehmen; auf den Inseln gibt es eine Menge zu tun und zu sehen. Wer auf dem Festland ist, hat vielleicht Spaß an einer Segeltour rund um die Inseln - chartern Sie selbst eine Jacht, die Sie segeln können, oder heuern Sie einen Skipper an.

Das Gebiet hat einige interessante Nationalparks aufzuweisen.

Der **Eungella National Park** 84 km westlich von Mackay ist ein herrliches Regenwaldgebiet mit Dutzenden von Wanderwegen.

Der **Broken River**, ein Schnabeltierhabitat, fließt durch den Park; früh am Morgen hat man die besten Chancen, diese ungewöhnlichen Tiere zu beobachten.

Der **Cape Hillsborough National Park** liegt 45 km nördlich von Mackay. Zu den Tieren im Park gehören u. a. Wallabys, Opossums, Känguruhs, zahlreiche Vögel und Laubenwallnister. Viele Wanderwege und 5 km Strand sind zu erkunden.

DIE WRACKS UND RIFFE VOR TOWNSVILLE

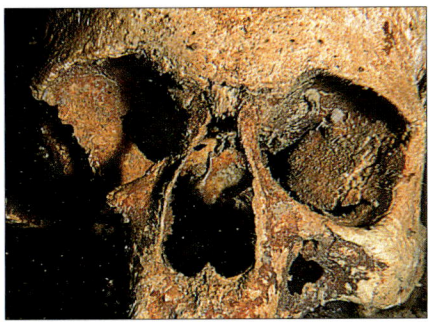

Townsville ist die drittgrößte Stadt in Queensland. Die Innenstadt gleicht eher einer großen Landsiedlung, hat jedoch verschiedene Geschäfte und Restaurants, die den Touristenmarkt beliefern. Es gibt ein Kasino, viele Motels und Hotels und sogar ein großes Aquarium. In Townsville steht Queenslands einzige Dekompressionskammer.

Die Gegend bietet dem Taucher eine Fülle von Möglichkeiten: flache Korallenriffe, Pfeiler, Steilwände, Grotten und Schiffswracks. Es gibt vom Hafen aus täglich Tagesausflüge mit schnellen Katamaranen zu verschiedenen Riffen und Inseln. Diese Fahrten sind hauptsächlich für Schnorchler gedacht, versorgen aber auch Sporttaucher, deren Budget und Zeit begrenzt sind. Im allgemeinen werden die inneren Riffe angelaufen, die reich an Korallen und Fischen und auch bei fast jedem Wetter ruhig sind.

Direkt vor der Küste von Townsville liegt Magnetic Island, das von vielen flachen Riffen gesäumt wird. Die Insel hat eine große Bevölkerung und ist ein sehr beliebtes Urlaubs- und Wochenendziel.

Vor Townsville liegt eine recht gute Ansammlung von Riffen, deren kleinere zumeist nur numeriert sind. Alle Riffe bieten abwechslungsreiches Tauchen, am besten am äußeren Rand des Great Barrier Reef. Die inneren und zentralen Riffe haben zwar reiche Korallen- und Fischbestände, die äußeren sind jedoch meistens bunter; sie haben auch das klarere Wasser und aufregende Steilwände. Die mit dornigen Weich- und großen Hornkorallen geschmückten äußeren Riffe werden oft von Schwärmen pelagischer Fische aufgesucht.

Auf den Riffen vor Townsville liegen eine Reihe Schiffswracks. Die meisten sind allerdings so zerstört, daß ein Besuch nicht lohnt. Ein Wrack im inneren Schiffahrtskanal hat Weltruhm erlangt, die Yongala. Viele halten sie für das beste Tauchwrack der Welt, man sollte aber vielleicht vom besten Meeresleben der Welt sprechen. Das Wrack ist weitgehend

Gegenüber: Hornkorallen schmücken viele Riffe vor Townsville.
Oben: 121 Menschen einschließlich dieses Unglückseligen fanden beim Untergang der Yongala den Tod.

WRACKS UND RIFFE VOR TOWNSVILLE

intakt und herrlich zu erkunden, doch es ist das unbeschreibliche marine Leben, das die Yongala so unvergeßlich macht. Obwohl die Sicht fast immer nur 12 m oder weniger beträgt, stört das die meisten Taucher nicht, weil die Fischfauna so phantastisch ist.

Mehrere Charterboote operieren von Townsville aus. Besucher können wählen zwischen Tages-, Wochenend-, Viertages- und Wochenfahrten. Gönnen Sie sich mindestens eine Viertagesfahrt, damit Sie einige Riffe und die Yongala erleben können. Jeder Veranstalter hat seine Tauchgebiete. Einige Riffe werden auch von Charterbooten angelaufen, die weiter in die Korallen-See fahren. Sie verbringen den ersten Tag der Fahrt meistens an einem der äußeren Riffe.

Alle Riffe vor Townsville liegen im Central Section des Great Barrier Reef Marine Park. Die meisten sind für die allgemeine Nutzung vorgesehen, aber es gibt einige Sperrbereiche für Trawler und Fischer. Bei über 75.000 km^2 Fläche gibt es zahllose unberührte Riffe.

1 *YONGALA* WRACK
*****

Lage: 13 km östlich von Cape Bowling Green.
Zugang: Etwa 3 h mit dem Schiff von Townsville.
Bedingungen: Liegt im Schiffahrtskanal. Wird nicht bei rauher See oder starkem Wind betaucht; starke Strömungen möglich. Sicht durchschnittlich 12 m.
Minimale Tiefe: 15 m.
Maximale Tiefe: 30 m.
Bei jedem Tauchgang bei der Yongala trifft man Fledermaus- und Thunfische, Stachelmakrelen, Barrakudas, Gefleckte Adlerrochen, Riesen-Zackenbarsche, Barramundis, Juwelen- und Leopard-Zackenbarsche, Napoleon-Lippfische, Königsmakrelen, Kobias, Schwarzpunktrochen, Zackenbarsche, Kugel-, Stein-, Feuer-, Kaiser-, Doktor- und andere Fische an. Im und unter dem Wrack schlafen Meeresschildkröten, überall sind Seeschlangen, Zackenbarsche, Adlerrochen und Fledermausfische. Es gibt so viel zu sehen, daß man die begrenzte Sicht kaum merkt.

2 *GOTHENBURG* WRACK
****

Lage: 130 km südöstlich von Townsville an der Westseite des Old Reef.
Zugang: Mit dem Schiff über 6 h von Townsville.
Bedingungen: Im Schutz eines Riffs, zumeist ruhig. Sicht durchschnittlich 20 m.
Minimale Tiefe: 6 m.
Maximale Tiefe: 30 m.
Die Gothenburg ist zwar nicht so berühmt wie die Yongala, aber ebenfalls ein faszinierendes Tauchgebiet. Das Wrack liegt über eine große Fläche verstreut, ist aber noch erkennbar und steht unter dem Schutz des Historic

Shipwrecks Act. Das Riff ringsum bietet gutes Tauchen angesichts ausgedehnter Korallengärten und mehrerer Pfeiler. Die Korallen sind farbenprächtig, und es gibt reichlich Riffische. Pelagische Fische kreuzen durch das Wrack, und selbst Riffhaie sind häufig.

3 SHRIMP REEF
****

Lage: 110 km östlich von Townsville.
Zugang: Mit dem Schiff über 8 h von Townsville.
Bedingungen: Im Schutz eines Riffs, zumeist ruhig, leichte Strömungen. Sicht durchschnittlich 20 m.
Minimale Tiefe: 3 m.
Maximale Tiefe: 35 m.
Die Ostseite des Riffs ist dem Wetter stärker ausgesetzt, aber es gibt einen herrlichen, mit Weich-, Peitschen- und Hornkorallen bedeckten Steilabfall, an dem pelagische Fische und Riffhaie patrouillieren. An guten Tagen kann

GOTHENBURG WRACK

Die *Gothenburg* ist ein 60 m langer Stahldampfer, der 1875 unter tragischen Umständen sank. Sie war mit gemischter Fracht (u. a. 80.000 $A in Gold), 160 Passagieren und Besatzung unterwegs von Darwin nach Adelaide, als sie in einen Wirbelsturm geriet und am Old Reef auf Grund lief. Einige Rettungsboote zerschellten am Riff. Andere wurden vom Wrack gespült. 14 Überlebende erreichten mit einem Boot die Insel, wo sie vier Schiffskameraden fanden. Am Festland erfuhren sie, daß noch ein Rettungsboot durchgekommen war, so daß insgesamt 21 überlebten. Bergungstaucher fanden das auseinandergebrochene Schiff in 10 m Tiefe. Das Gold wurde geborgen, das Wrack vergessen, bis man es 1967 wiederentdeckte.

man in Schwärmen Stachelmakrelen und Barrakudas, Makrelen und scheue Weißspitzen-Riffhaie sehen. Auch Rote Trommelfische, Napoleon-Lippfische und Juwelen-Zackenbarsche sind an dieser Wand anzutreffen. Wenn die Umstände ein Tauchen an der Ostseite nicht zulassen, gibt es ausgedehnte Korallengärten mit vielen Gräben am Südende des Riffs. Dort findet man viele kleinere Riffische und Niedere Tiere - ein idealer Platz für Makroaufnahmen.

4 ANZAC REEF

★ ★ ★ ★ ★ ★ ★ ★

Lage: 110 km östlich von Townsville.
Zugang: Mit dem Schiff über 7 h von Townsville.
Bedingungen: Im Schutz eines Riffs, zumeist ruhig, leichte Strömungen. Sicht durchschnittlich 20 m.
Minimale Tiefe: 3 m.
Maximale Tiefe: 35 m.
Anzac Reef bietet Dutzende guter Tauchgebiete, von Steilwänden bis zu Korallengärten, aber am beliebtesten ist ein großer Pfeiler vor dem Haupttriff. Der Pfeiler, auch Anzac Bommie genannt, kann in jeder Tiefe in einem Zug umrundet werden, da seine Wände 35 m senkrecht abfallen. Er ist bedeckt mit Horn-, Weich-, Peitschen- und kleinen Schwarzen Korallen. Meeresschildkröten, Riffhaie und gelegentlich Mantas umkreisen ihn, und an der Wand sieht man pelagische Arten. Hier findet man Stachelmakrelen, Füsiliere und Makrelen. Riffische sorgen für Farbe, unterstützt von Süßlippen, Falter-, Kaiser-, Wimpel- und Papageifischen, Juwelen-Zacken-barschen und Büschelbarschen. Über dem Pfeiler ist das Wasser ziemlich flach und ermöglicht Schnorcheln oder Deko-Stops am Ende eines langen Tauchgangs. Nachts entfaltet der Pfeiler seine ganze Pracht. Nachtaktive Meeresbewohner suchen nach Nahrung, und in jedem

---

SS YONGALA WRACK

Der Küstendampfer *Yongala* sank 1911 bei einem Wirbelsturm im Kanal östlich von Cape Bowling Green und wurde für 121 Menschen zum nassen Grab. Das Wrack wurde 1958 entdeckt, als Taucher mit Helm abstiegen und es identifizierten. Heute bietet das Wrack einen der aufregendsten Tauchgänge der Welt. Die Aufbauten sind überwiegend noch vorhanden, die Taucher dürfen aber nichts anfassen oder entfernen (Schutz durch den Historic Shipwrecks Act). Das Wrack ist 110 m lang. Vieles lohnt einen Blick - der Laderaum, die Durchgänge, die Toiletten -, aber es ist streng verboten, in das Wrack einzudringen, da es beschädigt werden könnte. Auch wer Fische sehen möchte, wird nicht enttäuscht.

Loch hocken schlafende Fische. Mit etwas Glück sieht man Muränen auf Beutezug oder eine schlafende Meeresschildkröte.

5 BROADHURST REEF

★ ★ ★ ★ ★ ★ ★

Lage: 100 km östlich von Townsville.
Zugang: Mit dem Schiff über 6 h von Townsville.
Bedingungen: Im Schutz eines Riffs, zumeist ruhig, leichte Strömungen. Sicht durchschnittlich 20 m.
Minimale Tiefe: 6 m.
Maximale Tiefe: 30 m.
Beim Broadhurst Reef gibt es einige sehr schöne Tauchgebiete mit großen Pfeilern im tiefen Wasser und prächtigen Korallengärten im flachen Bereich. Einige Pfeiler sind mit Weich-, Peitschen-, Horn- und Schwarzen Korallen bedeckt. Riffische wie Juwelen-Zackenbarsche, Falter-, Anemonen- und Papageifische, Büschelbarsche, Kaiser- und Lippfische, Grundeln und Drückerfische sind reichlich vertreten. Auch größere pelagische Fische wie Stachelmakrelen, Regenbogen-Renner und Makrelen kreuzen vor dem Riff. Die Korallengärten im Flachwasser mit ihren Rinnen und vielen kleinen hornkorallenge-schmückten Höhlen sind sehenswert. Es wimmelt von kleinen Wirbellosen, von Nacktschnecken über Plattwürmer und Weichtiere bis zu Seesternen. Die Taucher begegnen Seenadeln, Anemonenfischen, Muränen, Feuer-, Koffer-, Flöten-, Kugel- sowie verschiedenen Lipp- und Falterfischen. Auch etliche Weißspitzen-Riffhaie oder Meeresschildkröten schwimmen die Gräben ab.

6 DAVIES REEF

★ ★ ★ ★ ★ ★ ★

Lage: 100 km östlich von Townsville.
Zugang: Mit dem Schiff über 6 h von Townsville.
Bedingungen: Im Schutz eines Riffs, zumeist ruhig. Sicht durchschnittlich 20 m.
Minimale Tiefe: 6 m.
Maximale Tiefe: 25 m.
Davies Reef hat einige herrliche Tauchgebiete, von großen Pfeilern über üppige Korallengärten bis zu kleinen Steilwänden. Am Südende des Riffs stehen einige mächtige, mit Weich-, Horn- und Peitschenkorallen bedeckte Pfeiler. Sie sind durchsetzt mit kleinen Grotten, in denen man Garnelen, Husaren- und Kugelfische, Korallenkrabben und Feuerfische findet. Die Pfeiler beherbergen auch die verschiedensten Riffische, und gelegentlich zieht ein pelagischer Fisch vorbei. An der Ostseite der Insel schneiden mehrere tiefe Gräben in das Riff, deren

Die Toilette im Wrack der Yongala ist ein beliebtes Fotomotiv.

Wände mit dornigen Weich- und kleinen Hornkorallen geschmückt sind - und auf ihnen verwandte Kaurischneckenarten. Es wimmelt von kleinen tropischen Fischen. Pelagische und andere Schwarmfische versammeln sich dort, unter anderem Papagei-, Fledermaus- und Doktorfische, Stachelmakrelen und Füsiliere.

7 CHICKEN REEF

★ ★ ★ ★ ★ ★ ★

Lage: 110 km östlich von Townsville.
Zugang: Mit dem Schiff über 8 h von Townsville.
Bedingungen: Im Schutz eines Riffs, zumeist ruhig, leichte Strömungen. Sicht durchschnittlich 30 m.
Minimale Tiefe: 6 m.
Maximale Tiefe: 30 m.
Chicken Reef ist ein vielseitiges Gelände, von Steilwänden über Pfeiler, Gräben und Höhlen bis zu flachen Korallengärten. Pfeiler und Steilwände sind mit großen Horn-, dornigen Weich-, Schwarzen, verschiedenen Stein- und langen Peitschenkorallen überzogen, zwischen denen kleine Garnelen und Peitschen-Zwerggrundeln leben. Das Riff ist dicht besiedelt - Papagei-, Doktor-, Nashorndoktor- und Kaiserfische, Süßlippen, Fahnenbarsche, Kaninchenfische, Füsiliere, Lipp-, Kaiser- und Falter-

fische gehören zu den häufigeren Fischen hier. Wahrscheinlich begegnet man auch großen Napoleon-Lippfischen, Riffhaien, Riesen-Zackenbarschen, Meeresschildkröten und pelagischen Arten. Die Riesenmuscheln dort, einige über 1 m groß, geben interessante Fotomotive ab.

8 BOWL REEF

★ ★ ★ ★ ★ ★ ★

Lage: 110 km östlich von Townsville.
Zugang: Mit dem Schiff über 8 h von Townsville.
Bedingungen: Im Schutz eines Riffs, zumeist ruhig, leichte Strömungen. Sicht durchschnittlich 30 m.
Minimale Tiefe: 6 m.
Maximale Tiefe: 30 m.
Die äußere Kante des Bowl Reef ist ziemlich exponiert und wird selten betaucht, aber an der Innenseite gibt es viele sehenswerte Korallenstöcke. Man kann Dutzende von Höhlen und Spalten erkunden, also eine Lampe mitnehmen. An den tieferen Pfeilern findet man große Horn-, Peitschen-, Weich- und Schwarze Korallen, im Flachwasser gedeihen Dickichte gesunder Steinkorallen. Kleine Riffische gibt es zur Genüge, man begegnet aber auch Stachelmakrelen, Papagei-, Doktor- und Thunfischen, Süßlippen, Zackenbarschen, Napoleon- und Zahn-

DIE NATIONALPARK-INSELN

Wir alle träumen davon, auf einer einsamen Insel zu leben, sollten aber realistisch bleiben. Nur wenige Inseln im Great Barrier Reef sind bewohnt, kaum eine hat ganzjährig eine natürliche Wasserversorgung, und viele kann man überhaupt nur bei völlig ruhiger See anlaufen. Unter Umständen sind sie völlig überwuchert, haben keinen Strand, um ein Zelt aufzubauen, oder viel Sand, der aber vom Meer überspült wird. Auf einigen Inseln haben die Vögel Parasiten wie Läuse und Zecken.

CAMPING

Das „Queensland Department of Environment and Heritage" erlaubt das Zelten auf etwa 60 Nationalpark-Inseln. Sie werden regelmäßig durch Ranger kontrolliert, man muß sich jedoch im voraus die Genehmigung besorgen und die Gebühren bezahlen.

Man darf höchstens drei Wochen auf einer Nationalpark-Insel bleiben. Die touristisch erschlossenen Inseln haben Wassertanks, die meisten Inseln jedoch nicht, so daß man sämtliche Vorräte mitbringen muß.

ÜBERLEBENSREGELN

Es gibt einfache Überlebensregeln, die einen Campingurlaub zu einem Erlebnis machen - oder zu einem Höllentrip, wenn man sie nicht befolgt.

Planen, vorbereiten, prüfen und nochmals prüfen

Zelten auf einer Insel erfordert eine gute Planung, denn es ist vieles zu bedenken und zu organisieren, vor allem wenn man taucht.

Sobald feststeht, welche Insel Sie aufsuchen wollen, beschaffen Sie sich jede nur mögliche Information. Schreiben und rufen Sie die jeweiligen Stellen an. Listen Sie auf, was Sie wissen möchten, und lassen Sie sich beraten. Erkundigen Sie sich nach der besten Jahreszeit, nach Genehmigungen, Campinggebühren und dem, was auf der Insel erlaubt ist. Es bringt nichts, sich auf der Insel absetzen zu lassen, um dann festzustellen, daß man keinen Kompressor oder Generator benutzen oder nicht fischen darf, oder daß der Wassertank nach einer langen Dürreperiode leer ist.

Fragen Sie bei der Parkverwaltung nach einer Zonenkarte für Ihr Gebiet. Prüfen Sie, ob Ihre Ausrüstung in Ordnung ist - es gibt auf den Inseln keine Läden oder Ersatzteile.

Strandläufer

Es ist verlockend, allein an langen, weißen Sandstränden entlangzulaufen (auf Inseln, wo es erlaubt ist), den Sand zwischen den Zehen zu spüren und sich völig unbeschwert zu fühlen. Augen auf - nackte Füße können es nicht mit im Sand verborgenen Korallen, Fischgräten, Glasscherben, Stacheln, Dornen oder Vogelknochen aufnehmen. Laufen Sie auf dem festen Sand am Wasser und passen Sie auf, wohin Sie treten.

Stich- und Schnittwunden sind am unangenehmsten, und die Erste Hilfe reicht nur so weit wie das, was Sie mitgenommen haben. Bei einem Unfall muß man die Rettungskosten abwägen. Ein Wassertaxi, Charterboot oder Hubschrauber ist teuer.

Salzwasser verzögert die Heilung von Wunden erheblich. Ein gutes Antiseptikum und eine trockene, leichte Auflage sind am besten. Kleinere Wunden mit einem Pflaster bedecken, um Wundscheuern zu vermeiden; manchmal tut auch Feuchtigkeit einer Wunde gut. Vorsicht und Vorbeugen heißt die Parole. Passen Sie besonders beim Klettern auf nassem Fels und losen, schiefrigen Hängen auf und rennen Sie nicht mit nassen Schuhen auf Vulkangestein - es ist glatt wie Eis und scharf wie Glas.

Vorsicht vor Bissen

Als Camper sollte man wissen, daß Zelten auf Inseln am Meer (vor allem auf Kontinentalinseln mit Mangroven, Bächen und Sümpfen) ein ständiger Kampf gegen kriechende, krabbelnde, beißende, stechende, lästige, fliegende, gleitende und hüpfende Wesen zu Lande und zu Wasser ist.

Gestochen oder gebissen werden kann man von Moskitos, Busch- und Sumpffliegen, Mücken, Sandfliegen, Zecken, Buschmilben,

Ein typischer Campingplatz zwischen Kasuarinen auf einer bewachsenen Sandbank.

Vogelläusen, Spinnen, Hundertfüßern, Skorpionen und selbst von der einen oder anderen Schlange.

Insektenmittel halten die meisten fliegenden Insekten, Milben, Läuse und Zecken in Schach, und wenn man Schuhe, Socken und Schlafsack sorgfältig prüft, entdeckt man ungebetene Gäste rechtzeitig. Reizen Sie niemals ein giftiges Tier, denn viele sind unberechenbar, und in die Enge treiben erhöht das Risiko eines Unfalls.

Große Kontinentalinseln mit Binnengewässern und ausgedehnten Mangroven nördlich von Maryboroug beherbergen Salzwasserkrokodile, die man auch schon des öfteren im Meer gesehen hat.

Von Oktober bis Mai sollte man alle Binnengewässer mit Vorsicht behandeln, denn das ist die Zeit der marinen Nesseltiere. Auch wenn manche dieser Tiere starke Nesselzellen besitzen, die sogar tödlich sein können, können sie doch kein dichtes Gewebe wie Lycra, Tauch- und Gymnastikanzüge oder auch ein T-Shirt durchstechen.

Cremen Sie beim Tauchen und Schnorcheln alle exponierten Stellen mit Sonnenschutz ein, auch wenn Sie nichts spüren, denn das Wasser reflektiert die Sonnenstrahlung. Sonnenbrand ist keine Kleinigkeit. Nehmen Sie rechtzeitig Wundsalbe, Zinksalbe, besser ein Antihistaminikum.

CAPRICORN- UND BUNKER-GRUPPE

Auf den typischen Korallenbänken der Gegend herrschen am Ufer Kasuarinen und Schraubenpalmen vor, im Inselinneren Pisonienwälder. In den Bäumen nisten Seevogelkolonien, in Löchern auf dem Boden Möwensturmvögel. Wer noch nie Tausende heiserer, schnatternder, kreischender, balzender Vögel erlebt hat, empfindet den Lärm zumindest als störend - zumal er gegen Abend zunimmt und nie aufhört. In den Sommermonaten kommen viele Meeresschildkröten zur Eiablage ans Ufer.

Zelten darf man nur in dafür zugelassenen Gebieten, und wenn es zur Kategorie D gehört, kostet es pro Person und Tag 2 A$. Im voraus buchen ist unerläßlich. Es gibt Toiletten und Wanderwege. Schwimmen und Segeln, Fischen und Sammeln, Schnorcheln und Riffwandern darf man nur in bestimmten Gebieten. Wasser, Kochutensilien, Brennstoff und Vorräte müssen mitgebracht werden; offenes Feuer ist verboten. Lichtmaschinen sind nicht erlaubt, Kompressoren zum Füllen der Tauchflaschen nur auf den Inseln Lady Musgrave und North West.

Der Zugang erfolgt meistens mit dem Schiff von Gladstone. Von Gold Coast fliegt Seair Pacific mit Wasserflugzeugen - ein idealer und preiswerter Weg, das Riff kennenzulernen. Es gibt auch Landschafts- und Tagestouren für Schnorchler.

Blauschuppen-Straßenkehrer versammeln sich unter einem der Pontons am äußeren Barriere-Riff.

lippfischen. Gelegentlich suchen Adlerrochen und Riffhaie das Gebiet auf. Nachts herrscht dort farbiges Treiben. Die Korallen erscheinen im Lampenlicht noch bunter, und wer genau hinsieht, entdeckt auf ihnen Kaurischnecken, Dreiecks- oder Spinnenkrabben. In den Korallen schlafen viele Fische, während Husaren- und Feuerfische auf Jagd sind. Nacktschnecken, Plattwürmer, Einsiedlerkrebse, Garnelen, Weichtiere, Fangschreckenkrebse und Hunderte von fressenden Haarsternen sorgen für weitere Farbtupfer.

9 KELSO REEF

Lage: 110 km östlich von Townsville.
Zugang: Mit dem Schiff etwa 2¹/₂ h vom Breakwater Terminal in Townsville. (Mit dem Charterboot 6 h von Townsville.)
Bedingungen: Geschützte Tauchgebiete innerhalb des Riffs, kaum Strömung. Außerhalb des Riffs je nach Bedingungen. Leichte Strömung, je nach Gebiet. Sicht durchschnittlich 20 m.
Minimale Tiefe: 2 m.
Maximale Tiefe: 30 m.
Diese Gegend ist ein Potpourri aus üppigen Korallen - Hirn-, Hecken-, Waben- und Plattenkorallen aller Farbschattierungen. Überall im Riff sieht man Riesenmuscheln, manchmal zwei oder drei zusammen. Es gibt Durchgänge, Gärten mit Weichkorallen und Büsche purpurfarbener, blauer und grüner Geweihkorallen. Es wimmelt von leuchtendblauen Seesternen, mächtigen

Ananas-Seegurken, Hufmuscheln, Riesensepien, Kraken, Dornenkronen, Haarsternen und goldenen Gorgonien. Unter dem Ponton des Pure Pleasure Reef tummeln sich Hunderte von Fischen. Überall am Riff kann man ausgezeichnet schnorcheln.

10 MYRMIDON REEF

Lage: 130 km nördlich von Townsville.
Zugang: Mit dem Schiff über 9 h von Townsville.
Bedingungen: Im Schutz eines Riffs, zumeist ruhig, leichte Strömungen. Sicht durchschnittlich 30 m.
Minimale Tiefe: 3 m.
Maximale Tiefe: 30 m.
Typisch für Myrmidon Reef ist üppiger Korallenwuchs, da es am Rand der Korallen-See sitzt. Steilwände mit tiefen Höhlen und zum Teil mit Horn- und Weichkorallen bedeckt säumen das Riff. Für die Höhlen eine Lampe mitnehmen. Das Riff selbst ist reich mit Korallen, Peitschenkorallen, Hornkorallen und Schwämmen geschmückt. Es wimmelt vor allem von Riffischen, aber man begegnet auch riesigen Napoleon-Lippfischen, Juwelen- und anderen Zackenbarschen, Süßlippen, Doktor- und Papageifischen, Füsilieren, Makrelen und Schwärmen von Stachelmakrelen. Am oberen Rand der Wand gibt es einige Korallengärten und Gräben. Hier findet man Seeanemonen, verschiedene Weichtiere und Riesenmuscheln, einige fast 1¹/₂ m groß. In den Gräben finden unter anderem Schwärme von Riffischen, Stechrochen und einige junge Suppenschildkröten Schutz.

WIE MAN HINKOMMT

Townsville, 1.371 km nördlich von Brisbane und 438 km südlich von Cairns, wird regelmäßig von den beiden australischen Fluggesellschaften Quantas und Ansett angeflogen. Wenn Sie Zeit haben, fahren Sie mit dem Auto, dem Bus oder der Bahn - die Bahnfahrt ist landschaftlich reizvoll.

WO MAN ABSTEIGEN KANN

Townsville ist ein beliebtes Reiseziel mit Unterkunft vom 5-Sterne-Hotel bis zum Campingplatz.

Obere Preiskategorie
Sheraton Breakwater Casino Hotel, Sir Leslie Thiess Dr, Townsville, Tel. 077-222 333, Fax 077-724 741. Dieses 5-Sterne-Hotel hat ein Spielcasino und alles, was man an Service und Einrichtungen von einem solchen Haus erwartet.

Mittlere Preiskategorie
In Townsville gibt es über 25 Motels dieser Kategorie und mehrere Dutzend außerhalb der Stadt.

Central City Gardens, 270 Walker St, Townsville, Tel. 077-722 655, Fax 077-211 728. Liegt neben Mike Ball Dive Expeditions und ist bei den Tauchern von außerhalb wahrscheinlich das beliebteste Hotel. Es ist ein fünfgeschossiges Haus mit Klimaanlage, TV, Videorecorder, Swimmingpool und eigener Kochgelegenheit.

Untere Preiskategorie
Adventurers Resort, 79 Palmer Street, South Townsville, Tel. 077-211 522, Fax 077-213 251. Ein zweigeschossiges Haus mit hervorragenden Einrichtungen wie Meerwasserswimmingpool, Whirlpool und Grill.

Civic Guesthouse & Backpacker Inn, 262 Walker St, Townsville, Tel. 077-715 381. Liegt neben Mike Ball Dive Expeditions. Komfortabel und angenehm, auch wenn es nicht so gut eingerichtet ist wie das Adventurers Resort.

Auf Magnetic Island kann man es mit **Magnetic Island Holiday Units** versuchen, 16 Yule St, Picnic Bay, Tel. 077-785 246, oder mit **Magnetic Island Retreat**, 17 Hayles Ave, Arcadia, Tel. 077-785 357, beides reine Selbstversorger-Häuser.

WO MAN ESSEN KANN

Townsville hat viele Restaurants mit und ohne Straßenverkauf, die Fisch, chinesische, japanische, italienische, französische, griechische, malaysische, mexikanische, indische und thailändische Küche oder ein kräftiges australisches Steak bieten.

TAUCHEINRICHTUNGEN

Mike Ball Dive Expeditions, 252 Walker Street, Townsville, Tel. 077-723 022, Fax 077-212 152. MBDE, 1969 gegründet, ist die größte Tauchschule Australiens. Sie bietet Tauchkurse bis zum Tauchlehrer, hat eine große Auswahl an Ausrüstung (Kauf und Leihen) und zwei Kreuzfahrtschiffe in Townsville liegen. Die *Watersport* macht Dreitagesfahrten zu den Riffen vor Townsville und zum Wrack der *Yongala*, die *Spoilsport* macht längere Fahrten in die Korallen-See und zur *Yongala*. Angeboten werden auch einige Abenteuer-Pakete wie Rafting, Regenwaldwanderungen und Buschsafaris.

Pro-Dive Townsville, Shop 4, Great Barrier Reef Wonderland, Flinders St, Townsville, Tel. 077-211 760, Fax 077-211 791. Dieses 5-Sterne-PADI-Zentrum bietet Kurse bis zum Tauchlehrer, hat einen Tauchshop und betreibt das Kreuzfahrtschiff *Running Free*, das alle zwei Wochen Dreitagesfahrten zum *Yongala*-Wrack und den Riffen vor Townsville macht.

Pure Pleasure Cruises, PO Box 1831, Townsville, Tel. 077-213 555, Fax 077-213 590. Fährt täglich mit einem 30-m-Katamaran zum Ponton am Kelso Reef. Angeboten werden außerdem Tauchen, Schnorcheln, Ökologie-Touren und Tauchkurse.

Blue Water Scuba Diving, 102a Forestry Rd, Bluewater, Tel. 018 779 267.

Sun City Watersports, Tobruk Pool, The Strand, Townsville, Tel. 077-716 527.

Reef Magic Charters, 5 Barringha Court, Mysterton, Tel. 016 782 286.

Power Play Charters, Breakwater Marina, Townsville, Tel. 077-872 666.

Coral Sea Wilderness Expeditions, TSMV Hero, 16 Dean St, Townsville, Tel. 077-211 155.

Reef Charters, MV Challenger, 20 Tamarind St, Kirwan, Tel. 077-733 341.

True Blue Charters, 65 Gilbert Crs, North Ward, Tel. 077-715 474.

Tangaroa, 19 Crowle St, Hyde Park, Tel. 077-722 127.

Scorpion Charters, 5 Sharp St, Mt Louisa, Tel. 077-797 568.

FILMENTWICKLUNG

Negativ- und Dia-Filme werden überall in Townsville entwickelt.

Auscolor, 350 Flinders St, Townsville, Tel. 077-212 588.

Doug Kemp's Camera House, 401 Flinders Mall, Townsville, Tel. 077-723 541.

Reef Colour, Flinders Mall, Townsville, Tel. 077-723 499.

KRANKENHÄUSER

Townsville General Hospital, Eyre Street, Townsville, Tel. 077-819 211.

Magnetic Island Health Centre, 74 Sooning Road, Magnetic Island, Tel. 077-785 107.

Telefon für Notfälle, Feuerwehr, Polizei und Krankenwagen 000.

DEKOMPRESSIONSKAMMER

Townsville hat die einzige Dekompressionskammer in Queensland. Bei Tauchunfällen in Australien wende man sich an DES (Diving Emergency Service) unter 1800 088 200. Weiter Informationen unter Tauchunfälle, S. 169.

LOKALE BESONDERHEITEN

Das **Great Barrier Reef Wonderland** ist ein eindrucksvolles Aquarium am Meer mit einem Riff-, einem Raubfisch-, einem Streichel- und einigen kleineren Becken. **Magnetic Island** ist größtenteils Nationalpark mit vielen Buschwegen, Wildbestand und Stränden. Regelmäßig verkehren Fähren, und man kann Räder und Boote leihen. Erlebenswert sind außerdem Busch- und Regenwaldtouren und Parks wie der **Cape Cleveland National Park** 30 km südlich von Townsville.

DIE NÖRDLICHEN INSELN

Die nördlichen Inseln bestehen aus der Gruppe der Palm Islands, der Bedarra-Gruppe und der Lizard Island. Diese Kontinentalinseln liegen direkt vor dem Festland und bieten nicht immer die Sicht wie das Barriereriff weiter draußen. Die Gewässer sind dennoch reich an Wirbeltieren und Wirbellosen und in einigen Gruppen besser vertreten als die küstenfernen Bereiche.

Die Palm Islands liegen etwa 80 km nördlich von Townsville. Obwohl die Inseln sich nur 24 km vor der Küste befinden, ist das Wasser meistens ziemlich klar; die Sicht erreicht über 25 m. Bis auf die Inseln Orpheus, Fantome und Pelorus wird bei den Inseln kaum getaucht.

Dunk Island, ein erstklassiges Feriendomizil, liegt etwa 160 km nördlich von Townsville und 120 km südlich von Cairns. Bedarra, eine weitere Urlaubsinsel, liegt neben Dunk Island. Dies sind die beiden einzigen bewohnten Inseln der Bedarra-Gruppe.

Lizard Island ist die nördlichste Urlaubsinsel im Great Barrier Reef, etwa 270 km nördlich von Cairns. Sie hat eine schöne Lagune, Postkartenansichten, wildlebende Tiere und herrliche Saumriffe, an denen man überall gut tauchen kann. Eine Bootsfahrt von Lizard entfernt liegen die Ribbon Reefs und das legendäre Cod Hole (vgl. den Abschnitt Cairns und Port Douglas) mit Riesen-Zackenbarschen, Muränen, Mantas und Meeresschildkröten. Lizard Island kann man mit dem Flugzeug von Cairns und mit dem Boot von Cairns und Port Douglas erreichen.

Orpheus Island

Orpheus, die zweitgrößte Insel in der Palm Island-Gruppe (benannt nach einem Vermessungsschiff von James Cook), ist ein etwa 11 km langer und 1 km breiter ausgewiesener Nationalpark. Die Festlandsinsel vulkanischen Ursprungs liegt 80 km

Gegenüber: Rund um Orpheus Island und den Palm Islands gibt es über 300 Korallenarten.
Oben: Federwürmer treten in Dutzenden verschiedener Farbkombinationen auf.

nördlich von Townsville und 24 km vor der Küste.

Die einzige Ferieninsel der Palm Island-Gruppe beherbergt seit über 45 Jahren Urlauber. Fisch und Ziegenfleisch (es gab auf der Insel früher wilde Angoraziegen) waren bis mindestens 1968 die Hauptnahrungslieferanten.

Die Insel ist zerklüftet und hat eine reiche Flora und Fauna. Die höchste Erhebung bringt es auf 172 m. Die Grate an der Ostseite sind sehr steil, mit Vorsicht aber zu überwinden. Malerische kleine Buchten und Strände prägen die Küste. Die Vegetation ist vielseitig, von dichten Eukalyptuswäldern über üppige Waldungen in den Hangrinnen und Grasland bis zu Mangroven. Die Fauna umfaßt 50 Vogelarten, mindestens 13 Schmetterlingsarten und Reptilien wie den Rotschwanz-Skink und Geckos.

Ringsum sind herrliche Saumriffe und eine stattliche Reihe von Weichkorallen, die den Boden der ganzen Inselgruppe bedecken. Oben vom Grat blickt man hinunter zur Picnic Bay, hinüber zum eigentlichen Great Barrier Reef und auf die Inseln, die die Palm Island-Gruppe bilden. Die zweite bewohnte Insel ist Great Palm. Die Saumriffe und mächtigen Korallenblöcke um diese Inseln bieten einige phantastische Tauchgänge, aber weil das Gebiet so riesig ist, wurde bisher erst wenig unter Wasser erforscht.

Da in der Gegend keine größeren Flüsse ins Meer münden, haben die Riffe um Orpheus einen der besten Korallenbestände (über 340 Arten). Bei ruhiger See erreicht die Sicht meerseitig 25 m, der Jahresdurchschnitt liegt bei 8 m. Die James Cook Universität in Townsville hat am Südende der Pioneer Bay eine Forschungsstation errichtet, die die Inselflora und -fauna, die Riffe und das Meeresleben untersucht.

Der Zugang erfolgt mit dem Boot von Dungeness, am besten kommt man jedoch mit einem Wasserflugzeug der Seair Pacafic von Townsville dorthin. Während des 30minütigen Fluges hat man einen herrlichen Blick auf die Palm Islands, die Riffe und die Küste. Man kann auch mit dem Hubschrauber von Townsville fliegen.

1 FANTOME HIDEAWAY

★ ★ ★ ★ ★ ★ ★

Lage: An der Ostseite von Fantome Island 8 km vom Hotel entfernt.
Zugang: 15 Min. mit dem Boot vom Hotel, 45 Min. mit dem Charterboot von Dungeness.
Bedingungen: Ein ziemlich geschütztes Gebiet; bei den Gezeitenwechseln (vor allem im Frühjahr) kann etwas Strömung aufkommen, trotzdem eignet es sich für Anfänger und Tauchurlauber. Sicht durchschnittlich 18 m.
Minimale Tiefe: 2 m.
Maximale Tiefe: 2 m.
Das flache und geschützte Gebiet mit lagunenähnlichen Bedingungen ist ideal für Anfänger. Der Boden ist sandig und flach, weist Stücke von Geweihkorallen, Seegurken, Seesterne und viele Riffbarsche, Falter-, Lipp, einige Papagei- und Doktorfische, Meerbarben und Scheinschnapper auf. Es gibt auch einige Blaupunkt-Stechrochen, Grundeln und Drachenköpfe.

2 CORAL GARDENS/PIONEER BAY

★ ★ ★ ★

Lage: Pioneer Bay, an der Westseite von Orpheus Island 5 km vom Hotel entfernt.
Zugang: Nur mit dem Boot, 10 Min. vom Hotel.
Bedingungen: Sehr geschützt, keine Strömung, zum Schnorcheln bei Ebbe und Flut geeignet. Sicht durchschnittlich 8 m.
Minimale Tiefe: 4 m.
Maximale Tiefe: 12 m.
Mit ausgezeichnetem Korallenbewuchs, vielen Pfeilern und mehreren Höhlen. Ein großes Gebiet für Schnorchler mit vielen Stein- und Weichkorallen und reicher Fischfauna. Sandvertiefungen zwischen den Pfeilern beherbergen Seegurken, -sterne und -igel, und es gibt Riesen- und zahlreiche Bohrmuscheln. Taucher, Schnorchler und Schwimmer sollten wissen, daß in den Küstengewässern des Great Barrier Reef um die Festlands- und Kontinentalinseln von Oktober bis Mai Nesseltiere auftreten

Adlerrochen und Haie patrouillieren vor den Riffen.

können. Tragen Sie Schutzkleidung, einen Lycra- oder Tauchanzug, damit Sie nicht verletzt werden. Einige kleine, aber giftige Quallen sind im Wasser fast unsichtbar und können erhebliche Verletzungen hervorrufen.

3 VOLCANIC S

Lage: An der Nordwestspitze von Pelorus Island 10 km vom Hotel entfernt.
Zugang: Vom Hotel 20 Min. mit dem Boot, von Dungeness 1 h mit dem Charterboot.
Bedingungen: Man taucht am besten bei Flut. Ein sehr gutes Gebiet für erfahrene Taucher, für Anfänger nur bei guten Bedingungen. Beim Gezeitenwechsel herrscht leichte Strömung, vor allem bei Springtide. Sicht durchschnittlich 8 m.
Minimale Tiefe: 5 m.
Maximale Tiefe: 22 m.
Eine auf 50 m abfallende Felswand beherrscht das Gebiet. Im Flachwasser gibt es Steinkorallen, Teppiche aus Weichkorallen und neben den Gorgonien, Peitschenkorallen und Haarsternen, Papagei-, Lipp- und Falterfische,

---

Picnic Bay auf der Orpheus Island.

Buntbarsche und Schwämme, und manchmal zieht ein Schwarm Stachelmakrelen vorbei. Regelmäßig sind Meeresschildkröten und Stechrochen zu sehen. Da die subtidale Fauna und Flora dieses Gebiets erst jetzt erschlossen wird, werden sicher noch viele Arten entdeckt.

4 BAT CAVE

Lage: An der Nordostseite von Pelorus Island 11 km vom Hotel entfernt.
Zugang: Vom Hotel 25 Min. mit dem Boot, von Dungeness 1 h mit dem Charterboot.
Bedingungen: Oft starken Strömungen ausgesetzt. Bei Nipptide kann man stationär tauchen, bei Springtide Strömungstauchen praktizieren. Sicht durchschnittlich 10 m.
Minimale Tiefe: 4 m.
Maximale Tiefe: 18 m.
Dieses Gebiet ist benannt nach der Fledermauskolonie, die diese Meeresgrotte bewohnt, die nur bei Ebbe frei ist. Unter Wasser ist das Gelände sandig und eben und weist große Pfeiler sowie vereinzelte Riffflecken auf. Auf dem Boden leben Geigenrochen. Bei den Pfeilern findet man Riffbarsche in Schwärmen, Papagei-, Lipp- und Falterfische, unter den Höhlen und Überhängen Kardinal- und Husarenfische und draußen auf dem Sand Grundeln und Plattfische.

5 AL'S PLACE

Lage: An der Südspitze von Pelorus Island 8 km vom Hotel entfernt.
Zugang: Vom Hotel 15 Min. mit dem Boot, von Dungeness 45 Min. mit dem Charterboot.
Bedingungen: Leichter Tauchgang für erfahrene und unerfahrene Taucher. Bei Flut am besten, bei Springtide leichte Strömung. Sicht durchschnittlich 8 m.
Minimale Tiefe: 4 m.
Maximale Tiefe: 33 m.
Außergewöhnliche Saumriffe zumeist mit Geweihkorallen, vor allem im Flachwasser. Wie in den meisten Tauchgebieten hier gibt es die verschiedensten Weichkorallen, insbesondere an Stellen mit leichter Strömung. Die Weichkorallen decken die Riffe auf dem Felsgrund in Grün, Gelb und Blau. Gorgonien und Peitschenkorallen weiter unten zeigen Rot- und Rosatöne. Hier findet man auch seltene Kaurischnecken, deren leuchtende Farben sich denen ihres Wirtes anpassen. Riesenmuscheln sind häufig, und da hier oft Fische gefüttert werden, ist dies eines der besten Gebiete zum Beobachten von Fischen.

ORPHEUS & DUNK ISLANDS

Nach Cairns
Silkwood
Armistice Reef
Mission Beach
Cairns Section
Central Section
Korallen-
RESORT
Tully
Dunk Island
Beaver Reef / Cay
6
See
Bedarra Island
Cairns
Townsville
Mackay
Rockhampton
Gladstone
Bundaberg
BRISBANE
Palm Passage
Britomart Reef
Pith Reef
Lumholtz N.P.
Hinchinbrook Island
Edmund Kennedy N.P.
Bat Cave
4
Rib Reef
The Slashers Reefs
Lucinda
3
5 Al's Place
Pelorus Island
Volcanic S
2 Coral Gardens/ Pioneer Bay
Orpheus Island
Ingham
RESORT
1
Fantome Hideaway
Lodestone Reef
Keeper Reef
Palm Islands
N
Halifax Bay
Magnetic Island
Q u e e n s l a n d
Magnetic Island N.P.
Cape Cleveland
0 10 20 30 40 50 km
0 10 20 30 Meilen
Townsville
Bowling Green Bay
Bowling Green N.P.
78
Nach Ayr

Dunk Island

D unk Island gehört zur Bedarra-Gruppe und hat eine sehr beliebte Ferienanlage. Schnorcheln und Tauchen werden angeboten, aber die meisten Besucher möchten hier einfach die Natur genießen. Sporttauchen wird auf der Insel selten betrieben, aber Schnorcheln ist sehr beliebt. Ein Katamaran bringt täglich Gäste, Taucher und Schnorchler zur Beaver Bay. Die Tauchveranstalter bieten Komplettservice, einschließlich Verleih von UW-Kameras.

Lizard Island

Lizard Island ist zweifellos eine der abgelegensten und exklusivsten Ferieninseln Australiens. Die malerische Kontinentalinsel liegt 27 km vom Festland entfernt am Nordende der Ribbon Reefs und wurde 1770 von James Cook nach den großen Waranen benannt, die dort gesichtet wurden.

Lizard Island liegt 240 km nördlich von Cairns, etwa eine Flugstunde. Die gesamte Insel ist ein Nationalpark und besitzt eine Meeresforschungsstelle des Australischen Museums. Dort sind Besucher gern gesehen und können eine Menge über die Riffe und mögliche Bedrohungen lernen.

Lizard Island liegt nur eine Stunde Bootsfahrt vom Rand der Ribbon Reefs entfernt, einem der besten Tauchgebiete des Great Barrier Reef. Das Tauchboot fährt jeden zweiten Tag Orte wie Cod Hole an (im Abschnitt über Cairns und Port Douglas aufgeführt). Lizard Island und die benachbarten Riffe und Inseln bieten ebenfalls einige gute Tauchmöglichkeiten. Taucher treffen hier auf Seeschlangen, Riffhaie, Stechrochen, Meeresschildkröten, Riesenmuscheln, Mantas sowie Riff- und pelagische Fische in dichten Schwärmen.

Das Lizard Island Resort widmet sich nicht nur dem Tauchen und bietet nur zwei bis drei Tauchgänge pro Tag an. Die meisten Gäste kommen hierher, um abzuschalten, zu fischen, Sonne zu tanken und die Insel zu erkunden.

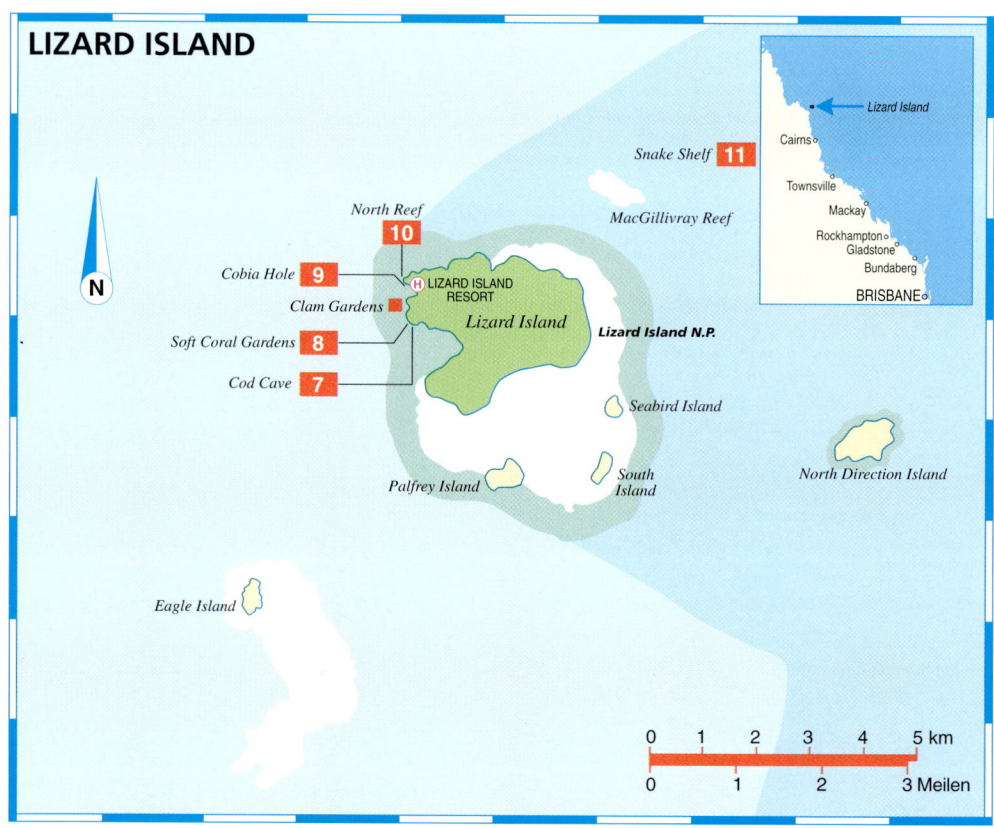

6 BEAVER REEF/CAY

★★★★★★★

Lage: 28 km östlich von Dunk Island und 37 km von Mission Beach.
Zugang: 20 Min. mit dem Hochgeschwindigkeits-Katamaran nach Dunk Island (1 h Aufenthalt), dann 55 Min. zum Riff.
Bedingungen: Fast immer geschützt, leichter Zugang vom Flachwasser, geringe Strömung. Sicht 10 bis 20 m.
Minimale Tiefe: 3 m.
Maximale Tiefe: 22 m.
Beaver Reef bietet ein unberührtes Saumriff vor der Sandbank mit hervorragenden Korallenbauten, reichlich Weich- und großen Hornkorallen großer Artenvielfalt. Es ist ein geschützter Meerespark mit gutem Fischbestand. Auf dem Sandboden sieht man viele Riesenmuscheln, Helm- und Melonenschnecken. Regelmäßig werden Suppen- und Echte Karettschildkröten gesichtet, ebenso große Zackenbarsche, Schwärme Blauschuppen-Straßenkehrer, Füsiliere, Weißspitzen-Riffhaie, Barrakudas und Stachelmakrelen. Im Winter zeigen sich Mantas. Von der Sandbank oder dem Boot aus kann man herrlich schnorcheln. Regelmäßig gibt es Vorträge und Kurse über Riffökologie und -biologie.

7 COD CAVE

★★★★★★

Lage: Westlich des Lizard Island Resort.
Zugang: Nur wenige Minuten vom Hotel.
Bedingungen: Im Schutz der Insel gelegen, zumeist ruhig. Sicht durchschnittlich 12 m.
Minimale Tiefe: 3 m.
Maximale Tiefe: 12 m.
Cod Cave, ein gemütliches Tauchgebiet vor Lizard Island, hat jedem Taucher und Schnorchler etwas zu bieten. Ein großer, mit verschiedenen Korallen geschmückter Pfeiler ist Zuflucht für kleine Riffische und zahllose Niedere Tiere. Weiter unten hat der Pfeiler einige kleine Höhlen, die Zackenbarsche, Husaren-, Kugel- und Seifenfische

WARANE

Warane sind gute Kletterer und ernähren sich von Kleintieren - Insekten, Vögeln und anderen Reptilien. Mit ihren kräftigen Gliedmaßen und scharfen Klauen überwältigen sie ihre Beute. Zu den auf Lizard Island entdeckten Arten gehört auch der Buntwaran, der 2 m lang wird.

sowie verschiedene Weichtiere beherbergen. Fotografen bekommen Stechrochen, Feilen-, Kaiser- und Papageifische, Meerbarben, Muränen und Lippfische vor die Kamera. Die meisten Fische sind zutraulich, da sie in der Vergangenheit gefüttert worden sind.

8 SOFT CORAL GARDENS

★★★★★★

Lage: Westlich des Lizard Island Resort.
Zugang: Nur wenige Minuten vom Hotel.
Bedingungen: Im Schutz der Insel gelegen, zumeist ruhig. Sicht durchschnittlich 12 m.
Minimale Tiefe: 3 m.
Maximale Tiefe: 10 m.
An der Westseite von Lizard Island findet man zahllose Korallengärten. Fast überall stößt man auf farbenprächtige Korallenstöcke, in denen es von Fischen wimmelt. Das Gebiet ist eine ungewöhnliche Ansammlung schöner Korallen. Nehmen Sie eine Lampe mit, damit Sie auch die vielen Kleinlebewesen sehen, die im Riff wohnen. Verschiedene Seespinnenarten, Rotweiß-gebänderte Scherengarnelen, Einsiedlerkrebse, See-, Haar- und Schlangensterne, Plattwürmer und einige schöne Nacktschnecken sind am Riff zu entdecken. Auch kleine Riffische sind häufig, aber wahrscheinlich werden die großen die meisten Taucher in ihren Bann ziehen.

9 COBIA HOLE

★★★★

Lage: Nordwestlich des Lizard Island Resort.
Zugang: Nur wenige Minuten vom Hotel.
Bedingungen: Im Schutz der Insel gelegen, zumeist ruhig. Sicht durchschnittlich 12 m.
Minimale Tiefe: 12 m.
Maximale Tiefe: 10 m.
Cobia Hole ist ein großer Pfeiler mit vielen interessanten Höhlen, Rinnen und Vorsprüngen. Der Pfeiler ist mit schönen Korallen bedeckt einschließlich Horn- und Weichkorallen, Schwämmen und Peitschenkorallen, aber die Taucher kommen wegen der Fische hierher, die der Pfeiler in Scharen anlockt - Fledermausfische, Barrakudas und Stachelmakrelen schwärmen um das Riff. Die Schwärme sind ständig in Bewegung und hüllen den Taucher manchmal völlig ein. Auch Schwarzpunktrochen begegnet der Taucher am Pfeiler, dazu Süßlippen, Kaiser-Schnappern, Meerbarben, Papagei- und Doktorfischen und sogar Meeresschildkröten. Erkunden Sie einige der Höhlen, wo Sie wahrscheinlich verschiedene Zackenbarscharten, Husaren- und Feuerfische finden. Kobias

Das Great Barrier Reef hat wahrscheinlich die vielfältigste Meeresfauna der Welt. All die Tausende von Fischen, die scheinbar ziellos umherschwimmen, haben einen festen Lebensraum und sind territorial oder streben ihrem Zuhause zu. Jede Art hat in Jahrmillionen ein bestimmtes Verhalten entwickelt. Auch wenn für den Anfänger oft ein Fisch wie der andere aussieht, hat jede Familie eine ziemlich eindeutige Gestalt, und man erkennt sie eher, sobald man die wichtigsten Familien nach Gestalt, Farbe und Verhalten unterscheiden kann. Es gibt bei den Meeresfischen zwei große Gruppen.

KNORPELFISCHE (HAIE UND ROCHEN)

Die Knorpelfische, die zu den einfachsten Fischen gehören, haben sich in den letzten 200 Millionen Jahren kaum verändert. Sie haben fünf bis sieben Kiemenpaare, keine Knochen, werden innen durch ein Knorpelskelett und außen durch eine feste, schuppenlose Haut gestützt, in die Millionen kleiner Hautzähnchen eingebettet sind. Die erfolgreiche Gruppe kommt vom Flachwasser bis zur Tiefsee vor. Die größeren Haie sind wegen ihrer Freßgier und räuberischen Art gefürchtet.

KNOCHENFISCHE

Zu dieser Klasse gehören alle Fische mit Knochenskelett. Sie haben auf jeder Seite eine Kiemenspalte und die meisten einen Schuppenbelag. Die Größe reicht von wenige Millimeter großen Grundeln bis zu 3 Meter langen Zackenbarschen. Die Fische können Fleisch-, Pflanzen- oder Allesfresser sein und leben von einer Vielzahl von Krebsen und anderen Meerestieren. Knochenfische sind auch die vielen Speisefische, die im Great Barrier Reef gefangen werden; sie sind in Körperbau, Färbung und Habitat sehr unterschiedlich.

DIE FÜNF AUFFÄLIGSTEN FISCHFAMILIEN

1. Riffbarsche (Pomacentridae)
Riffbarsche sind eine der größten riffbewohnenden Familien mit weltweit etwa 320 Arten, davon 120 in Australien. Sie sind zumeist klein und länglich bis rund, haben eine durchgehende Rückenflosse und einen gegabelten oder sichelförmigen Schwanz. Die Schuppen sind groß. Viele Riffbarsche sind territorial. Die Männchen beschützen die Eier und greifen dabei selbst Taucher an. Die Größe reicht von 5 bis 20 cm; Habitat, Freß- und sonstiges Verhalten sind vielfältig.

2. Lippfische (Labridae)
Die zweitgrößte Familie tropischer Riffische ist sehr komplex gefärbt und 10 bis 230 cm groß, bei bis zu 190 kg Gewicht. Obwohl Lippfische sehr unterschiedlich sind - von schlank bis stark und von kurz- bis langmäulig -, sind sie doch überwiegend länglich. Die

1

2

Rückenflosse ist durchgehend; die meisten Adulten haben einen konvexen Schwanz. Die Zähne sind einzeln, gut entwickelt und stehen oft vor. Die tagaktiven Fischen schwimmen normalerweise mit den Brustflossen und benutzen Schwanzflosse und Körper nur für abrupte schnelle Bewegungen.

3. *Grundeln* (Gobiidae)
Die kleinen zumeist bodenbewohnenden Fische sind im Great Barrier Reef mit 200 und weltweit mit 1.600 Arten vertreten. Grundeln haben meist einen länglichen Körper und zwei Rückenflossen sowie verwachsene oder teilweise verwachsene Bauchflossen. Sie sind selten länger als 10 cm, manche nur 12 mm groß. Die meisten leben in Sandgruben, oft gemeinsam mit Garnelen.

4. *Schleimfische* (Blenniidae)
Schleimfische gehören zu einer großen Familie kleiner, meist bodenbewohnender länglicher schuppenloser Fische mit nur einer Rückenflosse. Die meisten haben einen Helm-kopf, einige auch Kopftentakel. Sie sind überwiegend territorial und leben oft in leeren Wurmröhren oder Schalen. Die Männchen bewachen die Eier.

5. *Falterfische* (Chaetodontidae)
Diese wahrscheinlich beliebtesten tropischen Fische sind berühmt für ihre erstaunliche Musterung und die feinen Bewegungen. Der Körper ist gedrungen, geschuppt und hat eine Rückenflosse. Sie haben ein kleines vorgewölbtes Maul und bürstenartige Zähne. Die meisten haben einen konvexen Schwanz und einen senkrechten Augenstreifen. Manche werden bis 30 cm lang. Falterfische sind tagaktiv.

1. *Die Saphir-Demoiselle ist ein typischer Riffbarsch.*
2. *Ein Napoleon-Lippfisch-Männchen.*
3. *Die Goldkopf-Schläfergrundeln treten meist paarweise auf.*
4. *Großpunkt-Blennis sind territorial.*
5. *Kupferstreifen-Pinzettfisch, einer der bekanntesten Falterfische.*

5

3

4

Falsche Anemonen-Clownfische mit ihrer Wirtsanemone.

sammeln sich in Riffnähe - von weitem sehen sie wie Riffhaie aus. Sie sind extrem scheu und schwer zu fotografieren. Dies ist eines der besten Tauchgebiete der Gegend, auch für das Nachttauchen.

10 NORTH REEF
★★★★★★

Lage: Nördlich vom Lizard Island Resort.
Zugang: Nur einige Minuten vom Hotel.
Bedingungen: Im Schutz der Insel, also meistens ruhig. Sicht durchschnittlich 15 m.
Minimale Tiefe: 6 m.
Maximale Tiefe: 20 m.
Das Riff bietet schönes Wandtauchen mit vielen Weich-, Horn- und Peitschenkorallen. Es ist von Vorsprüngen und Rinnen durchzogen. Die Fischfauna an der Wand ist reich: Kaiserfische, Süßlippen, Fledermausfische, Stachelmakrelen, Leopard-Zackenbarsche, Feuerfische, Juwelen-Zackenbarsche, Doktorfische, Makrelen und Papageifische sind häufig. Ebenfalls anzutreffen sind Adler- und Stechrochen sowie Meeresschildkröten.

11 SNAKE SHELF
★★★★

Lage: 10 km östlich vom Lizard Island Resort.
Zugang: 30 Min. vom Hotel.
Bedingungen: Wird im allgemeinen nur bei guten Bedingungen betaucht. Sicht durchschnittlich 15 m.
Minimale Tiefe: 10 m.
Maximale Tiefe: 18 m.
Rings um Lizard Island liegen verborgene Riffe und Untiefen. Einige beherbergen Mantas und Riffhaie, andere Meeresschildkröten und Seeschlangen. Snake Shelf besteht aus drei großen Pfeilern, die mit Weich- und Hornkorallen bedeckt sind und zahllose Fische anlocken: Doktor- und Fledermausfische, Stachelmakrelen, Makrelen und Barrakudas sind häufig, und Weißgefleckte Adlerrochen kreuzen vor dem Riff. Hauptattraktion sind die Dutzende von Gebänderten und Oliven Seeschlangen, die unter den Korallen schlafen, zum Luftholen nach oben schießen oder im Riff jagen. Seeschlangen sind wunderbare Fotomotive, denn sie sind neugierig und schwimmen auf den Taucher zu. Denken Sie daran, daß sie gefährlich und mit Vorsicht zu behandeln sind.

WIE MAN HINKOMMT

Orpheus Island liegt über 100 km nördlich von Townsville und ist mit dem Wasserflugzeug von Townsville und Cairns erreichbar. Dunk Island liegt auf halbem Weg zwischen Cairns und Townsville und ist von beiden Städten mit dem Flugzeug zu erreichen. Es gibt ein Wassertaxi und täglich ein Boot von Mission Beach, 115 km südlich von Cairns, das man mit dem Wagen oder dem Bus erreichen kann. 270 km nördlich von Cairns liegt Lizard Island, mit dem Flugzeug eine Stunde von Cairns.

WO MAN ABSTEIGEN KANN

Orpheus Island Resort, Private Bag 15, Townsville, Tel. 077-777 377, Fax 077-777 533. Dieses Inselhotel ist exklusiv, intim und ruhig, denn Kinder unter 15 Jahre sind nicht zugelassen. Es gibt vier verschiedene, völlig abgeschlossene Zimmertypen mit Klimaanlage und Minibar. In den Preisen ist das Essen enthalten. Die Unterkunft reicht von der großen Suite mit Whirlpool und französischem Doppelbett bis zu einfacheren Einheiten mit französischem Doppelbett. Es gibt ein Restaurant und einen Speisesaal, Kongreßzentrum, Swimmingpool, Whirlpool und Tennisplatz. Die Gäste können Boot fahren, segeln, buschwandern, Wasserski fahren, surfen, Wale beobachten (saisonbedingt), schnorcheln und tauchen.

Great Barrier Reef Hotel Resort, Dunk Island, PMB 28, Townsville, Tel. 070-688 199, Fax 070-688 528. Dieses beliebte zweigeschossige Hotel hat Restaurant, Speisesaal, Bistro, Nachtclub, Kongreßzentrum, Swimmingpool, Whirlpool, Squash-, Tennis- und Golfplatz. Die Gäste können Boot fahren, buschwandern, fischen, reiten, Wasserski fahren, bogenschießen, surfen, segeln und Parasailing betreiben. Es gibt vier verschiedene, jeweils abgeschlossene Zimmertypen, alle mit Klimaanlage, TV, Videorecorder und Minibar. Am teuersten sind die Luxussuiten für zwei Personen, während die einfacheren Wohneinheiten für bis zu sechs Personen sind. Es werden auch Essenspakete ausgegeben.

Lizard Island Lodge, PMB 40, Cairns, Tel. 070-603 999, Fax 070-603 991. Es gibt nur einen Unterkunftstyp, 32 abgeschlossene Wohneinheiten mit Klimaanlage, Zimmerservice, französischen Doppelbetten und Minibar. Das Haus hat ein Restaurant, Speisesaal, Cocktailbar, Swimmingpool und Tennisplatz. Die Gäste können buschwandern, segeln, Wasserski fahren, surfen und fischen. Das Essen ist im Preis enthalten.

In Cairns und Townsville gibt es ein breites Angebot an Unterkunftsmöglichkeiten. Man vergleiche die regionalen Adressen. Auch Mission Beach hat mehrere Hotels, Motels und Campingplätze.

Castaways Beach Resort, Seaview St, Mission Beach, Tel. 070-687 444, Fax 070-687 429. Bietet abgeschlossene Wohneinheiten und Suiten am Strand, mit Restaurant, Cocktailbar, Swimmingpool, Whirlpool und Zimmerservice.

Dunk Island View Caravan Park, 175 Reid Rd, Mission Beach, Tel. 070-688 248. Hat abgeschlossene Wohneinheiten, Wohnwagen und Zelte mit Gemeinschaftstoiletten und -duschen. An Einrichtungen gibt es einen Swimmingpool, Laden und Grill.

WO MAN ESSEN KANN

Die Essensmöglichkeiten auf diesen Inseln sind begrenzt. Dunk Island ist mit einem Restaurant und einem Bistro noch am besten bedient. Auf Orpheus und Lizard Island gibt es Vollpension. Cairns und Townsville haben mehrere Restaurants. Mission Beach hat einige Restaurants und Imbißbuden.

TAUCHEINRICHTUNGEN

Orpheus Island Diving, Tel. 07-3852 2026 oder 079-395 022. (Nur für Gäste) gibt es pauschale Taucharrangements im Tauchshop am Strand für Kurse mit Zertifikat, Ferien- und Einzelkurse für Fortgeschrittene. Ausrüstung kann geliehen werden. Regelmäßig wird bei den Riesenmuscheln geschnorchelt.

Dunk Island Diving, Tauchkurse mit Zertifikat hält *Quick Cat* aus Mission Beach auf Dunk Island ab; es gibt Tauch- und Riffökologiekurse im Rahmen dieses täglichen Abholdienstes für Gäste auf Dunk Island.

***Quick Cat* Dive**, Mission Beach, Tel. 070-687 289, ist eine PADI-Einrichtung, die Tauchfahrten für ausgewiesene Taucher sowie pauschale Ferien- und „Schnupper"-Kurse für Tagesausflügler veranstaltet. Ausrüstung und Tauchführer werden gestellt,

Ausrüstung kann geliehen werden. *Quick Cat* bringt Taucher, Schnorchler und Leute, die ans äußere Riff wollen, zum Beaver Reef/Cay und zur Dunk Island.

Great Barrier Reef Dive Inn, The Hub Shopping Centre, Mission Beach, Tel. 070-687 294, Fax 070-687 294, fährt zu Tauchgebieten bei Dunk Island und am inneren Riff. Es gibt einen gutsortierten Laden, Tauchkurse und lokale Touren.

Dale Skipper Services, 27 Holland St, Mission Beach, Tel. 070-688 550, bietet Schnorchel- und Tauchfahrten im Gebiet der Dunk Island und des inneren Riffs.

Lizard Island Lodge, Private Mail Bag 40, Cairns, Tel. 070-603 999, Fax 070-603 991, veranstaltet regelmäßige Ferien- und Open Water-Kurse sowie täglich Bootsfahrten zu den lokalen Tauchgebieten bei der Insel und den Ribbon Reefs, einschließlich dem Cod Hole.

FILMENTWICKLUNG

Auf den Inseln besteht keine Möglichkeit zur Filmentwicklung, aber in Cairns und Townsville gibt es Fotolabors, die Negativ- und Dia-Filme entwickeln.

DEKOMPRESSIONSKAMMER

Bei Tauchunfällen in Australien wende man sich an DES (Diving Emergency Service) unter 1800 088 200. Weiter Informationen unter Tauchunfälle, S. 169.

FORSCHUNGSSTATIONEN

Bei den Forschungsstationen gilt: der Benutzer zahlt. Besucher müssen für das Essen im allgemeinen selbst sorgen und die Unterkunft im voraus buchen. Es gibt Forschungsstationen auf One Tree Island (Universität Sydney), Heron Island (Universität Queensland), Stationen des Australischen Instituts für Meereswissenschaft auf der Orpheus Island vor Townsville sowie das Australische Museum auf der Lizard Island nördlich von Cairns.

DIE RIFFE UND INSELN VOR CAIRNS UND PORT DOUGLAS

Cairns ist zweifellos das Zentrum der Tauchszene am Great Barrier Reef. An jeder Straßenecke scheint ein Tauchshop zu sein, und jeder andere Laden ist darauf eingerichtet, den Touristen das Riff schmackhaft zu machen. Port Douglas ist nicht ganz so fortgeschritten wie Cairns.

Die inneren Riffe vor Cairns und Port Douglas liegen dicht vor der Küste, einige nur 30 km. Sie haben Lagunen, Pfeiler, Steilwände und große Korallengärten. Im Flachwasser dominieren verschiedene Steinkorallen, weiter unten gibt es herrliche Weich- und Peitschenkorallen, Schwämme und kleine Hornkorallen. Der Fischbestand ist bescheiden, aber man kann pelagische Fische sehen und hier und da Riesen-Zackenbarsche und Napoleon-Lippfische. Die Sicht beträgt hier 15 bis 30 m, und es gibt kaum Strömungen. In Anbetracht der vielen Besucher sind die Korallen noch gesund und die Fischfauna ist reich, aber natürlich wird das Tauchen um so besser, je weiter man sich von der Küste entfernt.

Die äußeren Riffe vor Cairns und Port Douglas bieten wilde Steilwände, Fische im Überfluß und herrliche Korallen. Sie beherbergen eine erstaunliche Vielfalt an Riffischen und kleineren Wirbellosen. Bei vielen Riffen sind Riffhaie, Zackenbarsche, Meeresschildkröten, Stechrochen und pelagische Fischschwärme häufig. Cod Hole ist eines der berühmtesten Tauchgebiete der Gegend, aber es gibt noch viele andere. Die Sicht liegt meist bei 30 m. Oft herrschen Strömungen, und Strömungstauchen ist entsprechend populär.

Außer den Riffen sind noch drei Inseln bei den Touristen beliebt - Fitzroy und Green bei Cairns und Low Isles direkt vor Port Douglas. Vor allem bei Open-Water-Kursen kommen Schnorchler und Taucher gern hierher. Man kann Tagesausflüge zu den Inseln machen oder auf Green oder Fitzroy bleiben, die beide gute Unterkünfte bieten und ideal für den Familienurlaub sind. Auf beiden Inseln gibt es Tauchshops und täglich Ausflüge zu den Riffen der Umgebung.

Gegenüber: Ein Taucher beim Abstieg an der Wand des Briggs Reef
Oben: Schaukelfische sind tagsüber nicht oft zu sehen.

CAIRNS & PORT DOUGLAS

Far Northern Section
Cairns Section

Carter Reef
Yonge Reef
Lizard Island
Eyrie Reef
Martin Reef

Dynamite Pass
17 Cod Hole

Ribbon Reef No. 10

Starcke N.P.

Pixie Pinnacle **16**
Cape Flattery

Challenger Bay
Kate's Cathedral
Ribbon Reef No. 9
15 Wonderland
Ribbon Reef No. 8

Mackay Reefs

Forrester Reef
Cape Bedford

Ribbon Reef No. 7
Ribbon Reef No. 6

Williamson Reefs

Ribbon Reef No. 5

Endeavour
River N.P.

Cod Bommie
Ribbon Reef No. 4

Clam Gardens
Steve's Bommie
Ribbon Reef No. 3
14 Temple of Doom
Ribbon Reef No. 2
Ribbon Reef No. 1

Cooktown
Walker Bay

Helenvale

Cairns Reef   Cruiser Pass
Ruby Reef

Cedar Bay N.P.

Cedar Bay

Endeavour Reef
Pickersgill Reef

Anderson Reef
13 Escape Reef

Weary Bay

Ayton

Evening Reef
Agincourt Reefs
The Gardens
Mackay Reef
Cape Tribulation
Undine Reef

12 Blue Wonder
The Wreck
11 Nursery Bommie
The Channels
St. Crispin Reef

Daintree N.P.

Daintree

Alexandra
Bay
Rudder Reef

Opal Reef

Snapper Island

Tongue Reef

Shipwreck
Museum
Mossman

Low Islets
Batt Reef
Port Douglas

10 Norman Reef
9 Saxon Reef
8 Hastings Reef
Trinity Opening

Mt Carbine

Pixie Reef
Broken Patches   **7**
Oyster Reef

6 Michaelmas Reef

Arlington Reef
Euston Reef

Queensland

Hann Tableland N.P.

Green Island
Thetford Reef   **3**

5 Flynn Reef
4 Milll Reef

Scenic Railway
Kuranda

Moore Reef   **2**
Cape Grafton
Fitzroy Island

North West Reef
Elford Reef   Channel Reef
Briggs Reef

Cairns
Barron Gorge
N.P.

Mareeba

Sudbury Reef   **1**
Scott Reef
Maori Reef

Flora Pass

Noggin Reef

Dimbulah

High Island

Flora Reef

Nach Innisfail

N

0 10 20 30 40 50 km
0 10 20 30 Meilen

Cairns
Townsville
Mackay
Rockhampton
Gladstone
Bundaberg
BRISBANE

S Ü D P A Z I F I S C H E R   O Z E A N

GRENZE DES MEERESSCHUTZGEBIETS (Cairns Section)

Jeder kann selbst entscheiden, wie er in Cairns und Port Douglas tauchen möchte. Wer wenig Zeit hat, kann Tagesausflüge machen, etwa nur zu den inneren Riffen, doch die meisten größeren Veranstalter wie Quicksilver und Great Adventures sind in unter zwei Stunden auch bei den äußeren Riffen. Wer ein paar Tage Zeit hat, sollte sich eine zwei- bis viertägige Tauchkreuzfahrt zu den äußeren Riffen, den Ribbon Reefs und dem Cod Hole überlegen. Wer mehr als eine Woche hat, kann eine Fahrt nördliche Korallen-See/Ribbon Reefs unternehmen. Sie ist mit Recht beliebt: Man erkundet vier Tage das Osprey Reef und schlägt sich die letzten drei Tage durch die Ribbon Reefs.

Dutzende von Charterbooten fahren ab Cairns und Port Douglas, so daß der Taucher ein breites Angebot hat. Es empfiehlt sich zu buchen, doch die Boote haben praktisch immer freie Plätze.

Alle Riffe und Inseln vor Cairns und Port Douglas liegen im nördlichen Teil des Great Barrier Reef Marine Park. Die meisten Riffe sind für die allgemeine Nutzung zugelassen, aber einige haben unter zu vielem Tauchen gelitten. Noch werden erst wenige Riffe zeitlich gesperrt, damit sie sich erholen können, aber angesichts der Touristenströme in diese Gegend wird man vielleicht bald weitere Riffe sperren müssen. Gegenwärtig sind die meisten Riffe noch recht gesund und fischreich.

1 SUDBURY REEF

★ ★ ★ ★ ★ ★

Lage: 60 km südöstlich von Cairns.
Zugang: Von Cairns Harbour über 1 h mit dem Boot, von der Insel Fitzroy ½ h.
Bedingungen: Allgemein ruhig. Sicht durchschnittlich 20 m.
Minimale Tiefe: 2 m.
Maximale Tiefe: 30 m.
Sudbury Reef ist ein großer Riffkomplex mit guten Tauchgebieten für jeden Ausbildungsgrad. Zahllose Wände sind mit Stein- und Weichkorallen überzogen, wo man von Meeresschildkröten und Zackenbarschen bis zu Füsilieren und Papageifischen alles antrifft. Im Flachwasser finden Taucher farbenprächtige Korallen und Riffische. Kaiser-, Flöten-, Feuer- und Anemonenfische, Zackenbarsche, Husaren-, Feilen- und Schleimfische sind häufig. Das Gebiet ist für Taucher und Schnorchler geeignet, und Fotografen finden zahlreiche Motive.

2 MOORE REEF

★ ★ ★ ★ ★ ★

Lage: 55 km südöstlich von Cairns.
Zugang: Von Cairns Harbour über 1 h mit dem Boot, von der Insel Fitzroy ½ h.
Bedingungen: Allgemein ruhig. Sicht durchschnittlich 15 m.

Minimale Tiefe: 2 m.
Maximale Tiefe: 30 m.
Wie die meisten inneren Riffe hat Moore Reef im Zentrum geschützte Korallengärten und am Rand abfallende Wände. Im Flachwasser gibt es zahllose mit Steinkorallen bedeckte Korallenblöcke und Rinnen. Hier finden Taucher Seeanemonen und Anemonenfische, Riesenmuscheln, verschiedene Nacktschnecken, eine Menge Stachelhäuter, Blaupunkt-Stechrochen und viele kleine Riffische. Die Steilwände sind schön mit Korallen besetzt - besonders farbig die Horn- und Weichkorallen. An den Wänden suchen Riffische, etliche pelagische Arten und Weißgefleckte Adlerrochen Schutz. Gelegentlich zeigen sich Weißspitzen-Riffhaie und Mantas. Moore Reef eignet sich eher für Makro- als für Weitwinkelaufnahmen, und Schnorchlern empfiehlt sich das reiche Meeresleben im Flachwasser.

3 THETFORD REEF

★ ★ ★ ★ ★ ★

Lage: 55 km östlich von Cairns.
Zugang: Von Cairns Harbour über 1 h mit dem Boot, von der Insel Fitzroy ½ h.
Bedingungen: Allgemein ruhig, leichte Strömung. Sicht durchschnittlich 15 m.
Minimale Tiefe: 2 m.
Maximale Tiefe: 30 m.
Im Flachwasser dieses Gebiets herrschen Steinkorallen vor, die abfallenden Riffwände sind mit prächtigen Weichkorallen und Gorgonien geschmückt. Vor dem Hauptriff stehen mehrere Pfeiler. Die Fischfauna ist

allgemein gut. Man sieht Kaiser-, Papagei-, Falter- und Anemonenfische, Zacken- und Riffbarsche, Doktor-, Lipp- und Feuerfische sowie etliche pelagische Arten. Für den Makrofotografen gibt es Nacktschnecken, Platt- und Röhrenwürmer, Stachelhäuter, Weichtiere, Garnelen, Krabben, kleine Riffische und prächtige Korallen.

4 MILLN REEF

★ ★ ★ ★ ★ ★ ★ ★

Lage: 55 km östlich von Cairns.
Zugang: Von Cairns Harbour über 2 h mit dem Boot.
Bedingungen: Allgemein ruhig. Sicht durchschnittlich 25 m.
Minimale Tiefe: 2 m.
Maximale Tiefe: 30 m.
Milln Reef bietet viele ausgezeichnete Tauchmöglichkeiten. Bei Three Sisters an der Nordspitze fallen mehrere Pfeiler in tiefes Wasser ab. Sie sind durchsetzt mit Rinnen und Durchgängen und wimmeln von Fischen - territorialen und pelagischen - wie Makrelen, Thunfischen, Füsilieren und Barrakudas. Wahrscheinlich sieht man auch Suppenschildkröten, Weißgeflecte Adlerrochen, Weißspitzen- und Graue Riffhaie sowie etliche Mantas. Prächtige dornige Weich-, Horn-, Peitschen- und Schwarze Korallen sowie Schwämme überziehen diese Pfeiler. Beliebte Tauchgebiete sind auch Swimming Pool,

wo man ausgedehnte Korallenbeete im Flachwasser erkunden kann, und Whale Bommie, ein korallenbedeckter Pfeiler im Tiefwasser mit reicher Fischfauna.

5 FLYNN REEF

★ ★ ★ ★ ★ ★ ★

Lage: 55 km östlich von Cairns.
Zugang: Von Cairns Harbour über 2 h mit dem Boot.
Bedingungen: Allgemein ruhig, leichte Strömung. Sicht durchschnittlich 25 m.
Minimale Tiefe: 2 m.
Maximale Tiefe: 30 m.
Flynn Reef liegt am Rand des Riffsystems von Cairns und hat viele ausgezeichnete Tauchgebiete. Gordon's Mooring besteht aus mehreren Korallenblöcken in 15 m tiefem Wasser. Sie sind mit Höhlen und Spalten durchsetzt und bunt von prächtigen Stein- und Weichkorallen. Riffische sind gut vertreten, Süßlippen, Papagei-, Kaiser-, Falter- und Anemonenfische, Zackenbarsche, Feuer-Kugel-, Schleim- und verschiedene Lippfische häufig. Manchmal entdeckt man Weißspitzen-Riffhaie, die in Höhlen schlafen, in Rinnen ruhen oder vor dem Riff kreuzen. Beliebte Tauchgebiete sind auch bei den Coral Gardens und Northern Moorings, wo Taucher die verschiedensten Riffische und viele Niedere Tiere antreffen.

Ein kleiner Feilenfisch schläft neben einer dornigen Weichkoralle.

6 MICHAELMAS REEF

★★★★★★

Lage: 45 km nordöstlich von Cairns.
Zugang: Von Cairns Harbour über 2 h mit dem Boot.
Bedingungen: Allgemein ruhig. Sicht durchschnittlich 15 m.
Minimale Tiefe: 4 m.
Maximale Tiefe: 20 m.
Michaelmas Reef ist bei Tauchern und Schnorchlern beliebt. Auf der Sandbank am Südende des Riffs nisten Tausende von Seevögeln. Direkt vor der Bank liegen einige herrliche Korallengärten und zahlreiche Pfeiler. Wayne's Bommie besteht aus Dutzenden von Pfeilern, die unter Korallen und Fischen zu verschwinden scheinen. Man findet Riesenmuscheln auf dem Boden, scheue Sepien, Meeresschildkröten, Weißspitzen-Riffhaie, Blaupunkt-Stechrochen unter Plattenkorallen und sogar Mantas. Bei den Coral Gardens stehen weitere Pfeiler, die offenbar viele pelagische Fische anlocken. Regelmäßig trifft man Hundezahn-Thunfische, Spanische Makrelen, Juwelen-Zackenbarsche, Napoleon-Lippfische, Füsiliere in Schwärmen, Barrakudas und Riffhaie an. Die Pfeiler sind übersät mit kleinen Höhlen und mit herrlichen Korallen bedeckt. Kleine Riffische sind überall, und in den Korallen verstecken sich zahllose Niedere Tiere.

7 BROKEN PATCHES

★★★★★★

Lage: 50 km nordöstlich von Cairns.
Zugang: Von Cairns Harbour über 2 h mit dem Boot.
Bedingungen: Allgemein ruhig, leichte Strömung. Sicht durchschnittlich 20 m.
Minimale Tiefe: 4 m.
Maximale Tiefe: 25 m.
Broken Patches, eine Ansammlung zerbrochener Riffe, bietet großartiges Tauchen. Paradise Reef ist ein beliebtes Tauchgebiet mit Rinnen, Pfeilern, Wänden, Höhlen und flachen Riffbereichen, also etwas für Taucher und Schnorchler. Es gibt Felder mit Steinkorallen, Wände mit Horn- und Weichkorallen sowie Flecken mit Schwämmen und Peitschenkorallen zu entdecken. Zu den häufigen Riffischen gehören Kaiser- und Feuerfische, Riffbarsche, Drücker-, Doktor-, Papagei-, Koffer-, Kugel- und Anemonenfische, Süßlippen und Zackenbarsche. Manchmal ziehen größere Fische durch, Stachelmakrelenschwärme und Barrakudas schwimmen vor den tieferen Wänden, Napoleon-Lippfische und Zackenbarsche lauern in Grotten und Weißspitzen-Riffhaie suchen die Rinnen nach Nahrung ab. In der Nähe stehen einige Pfeiler, Broken Patches Bommies, wo es Zackenbarsche und Riffhaie gibt.

Im klaren blauen Wasser vor Cairns und Port Douglas gibt es viele Riffe zu erkunden.

8 HASTINGS REEF

★★★★★★★

Lage: 55 km nordöstlich von Cairns.
Zugang: Von Cairns Harbour über 2 h mit dem Boot.
Bedingungen: Allgemein ruhig, leichte Strömung. Sicht durchschnittlich 25 m.
Minimale Tiefe: 2 m.
Maximale Tiefe: 30 m.
Pfeiler, Steilwände, Grotten und Korallengärten sind nur einige Besonderheiten von Hastings Reef. Die Wände und Pfeiler sind mit Horn-, Weich- und Peitschenkorallen überkrustet, in den Höhlen wachsen zarte Hydrokorallen und im Flachwasser üppige Stein- und Weichkorallen. Das Riff ist voller Riffische, und vor der Wand sieht man Stechrochen, Napoleon-Lippfische, Drückerfische, Stachelmakrelen, Muränen und schwarmweise Barrakudas. Auch Meeresschildkröten und Riffhaie sind zu sehen. Makrofotografen finden faszinierende Motive.

SEEGURKEN

Seegurken gehören zu den fruchtbarsten, mittelgroßen, mobilen Wirbellosen. Einige Arten sind giftig - Vorsicht bei denen mit spitzen Stacheln. Die Stacheln bestehen aus sprödem, knochenartigem Material. Einige Arten haben Widerhaken an den Stacheln, die abbrechen und sehr schmerzhaft sein können. Sie sind schwer zu entfernen, im Ernstfall hilft nur ein kleiner Eingriff. Einige der größeren tropischen Seegurken sind gefährlich und können schwere schmerzhafte Wunden hervorrufen, die zu Infektionen und sogar Lähmungen führen können. Die kleineren Stacheln werden am Ende von Körpersäften zersetzt. Vorkehrungen kann man kaum treffen, lediglich aufpassen. Gewarnt seien vor allem Nachttaucher und wer in Höhlen und zwischen Überhängen taucht, die mit Seegurken besetzt sind.

9 SAXON REEF

✷ ✷ ✷ ✷ ✷ ✷

Lage: 55 km nordöstlich von Cairns.
Zugang: Von Cairns Harbour über 2 h mit dem Boot.
Bedingungen: Allgemein ruhig, leichte Strömung. Sicht durchschnittlich 20 m.
Minimale Tiefe: 2 m.
Maximale Tiefe: 30 m.
Beim Saxon Reef gibt es viele gute Tauch- und Schnorchelplätze. Schnorchler entdecken in den flachen Stein- und Weichkorallenbeeten massenhaft kleine Riffische und etliche Meeresschildkröten. Weiter unten graben sich kleine Höhlen und Rinnen in das Riff, und aus dem Boden wachsen Korallenblöcke. Die Fauna umfaßt Nacktschnecken, Stachelhäuter, Feuer-, Anemonen-, Falter- und Husarenfische, Meerbarben, Muscheln, Kugelfische, Riffbarsche und pelagische Arten.

10 NORMAN REEF

✷ ✷ ✷ ✷ ✷ ✷ ✷

Lage: 60 km nordöstlich von Cairns.
Zugang: Von Cairns Harbour über 2 h mit dem Boot.
Bedingungen: Allgemein ruhig, leichte Strömung. Sicht durchschnittlich 25 m.
Minimale Tiefe: 2 m.
Maximale Tiefe: 30 m.
Ein beliebtes Gebiet, das von mehreren Veranstaltern angefahren wird. Das Great Adventures-Ponton ist hier festgemacht. Es gibt einige Tauchmöglichkeiten - wer gern tief taucht, kann an einer Korallenwand absteigen; die anderen können die Korallenblöcke und -gärten im Flachwasser erkunden. Fotografen bieten sich viele Motive, bis hin zu Zackenbarschen, Plattwürmern, Meeresschildkröten, Weichtieren, Stechrochen, Seesternen, Riffhaien und farbenprächtigen Nacktschnecken. Kleine Riffische gibt es in Massen, aber der Taucher begegnet auch Stachelmakrelen, Makrelen, Barrakudas und Napoleon-Lippfischen.

11 NURSERY BOMMIE

✷ ✷ ✷ ✷ ✷ ✷ ✷

Lage: Am Südende der Agincourt Reefs 65 km von Port Douglas.
Zugang: Von Port Douglas knapp 2 h mit dem Boot.
Bedingungen: Allgemein ruhig. Sicht durchschnittlich 20 m.
Minimale Tiefe: 5 m.
Maximale Tiefe: 24 m.
Nursery Bommie ist ein etwa 20 m dicker Pfeiler. Taucher beginnen normalerweise am Fuß und steigen dann langsam auf. In 18 m hausen zwei große Leoparden-Muränen - ein wunderbares Fotomotiv. Der Pfeiler ist mit Horn-, Weich-, Stein- und Peitschenkorallen überzogen. Kleine und größere Fische wie Süßlippen, Zackenbarsche, Napoleon-Lippfische, Makrelen, Leopard-Zackenbarsche, Fledermausfische, Juwelen-Zackenbarsche und Gestreifte Schnapper sind reichlich vertreten. Große Anemonen beherbergen scheue Anemonenfische, zarte Garnelen und schöne Porzellankrabben. Im tieferen Wasser findet man einen Barrakudaschwarm und Weichkorallen.

12 BLUE WONDER

✷ ✷ ✷ ✷ ✷ ✷ ✷

Lage: An der Ostseite der Agincourt Reefs 65 km von Port Douglas.
Zugang: Von Port Douglas knapp 2 h mit dem Boot.
Bedingungen: Allgemein ruhig, leichte Strömungen. Sicht durchschnittlich 20 m.
Minimale Tiefe: 5 m.
Maximale Tiefe: 40 m.
Eines der besten Tauchgebiete im Agincourt Reef - eine Wand mit prächtigen Korallen, vielen pelagischen Fischen und etlichen Riffhaien. Beim Abstieg findet der Taucher im Flachwasser Steinkorallen, die bald bunteren

Pixie Pinnacle ist eines der schönsten Tauchgebiete bei den Ribbon Reefs.

dornigen Weich-, Horn- und Peitschenkorallen weichen. Kleine und große Fische suchen an der Wand Schutz. Man sieht Schwärme von Barrakudas und Stachelmakrelen, dazu Makrelen, Job- und Fledermausfische sowie Füsiliere. Weißspitzen- und Graue Riffhaie zeigen sich des öfteren, sind Tauchern gegenüber aber etwas zurückhaltend. Die Wand weist viele tiefe Höhlen mit Husaren- und Kugelfischen sowie Langusten auf. Taschenlampe mitnehmen.

13 ESCAPE REEF
★★★★★★★

Lage: 65 km nordöstlich von Port Douglas.
Zugang: Von Port Douglas gut 4 h mit dem Schiff.
Bedingungen: Allgemein ruhig, leichte Strömungen. Sicht durchschnittlich 20 m.
Minimale Tiefe: 6 m.
Maximale Tiefe: 30 m.
Eine Ansammlung kleiner Korallenblöcke beherbergt vielfältiges marines Leben: Weichkorallen, Schwämme, Peitschen- und Hornkorallen sowie viele Seeanemonen, Röhrenwürmer und Haarsterne. Man trifft Meeresschildkröten und Weißspitzen-Riffhaie an, ferner Juwelen-Zackenbarsche, Stechrochen, Muränen, Süßlippen, Doktorfische und pelagische Arten.

14 TEMPLE OF DOOM
★★★★★★★★★

Lage: 110 km nördlich von Port Douglas.
Zugang: Von Port Douglas gut 6 h mit dem Schiff.
Bedingungen: Allgemein ruhig, leichte Strömungen. Sicht durchschnittlich 30 m.
Minimale Tiefe: 4 m.
Maximale Tiefe: 30 m plus.
Temple of Doom ist ein über 30 m dicker Pfeiler an der Westseite von Ribbon Reef No. 3, der unglaublich viele Fische anlockt. Sobald man ins Wasser taucht, wird man von Meerbarben, Stachelmakrelen, Schnappern, Füsilieren, Thunfischen, Makrelen, Barrakudas und Juwelen-Zackenbarschen umschwärmt. Reißt man sich von den Fischen los und erkundet den tieferen Bereich am Pfeiler, findet man ihn bedeckt mit Horn-, Schwarzen und Peitschenkorallen, Schwämmen und einigen schönen Weichkorallen. Der Pfeiler hat mehrere Vorsprünge, wo man Muränen und Langusten findet. Am übrigen Riff entdeckt man verschiedene kleine Riffische und bunte Niedere Tiere. Auch Weißspitzen-Riffhaie, Zackenbarsche, Stech- und Adlerrochen sind häufig.

15 WONDERLAND
★★★★★★★

Lage: 160 km nördlich von Port Douglas, vor dem Ribbon Reef No. 9.
Zugang: Von Port Douglas gut 9 h mit dem Schiff.
Bedingungen: Allgemein ruhig, leichte Strömungen. Sicht durchschnittlich 30 m.
Minimale Tiefe: 4 m.
Maximale Tiefe: 40 m plus.
Wonderland ist ein kleines Riff an der Westseite von Ribbon Reef No. 9 mit eindrucksvollen Steilwänden voller marinem Leben. Man erkunde diese Wand bei einem gemächlichen Strömungstauchgang - sie ist mit Horn- und Weichkorallen geschmückt und mit kleinen Höhlen durchsetzt, die mit Hydro- und Zäpfchenkorallen ausgekleidet sind. Kleine Riffische und Niedere Tiere sind häufig, und auch zahlreiche pelagische Arten suchen sich bei der Wand Nahrung. Riffhaie, Zackenbarsche, Adlerrochen und sogar Seeschlangen sind zu beobachten.

16 PIXIE PINNACLE
★★★★★★★★

Lage: 165 km nördlich von Port Douglas, vor dem Ribbon Reef No. 9.
Zugang: Von Port Douglas gut 10 h mit dem Schiff.
Bedingungen: Allgemein ruhig, leichte Strömungen. Sicht durchschnittlich 30 m.
Minimale Tiefe: 4 m.
Maximale Tiefe: 35 m.
Pixie Pinnacle ist ein großer Korallenpfeiler voller farbenprächtiger Korallen und das Zuhause unzähliger Riffbewohner. Jede der Grotten, von denen der Pfeiler übersät ist, scheint mit dornigen Weich-, Hydro-, Zäpfchen- und kleinen Hornkorallen vollgestopft zu sein. Die Wände sind steil und üppig mit Korallen besetzt, vor allem Peitschen-, Weich- und Hornkorallen. Riffische einschließlich Leopard- und Juwelen-Zackenbarsche, Fahnen-, Zacken- und Büschelbarsche, Lipp-, Falter-, Kardinal-, Husaren-, Feilen- und Kaiserfische sind gut vertreten, und Riffhaie, Adlerrochen, Barrakudas, Barrakuda-Schnapper, Füsiliere, Makrelen und Fledermausfische kreuzen vor dem Pfeiler. Den Fotografen geht hier schnell der Film aus. Nachts im Licht der Lampen ist Pixie Pinnacle noch farbenprächtiger. Viele kleine Riffbewohner erscheinen, etwa Fangschreckenkrebse, Plattwürmer, Korallenkrabben, Weichtiere, Seespinnen, Korallengarnelen und Nacktschnecken. Wenn die meisten Fische in den Korallen und Höhlen schlafen, sind andere wie die Husarenfische auf Jagd. Am beeindruckendsten ist nachts aber das Farbenspiel der Korallen.

17 COD HOLE

✶✶✶✶✶✶✶✶✶

Lage: 190 km nördlich von Port Douglas, vor dem Ribbon Reef No. 10.
Zugang: Von Port Douglas gut 12 h mit dem Schiff.
Bedingungen: Allgemein ruhig, leichte Strömungen. Sicht durchschnittlich 30 m.
Minimale Tiefe: 4 m.
Maximale Tiefe: 20 m.

Cod Hole ist eines der berühmtesten Tauchgebiete im Great Barrier Reef. Hier wurden 1973 die Riesen-Zackenbarsche entdeckt. Heute ist das Gebiet geschützt, und 6 bis 14 von ihnen leben an der Riffflanke am Nordende des Ribbon Reef No. 10. Die Zackenbarsche kommen, sobald man im Wasser ist. Von vielen Charterbooten werden die Barsche gefüttert, was recht spektakulär sein kann. Die freundlichen Bewohner rempeln beim Balgen um das Futter sich und manchmal auch die Taucher an - sie müssen schnell sein, da auch einige Leoparden-Muränen und Napoleon-Lippfische auf der Lauer liegen.

PLANKTON

Plankton, griechisch „das Treibende", bezeichnet alles im Meer treibende pflanzliche und tierische Leben, das für seine Verbreitung auf die Strömung angewiesen ist. Viele Planktonlebewesen können sich bewegen, und einige wandern täglich aus der Tiefe, wo sie den Tag verbringen, an die Oberfläche, wo sie sich nachts aufhalten, doch keines kann gegen die Strömung schwimmen. Die Größe reicht vom mikroskopischen Bereich bis zu den 10 m langen Salpen (planktonische kolonienbildende Seescheiden). Die kleinen Pflanzen, das Phytoplankton, herrschen in den oberen Wasserschichten vor, wo am meisten Licht einfällt, während das Zooplankton in der gesamten vertikalen Wassersäule vorkommt. Das Zooplankton ist unermeßlich vielfältig, denn es umfaßt nicht nur die spezielle Fauna, sondern auch Eier, Laich, Larven und Jungen aller Meerestiere, die sich über Planktonlarven verbreiten. Plankton kommt überwiegend in Küstennähe vor, wo es mehr Nährstoffe gibt, weshalb das offene Meer auch klarer ist.

Einer der berühmten überfütterten Riesen-Zackenbarsche vom Cod Hole.

Symbiosen beschreiben, was passiert, wenn Tiere zusammenleben und daraus Nutzen ziehen. Im Great Barrier Reef leben einige Arten in dauernden oder vorübergehenden Symbiosen mit anderen Tieren. Sehr leicht zu beobachten sind die kleinen bodenbewohnenden Wächtergrundeln und die Pistolenkrebse. Wächtergrundeln besetzen, allein oder paarweise, die Grabgänge der Pistolenkrebse. Die Grundel bewacht den Krebs, der sehr schlecht sieht. Vom Gang aus kann die Grundel das normalerweise flache Gelände gut überblicken und Feinde rechtzeitig entdecken. Der Krebs ist die meiste Zeit mit Hausputz beschäftigt und schleppt mit den Scheren Sand und Korallenschutt ins Freie.

PUTZERGARNELEN

Putzergarnelen sind bunt gefärbt, haben lange Antennen, spezielle Bewegungsabläufe und ein Schwimmverhalten, mit dem sie Fische anlocken und putzwillig stimmen. Jede Art hat ihr eigenes Verhaltensmuster, putzt am Tage, nachts oder beides. Die Rotweiß-gebänderte Scheren- und die Grabhamsche Putzergarnele sind tropische Arten mit auffälliger rot-weißer Musterung und langen weißen Antennen. Sie treten zumeist paarweise auf und bevorzugen Höhlen, Vorsprünge und Korallenpfeiler als Putzstation. Die meisten wählen Stationen mit dunklem Innenraum, wenngleich beide Arten oft eine Station teilen und sich bei Helligkeit zeigen.

PUTZERLIPPFISCH

Der Gemeine Putzerfisch (Labroides dimidiatus) ist wohl der bekannteste australische Putzer. Dieser Fisch richtet an bestimmten geschützten Plätzen eine Putzstation ein, die alle Fische aus der unmittelbaren Umgebung aufsuchen. Putzerlippfische sind nur am Tage aktiv und mit ihren Wirten so vertraut, daß sie selbst Raubfischen unbehelligt in Maul und Kiemen schwimmen. Der Gemeine Putzerfisch zeigt seine Putzbereitschaft durch nickende Schwimmbewegungen. Zögert der „Kunde" aus irgendeinem Grund sich putzen zu lassen, schwimmt der Putzerfisch zu ihm

und kommuniziert durch Berührungen mit Schnauze, Körper und Flossen mit ihm. Durch wiederholten Kontakt an bestimmten Orten vermittelt der Gemeine Putzerfisch seinem Gast, wo er putzt und auch, an welchen Körperstellen er putzen möchte (z. B. Maul oder Kiemen).

SCHIFFSHALTER

Schiffshalter heften sich mit einem Saugnapf, der sich aus der Rückenflosse entwickelt hat, an größere Meerestiere und sind Transportsymbionten. Sie sind zwar für ihre Mobilität auf den Wirt angewiesen, wechseln ihn jedoch, wenn sie größer werden, und können durchaus auch schwimmen. Schiffshalter leben von Nahrungsresten ihres Wirts, wenn dieser Fleischfresser ist. Einige Wirte setzen alles daran, die Schiffshalter loszuwerden, indem sie etwa aus dem Wasser springen oder sich am Boden reiben.

GRUNDELN

Es gibt mindestens 20 Grundelarten, die eine Schutzgemeinschaft mit Hydrozoen, Korallen, Peitschen-, Horn- und Weichkorallen bilden. Viele sind so gefärbt, daß sie zwischen den Blattstrukturen und Tentakeln ihres Wirts fast unsichtbar sind. Grundeln leben auf und in Schwämmen, Seescheiden, ja sogar auf dem Mantel und im Sipho der Riesenmuscheln. Mindestens zwei Arten leben in Gemeinschaft mit Haarsternen, denen sie farblich ähneln. Auf einem Wirt leben normalerweise ein Männchen und ein Weibchen und ein oder mehrere Junge, die wahrscheinlich Hunderte von Kilometern entfernt entstanden sind.

*Oben: Grundeln treten meistens paarweise auf
und sind dank ihrer Färbung so gut getarnt, daß
sie oft gar nicht zu sehen sind.
Rechts: Die Putzstationen der Putzergarnelen sind
fast immer von einem Paar besetzt.
Unten: Riffische suchen regelmäßig Putzstationen
auf, um sich von Parasiten säubern zu lassen.*

WIE MAN HINKOMMT

Cairns liegt 1.717 km nördlich von Brisbane, hat 68.000 Einwohner und ist die Hauptstadt von Far North Queensland. Die Stadt ist auf den Tourismus eingestellt und hat einen internationalen Flughafen, der von vielen Gesellschaften angeflogen wird. Port Douglas ist eine kleine Küstenstadt 75 km nördlich von Cairns. Es gibt eine regelmäßige Busverbindung nach Port Douglas; wenn man Zeit hat, kann man einen Wagen leihen und selbst die Küste hochfahren.

WO MAN ABSTEIGEN KANN

In Cairns gibt es über 100 Motels, vom 5-Sterne-Haus bis zur einfachen Unterkunft für Rucksacktouristen. Auch Port Douglas hat mit über 30 Motels ein gutes Angebot.

Obere Preiskategorie
Cairns International, 17 Abbott St, Cairns, Tel. 070-311 300, Fax 070-311 801, 16-geschossiger Komplex im Zentrum der Stadt, 321 Zimmer und 18 Suiten mit TV, Videorecorder, Minibar und 24-Stunden-Zimmerservice, ein Restaurant, Swimmingpool, Whirlpool, Sauna, Sporthalle und Kongreßzentrum.

Sheraton Mirage Resort, Port Douglas Rd, Port Douglas, Tel. 070-995 588, Fax 070-985 885. Dreigeschossiger Komplex, abgeschlossene Zimmer mit Klimaanlage, TV, Videorecorder und Minibar, die Suiten haben Whirlpool. 24-Stunden-Zimmerservice, Restaurant, Kongreßzentrum, Tennis- und Golfplatz, Swimmingpool, Whirlpool, Sauna und Zubringerdienst.

Mittlere Preiskategorie
Cairns Tropical Garden Motel, 312 Mulgrave Rd, Cairns, Tel. 070-311 777, Fax 070-312 605, hat 95 Zimmer mit Klimaanlage, TV und Videorecorder, dazu ein Restaurant, Kongreßzentrum, Grill, Swimmingpool, Tennisplatz, Sauna und Whirlpool.

Port Douglas Motel, 9 Davidson St, Port Douglas, Tel. 070-995 248, Fax 070-995 504, hat 19 Wohneinheiten mit Klimaanlage, TV, Videorecorder, Swimmingpool und Grill.

Untere Preiskategorie
Silver Palm Lodge, 153 Esplanade, Cairns, Tel. 070-316 099, für Rucksacktouristen, mit Meerwasserpool.

Port O' Call Lodge, Port St, Port Douglas, Tel. 070-995 422, Fax 070-995 495, hat normale und preiswerte Zimmer und Schlafräume für Rucksacktouristen, ein Restaurant, Cocktailbar, Swimmingpool, Whirlpool, Kiosk und Gemeinschaftsküche.

WO MAN ESSEN KANN

Essenslokale gibt es in Cairns mehr als genug: Essen zum Mitnehmen, Stehimbisse, Cafes und zahllose Restaurants, die Meeresspezialitäten, internationale Küche und sogar Grill bieten. Port Douglas hat nicht annähernd so viele Restaurants, man kann aber immer noch zwischen thailändischer, italienischer und chinesischer Küche sowie Meeresspezialitäten wählen.

TAUCHEINRICHTUNGEN

Cairns Dive Centre, 135 Abbott St, Cairns, Tel. 070-510 294, Fax 070-517 531, fährt mit der gecharterten *Coral Reeftel* zu den Riffen vor Cairns; geboten werden auch Tauchkurse und eine gute Auswahl an Ausrüstung (Kauf und Leihen).

Taka Dive, Cnr Lake & Aplin Sts, Cairns, Tel. 070-518 722, Fax 070-312 739, fährt mit den Kreuzfahrtschiffen *Taka II* und *Taka III* zu den Ribbon Reefs, Cod Hole und in die Korallen-See; bietet außerdem Tauchkurse, verkauft und verleiht Tauch- und umfangreiche Kameraausrüstung.

Deep Sea Divers Den, 319 Draper St, Cairns, Tel. 070-312 223, Fax 070-311 210, 5-Sterne-PADI-Einrichtung mit Kursen bis zum Tauchlehrer. Umfangreiches Ausrüstungsangebot (Kauf und Leihen), Fahrten mit den Kreuzfahrtschiffen *Tropic Queen*, *Tropic Princess* und *Explorer II* zu den Ribbon Reefs, Cod Hole und lokalen Riffen.

Dive 7 Seas, 129 Abbott St, Cairns, Tel. 070-412 700.

Don Cowie's *Down Under* **Aquatics**, Shields St, Cairns, Tel. 070-311 588, Fax 070-313 318, unternimmt Tagesfahrten mit der *Down Under*, bietet Tauchkurse und -ausrüstung (Kauf und Leihen).

Great Diving Adventures, Wharf St, Cairns, Tel. 070-510 455, betreibt Tauch-zentren auf Green und Fitzroy Island und bietet Einführungskurse und Taucharrangements mit Zertifikat. Die Inseln und Pontons am äußeren Riff beim Norman und Moore Reef (beide verfügen über komplette Taucheinrichtungen) werden täglich mit dem riesigen Luxuskatamaran *Reef Queen* angefahren. Tauchen und Schnorcheln in allen Klassen, Ausrüstung kann erworben oder geliehen werden; Zubringerdienst von und nach Cairns, den nördlichen Stränden und Port Douglas.

Just Add Water, Shop 9, Reef Plaza, Spence St, Cairns, Tel. 070-412 799, ist Buchungsbüro für *Undersea Explorer* und *Front Runner* und führt Krokodiltauchen im Mitchell durch.

Marlin Coast Divers, Novotel Palm Cove Resort, Palm Cove, Tel. 070-591 144.

Mike Ball Dive Expeditions, 28 Spence St, Cairns, Tel. 070-315 484, Fax 070-315 470, unternimmt mit dem Kreuzfahrtschiff *Supersport* Viertagesfahrten zu den Ribbon Reefs und Cod Hole, bietet Tauchkurse und Ausrüstung (Kauf und Leihen).

Peter Tibb's Dive Shop, 65 Grafton St, Cairns, Tel. 070-311 586.

Pro-Dive Cairns, Marlin Parade, Cairns, Tel. 070-315 255, Fax 070-519 955, unternimmt mit den beiden Kreuzfahrtschiffen *Stella Maris* und *Kalinda* Dreitagesfahrten zu den lokalen Riffen; die 5-Sterne-PADI-Einrichtung bietet Kurse bis zum Tauchlehrer und gutsortierte Ausrüstung (Kauf und Leihen).

S2 Dive, Shop 2 Hides Corner, Lake St, Cairns, Tel. 070-312 150.

Tusa Dive, Cnr Aplin St & The Esplanade, Cairns, Tel. 070-311 248, Fax 070-315 221, unternimmt mit drei Booten Kreuz- und Tagesfahrten, hat einen gutsortierten Tauchshop und bietet Tauchkurse an.

Auriga Bay II, PO Box 274, Manunda, Cairns, Tel. 070-581 408, Fax 070-581 404, unternimmt Kreuzfahrten zu den Ribbon Reefs, Cod Hole und Far Northern Reefs.

Reef Explorer, PO Box 1090, Cairns, Tel. 070-939 113, Fax 070-939 112, bietet

Kreuzfahrten zu den Ribbon Reefs, Cod Hole, Far Northern Reefs und in die Korallen-See.

Rum Runner Charters, Trinity Wharf, Cairns, Tel. 070-521 388, Fax 070-521 488, fährt mit zwei Kreuzfahrtschiffen zu den Ribbon Reefs, Cod Hole und in die Korallen-See.

Auspray Yacht Charters, Cairns, Tel. 018 742 925.

Bali Hai II & Floreat **Charter Boats**, 15 Arnhem Cl, Cairns, Tel. 070-452 649.

Lady Ruby Charters, Marlin Jetty, Cairns, Tel. 070-313 528, Fax 070-313 554.

Nimrod 3 Dive Adventures, 46 Spence St, Cairns, Tel. 070-315 566, Fax 070-312 431, fährt zu den Ribbon Reefs, in die nördliche Korallen-See und zu den Far Northern Reefs.

Ocean Spirit Cruises, 143 Lake St, Cairns, Tel. 070-312 920, Fax 070-314 344.

Passions of Paradise, PO Box 2145, Cairns, Tel. 070-316 465, Fax 070-519 505.

Reef Jet Cruises, Pier Market Pl, Cairns, Tel. 070-315 559, Fax 070-315 819.

Sanduria Sail & Dive, 99 The Esplanade, Cairns, Tel. 070-516 950.

Sea Ray Charters, Marlin Marina, Wharf St, Cairns, Tel. 018 772 869.

Seastar II, 3 Leoni Cl, Cairns, Tel. 070-330 333.

Haba Dive, Marina Mirage, Port Douglas, Tel. 070-995 254, Fax 070-995 385; Tagesfahrten mit dem luxuriösen 15-m-Katamaran *Haba Queen* zum äußeren Barriere-Riff (Opal Reef). Komplett-Service, zwei Tauchgänge täglich, Einführungstauchkurse, Schnorcheln mit Führer und ein Meeresbiologe an Bord. Ausrüstung kann geliehen werden, Bus-Zubringerdienst von und nach Cairns und Port Douglas.

Impulse Dive, 51a Macrossan St, Port Douglas, Tel. 070-995 967, Tagesfahrten mit der *Impulse II* zu den äußeren Riffen

von Port Douglas.

Quicksilver Diving Services, Marina Mirage, Port Douglas, Tel. 070-995 050, Fax 070-994 065, hat einen Laden, bietet Tauchkurse und Leihausrüstung. Fährt außerdem mit zwei großen Katamaranen täglich zum Agincourt Reef und den Low Isles und veranstaltet „Reef Biosearch"-Touren für Taucher und Schnorchler.

Port Douglas Dive Centre, Prince's Wharf, Port Douglas, Tel. 070-995 327, Fax 070-995 680, veranstaltet Kurse und Tagesfahrten mit der *Freestyle*.

Aristocat Reef Cruises, Suite 6/8 Macrossan St, Port Douglas, Tel. 070-994 544, Fax 070-994 565.

Undersea Explorer, Reef Plaza, Cnr Grafton & Spence St, Cairns, Tel. 070-512 733, Fax 070-512 286, unternimmt von Port Douglas aus Kreuzfahrten zu den Ribbon Reefs, Cod Hole und in die Korallen-See.

Outer Edge Dive, Suite 6/8 Macrossan St, Port Douglas, Tel. 070-994 544, Fax 070-994 565.

Phantom Charters, Marina Mirage, Port Douglas, Tel./Fax 070-941 220, unternimmt Tagesfahrten mit einem Hochgeschwindigkeitsboot.

Poseidon Dive Charters, 10 Sonata Cl, Port Douglas, Tel. 015 162 500, Fax 070-994 134, unternimmt Tagesfahrten zu den Riffen vor Port Douglas.

Wavelength Reef Charters, 20 Solander Blvd, Port Douglas, Tel. 070-995 031, Fax 070-993 259, fährt mit zwei Booten zu den Low Isles und dem äußeren Riff; ist nur auf Schnorcheln eingestellt, stellt aber Führer und gibt Einführungen in die Meeresbiologie.

FILMENTWICKLUNG

Negativfilme können in Cairns und Port Douglas entwickelt werden, Dia-Filme in einigen Labors in Cairns.

Esplanade Photo Express, 77 The Esplanade, Cairns, Tel. 070-312 236.

Northern Photo Express, 79 Lake St, Cairns, Tel. 070-516 804.

Reef Centre Fuji Image Plaza, Lake St, Cairns, Tel. 070-313 122.

Sunbird Camera House, Sheilds St, Cairns, Tel. 070-510 222.

Tropical Pics, 61 The Esplanade, Cairns, Tel. 070-521 844.

Ultrafast Photolab, 67 Abbott St, Cairns, Tel. 070-515 933.

KRANKENHÄUSER

Calvary Hospital, 1 Upward St, Cairns, Tel. 070-525 200.

Cairns Base Hospital, Esplanade, Cairns, Tel. 070-506 333.

Telefon für Notfälle, Feuerwehr, Polizei und Krankenwagen 000.

DEKOMPRESSIONSKAMMER

Bei Tauchunfällen in Australien wende man sich an DES (Diving Emergency Service) unter 1800 088 200. Weiter Informationen unter Tauchunfälle, S. 169.

LOKALE BESONDERHEITEN

Cairns ist touristisch gut erschlossen, und man hat immer etwas zu tun. **Rafting** ist ein beliebter Freizeitspaß. Mehrere Veranstalter haben Halb-, Ganztags- und Mehrtagestouren auf dem Tully River im Programm. Sie werden von Ihrem Hotel zum Tully 140 km südlich von Cairns gebracht und erleben eine wilde Fahrt. Man kann Buschtouren unternehmen, fischen, segeln, surfen, Parasailing betreiben u. v. m. Es gibt mehrere Nationalparks, die malerische **Kuranda-Eisenbahn**, die sich hoch in die Berge windet, und einige Kraterseen mitten im Regenwald, in denen man schwimmen oder wo man eine Buschwanderung machen kann. Die Hauptattraktion von Port Douglas ist der wunderschöne **Daintree-Regenwald**, ein Welterbe, in dem man vom Krokodil über Riesenkasuare und Känguruhs bis zur Python alles sehen kann. Man kann auch **Ben Cropp's Shipwreck Museum** auf der Werft an der Prince's Street besichtigen, wo viele Stücke von den Wracks der *Yongala* und *Pandora* ausgestellt sind. Mitte Oktober wird jedes Jahr in Cairns das **Great Barrier Reef Dive Festival** gefeiert. Dort werden Meeresforscherabende, Tagungen, Gratiskonzerte, Sporttauchen u. v. m. geboten.

DIE NÖRDLICHE KORALLEN-SEE

Taucher reisen um die halbe Welt, um in der nördlichen Korallen-See zu tauchen, und das aus gutem Grund. Das Wasser ist warm und ungewöhnlich klar, die Riffe sind farbenprächtig, die Meeresfauna und -flora reich und eindrucksvoll. Mancher hält dies für das beste Tauchrevier der Welt, und angesichts 1.000 m hoher Steilwände, häuserblockgroßer Pfeiler, unzähliger Höhlen, riesiger Horn- und Weichkorallen sowie von Haien, Mantas und Schwärmen pelagischer Fische ist dem nur schwer zu widersprechen.

Der einzige Nachteil ist die Entfernung und die Zeit, die man braucht, die Riffe zu erreichen - bei manchen dauert es länger als der Flug nach Australien. Einige Charterboote unternehmen regelmäßig mehrtägige Fahrten zu den Riffen Flinders, Boomerang, Homes, Bougainville und Osprey. Die Fahrt über das offene Meer kann ruppig werden. Wer zu Seekrankheit neigt, sollte ein Mittel nehmen und versuchen zu schlafen. Glücklicherweise erfolgen alle Überfahrten nachts, und die Bedingungen am Riff sind allgemein ruhig, selbst bei starkem Wind und hoher See.

Die Riffe der nördlichen Korallen-See unterscheiden sich grundlegend von denen im Süden. Es gibt kaum Seeschlangen, dafür reichlich andere Besonderheiten. Die Riffe sind die Spitzen uralter Gebirge, die vor langer Zeit im steigenden Meer versanken. Einige bilden große Lagunenbecken, andere sind mächtige Korallensäulen, aber alle fallen rasch ins Tiefwasser ab und bieten dank ihrer Lage eine Sicht um die 40 m.

Auch wenn die näher gelegenen Riffe intensiv betaucht werden, gibt es doch immer noch genug Neues zu entdecken. Viele der äußeren Riffe (etwa Moore Reef, Willis Islet und Magdelaine Cay) sind noch weitestgehend unberührt. Nur wenige Schiffe haben die äußeren Riffe bisher angelaufen, die noch völlig unerschlossene Tauchmöglichkeiten bieten. Einige Veranstalter beginnen jetzt mit Erkundungsfahrten zu den äußeren Riffen, aber selbst wenn die Fahrten aufgrund der Entfernung recht teuer sein sollten, sind sie das Geld doch sicher wert.

Gegenüber: Schnorcheln am Flinders Reef.
Oben: Watanabe Bommie.

NÖRDLICHE KORALLEN-SEE

Die nördlichen und südlichen Boomerang Reefs

Die Boomerang Reefs sind ein Ableger des Flinders Reef und liegen etwa zwei Stunden südlich. Da sie nicht so geschützt sind und ringsum herrliche Steilwände haben, bieten sie aufregendes Tauchen pur. Bei den Boomerang Reefs überwiegt das Strömungstauchen. Die Wände stürzen 1.000 m in die Tiefe und sind mit Stein-, Weich-, Peitschen- sowie Hornkorallen überzogen. Riffische entdeckt man nur vereinzelt, aber pelagische Fische wie Thunfische, Makrelen, Barrakuda-Schnapper, Barrakudas und Stachelmakrelen gibt es reichlich. Mike Ball Dive Expeditions füttert hier seit fast zehn Jahren Haie, die entsprechend häufig auftauchen. Der Taucher erlebt in einem Hai-Zirkus Weißspitzen-, Graue und Silberspitzen-Riffhaie sowie etliche Hammer- und Tigerhaie.

1 SCUBA ZOO

★★★★★

Lage: An der Westseite des südlichen Boomerang Reef 230 km von Townsville.
Zugang: Von Townsville über 12 h mit dem Schiff.
Bedingungen: Starke Winde können rauhe Bedingungen schaffen. Leichte Strömungen. Sicht durchschnittlich 40 m.
Minimale Tiefe: 13 m.
Maximale Tiefe: 20 m.

Am Scuba Zoo füttern die Leute von Spoilsport regelmäßig Haie, die zusammenströmen, sobald das Boot kommt. Die Taucher schwimmen rasch zum Sicherheitskäfig, während die Köder in einem Eimer ins Wasser gelassen werden. Über ein Dutzend Weißspitzen-, Graue und Silberspitzen-Riffhaie strömen zusammen. Der Eimerdeckel wird per Fernsteuerung geöffnet, und die Haie stürzen sich auf den Inhalt. Aus dem Käfig kann man eindrucksvolle Fotos machen. Sobald die Beute verzehrt ist, verschwinden die meisten Haie wieder, und die Taucher können sicher zum Boot zurückschwimmen. Ein ökologisch äußerst bedenkliches Taucherlebnis.

2 CHINA WALL

★★★★★★★

Lage: Am Nordende des nördlichen Boomerang Reef 230 km von Townsville.
Zugang: Von Townsville über 12 h mit dem Schiff.
Bedingungen: Können bei starkem Wind rauh sein; leichte Strömungen. Sicht durchschnittlich 40 m.
Minimale Tiefe: 3 m.
Maximale Tiefe: 100 m und mehr.

Die China Wall stürzt senkrecht in die Tiefe. Taucht man an dieser Wand, die zum Teil überhängt, sieht man unter sich nur schwarzes Wasser. Leichte Strömungen umspielen die Wand, in denen Korallen, Schwämme, Horn- und Peitschenkorallen, Haarsterne und zahlreiche Steinkorallen Nahrung fangen. Große pelagische Fische „fliegen" vorbei - Thunfische, Makrelen, Stachelmakrelen u. a. Zum Schluß kann man durch eine der vielen Höhlen in der Wand in die flache Lagune schwimmen. Die sandige Lagune ist mit kleinen Korallenblöcken gespickt und beherbergt Papagei-, Drücker- und Kugelfische, Napoleon-Lippfische, Juwelen-Zackenbarsche, Grundeln, Schleimfische sowie verschiedene Weichtiere und Seesterne.

Bei den Pfeilern in der nördlichen Korallen-See findet man Schwärme von Großaugen-Makrelen.

Brokkoli-Lederkorallen am Holmes Reef.

Flinders Reef

Flinders Reef ist das beliebteste und am regelmäßigsten besuchte Riff der Korallen-See. Bei nur 220 km nach Townsville ist es weitaus am besten zu erreichen und bietet gute Ankerplätze bei jedem Wetter. Dank der über 1.000 km² Rifffläche gibt es viele aufregende Tauchgebiete. Flinders Reef ähnelt einem großen Lagunenbecken und hat stellenweise ein Saumriff, das guten Schutz bietet. Die Lagune ist mit hunderten kleiner und großer Pfeiler übersät, von denen einige aus dem Wasser ragen. Die meisten Tauchgebiete liegen innerhalb der Lagune, die sichere Ankerplätze und unvergleichliches Tauchen bietet.

3 ROCK ARCH
★ ★ ★ ★ ★ ★ ★ ★

Lage: Am Südende von Flinders Reef 220 km von Townsville.
Zugang: Von Townsville über 12 h mit dem Schiff.
Bedingungen: Im Schutz des Riffs, zumeist ruhig. Sicht durchschnittlich 40 m.
Minimale Tiefe: 3 m.
Maximale Tiefe: 100 m und mehr.
Rock Arch ist eine sehr eindrucksvolle Wand, die in fast 1.000 m tiefes Wasser abfällt. Verzweigte Horn- und Peitschenkorallen, Schwämme und dornige Weichkorallen sind die Farbtupfer in dieser senkrechten Wand, in die zahlreiche lange Höhlen vordringen, von denen eine zurück in die Lagune führt. Graue und Weißspitzen-Riffhaie, Thunfische, Stachelmakrelen und andere pelagische Arten patrouillieren hier. Besonders gut kann man in der Lagune oben über der Wand tauchen, die von zahlreichen großen Pfeilern beherrscht wird, von denen fast alle innen hohl sind. Eine dieser Grotten bildet einen Bogen mit einem Schirm aus riesigen Hornkorallen. Die Fischfauna an den Pfeilern ist reich, mit Papagei- und Doktorfischen, Stachelmakrelen, Nashorndoktorfischen, Zackenbarschen, Falterfischen und prächtigen Fahnenbarschen. In den Höhlen hausen Husaren- und Halfterfische und sogar Weißspitzen-Riffhaie. In der Lagune kann man gut schnorcheln und eine kleine Korallenbank erkunden.

4 FLINDERS CAY
★ ★ ★ ★ ★ ★ ★ ★

Lage: Am Südende von Flinders Reef 220 km von Townsville.
Zugang: Von Townsville über 12 h mit dem Schiff.
Bedingungen: Immer ruhig, im Schutz des Riffs. Sicht durchschnittlich 30 m.
Minimale Tiefe: 3 m.
Maximale Tiefe: 18 m.
Diese kleine Bank beherbergt eine automatische Wetterstation. Hunderte von Seevögeln und Meeresschildkröten nisten hier. Umgeben ist sie von einer großen Lagune mit vielen kleinen Korallenblöcken, an denen Feuerfische, Muränen, Juwelen-Zackenbarsche, Kardinal- und Falterfische, Nacktschnecken, Garnelen und Korallenkrabben zu Hause sind. Auf dem Sandboden leben Kolonien von Röhrenaalen, zahlreiche Weichtiere, Grundeln, Drückerfische und Stechrochen. Meeresschildkröten kommen regelmäßig hierher und sind schon bei der Paarung beobachtet worden. Nachts taucht eine völlig neue Tierwelt aus dem Riff auf. Im Licht der Lampe kann man viele Niedere Tiere und einige nachtaktive Fische sehen.

5 SOFT SPOT
★★★★★★★★

Lage: An der Ostseite von Flinders Reef 220 km von Townsville.
Zugang: Von Townsville über 12 h mit dem Schiff.
Bedingungen: Im Schutz des Riffs, zumeist ruhig. Sicht durchschnittlich 40 m.
Minimale Tiefe: 6 m.
Maximale Tiefe: 40 m.
Das Riff versinkt unter dornigen Weichkorallen in Rot, Orange, Rosa, Purpur und Gelb. Sie wachsen überall und sind riesig - bis zu 3 m lang. Erstaunlich, daß die Stämme sie auf dem Riff halten können. Es ist ein Paradies für Fotografen, denn auch Stachelmakrelen, Thunfische, Riffhaie, Makrelen, Papageifische und Juwelen-Zackenbarsche besuchen dieses Riff. Nachts, im Licht der Lampen, erscheint alles noch farbenprächtiger. Garnelen, Seespinnen, Pfeilkrabben, Haar- und Schlangensterne, Kaurischnecken und kleine Grundeln leben in den Korallen, und auf jedem Felsbrocken fangen Schlangensterne mit wedelnden Armen Nahrung. In den Korallen verstecken sich Einsiedlerkrebse, Sepien, Feuer- und Husarenfische, Riffsepien und viele schlafende Riffische.

6 WATANABE BOMMIE
★★★★★

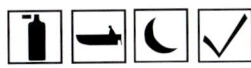

Lage: An der Westseite von Flinders Reef 220 km von Townsville.
Zugang: Von Townsville über 12 h mit dem Schiff.
Bedingungen: Allgemein ruhig, außer bei starkem Wind. Sicht durchschnittlich 40 m.
Minimale Tiefe: 12 m.
Maximale Tiefe: 50 m.
Dieser Riesenpfeiler ist eines der spannendsten Tauchgebiete der Korallen-See. Er ist mit prächtigen Korallen bedeckt, doch die Taucher achten mehr auf die Fische. Ständig umkreisen Schwärme Barrakudas, Großaugen-Makrelen, Regenbogen-Stachelmakrelen, Juwelen-Zackenbarsche, Hundezahn-Thunfische, Doktorfische, Wolken von Füsilieren und die ansässigen Grauen Riffhaie den Pfeiler. Man kann die Fütterung von Hochseefischen verfolgen, sich vom Wirbel kreisender Barrakudas fangen lassen oder Riffhaie beobachten, die Fische jagen.

Silberspitzenhaie sind in der nördlichen Korallen-See anzutreffen.

Die äußeren Riffe der Korallen-See

Wer unberührte Tauchgebiete sucht, braucht nur nach den äußeren Riffen der nördlichen Korallen-See Ausschau zu halten. Diese Riffe bieten Ähnliches wie die beliebteren und leichter erreichbaren Riffe von Flinders und Holmes, aber scheinbar doch von allem etwas mehr. Die Weichkorallen scheinen doppelt so groß, die Hornkorallen doppelt so breit, die pelagischen Fische doppelt so lang, und die Riffhaie doppelt so verwegen.

Mehrere dieser äußeren Riffe (etwa Dart, Abington, Diamond Islets und Lihou) werden inzwischen regelmäßig angelaufen. Neben endloser Sicht, atemberaubendem Meeresleben und einmaligen Fotomotiven bereitet Ihnen ein Besuch eines dieser Riffe das Taucherlebnis Ihres Lebens.

7 DART REEF

* * * * * * * *

Lage: 2 h nördlich von Flinders Reef und 230 km von Townsville.
Zugang: Von Townsville über 12 h mit dem Schiff.
Bedingungen: Exponiert und nur bei guten Bedingungen zu betauchen. Sicht durchschnittlich 40 m.
Minimale Tiefe: 6 m.
Maximale Tiefe: 100 m und mehr.

Dart Reef ist ein einmaliger Korallenpfeiler, ein Ableger von Flinders Reef etwa zwei Stunden nördlich des Riffsystems von Flinders. Das etwa 3 km breite Riffdach ragt bei Ebbe kaum aus dem Wasser, ist also bei rauhem Wetter exponiert und kein guter Ankerplatz. Es gibt einige gute Tauchgebiete hier, aber die Südwand ist am beliebtesten. Höhlen und tiefe Spalten durchziehen die Wand an der Südseite des Riffs. In den Höhlen findet man Zackenbarsche, Husaren-, Kugel-, Falter- und Feuerfische sowie etliche Langusten. Einige Höhlen sind wegen der Hornkorallenmassen am Eingang gar nicht zugänglich. Überall an der Wand entdeckt man prächtige Korallen, riesige Weichkorallen, aufgereihte Horn-

---

Die meisten Schlangensterne sind purpurfarben; dieser ist gelb.

korallen, Schwämme, Hydro- und viele Steinkorallen, und überall sind kleine Riffische, die jedoch untergehen angesichts der größeren Riffbewohner wie Napoleon-Lippfische, Riesen- und Juwelen-Zackenbarsche, Rote Trommelfische, Süßlippen und Barrakudas. Schnelle Graue Riffhaie pirschen vorbei und machen den Tauchgang aufregend. Sie sind ängstlich und kommen nicht näher und sind deshalb auch schwer zu fotografieren.

8 HERALD SURPRISE
* * * * * * * *

Lage: 2 h nördlich von Flinders Reef und 250 km von Townsville.
Zugang: Von Townsville über 12 h mit dem Schiff.
Bedingungen: Exponiert und nur bei guten Bedingungen zu betauchen. Sicht durchschnittlich 40 m.
Minimale Tiefe: 6 m.
Maximale Tiefe: 100 m und mehr.
Herald Surprise ähnelt in Größe und Aufbau Dart Reef, wird aber wegen seiner Exponiertheit kaum betaucht. Dieses Riff bietet unglaubliches Tauchen - Wände verschwinden senkrecht in der Tiefe, Höhlen durchziehen die Wände und überall hängen farbenprächtige Korallen. Zahllose Fische kreuzen hier: pelagische Arten, Zackenbarsche, Napoleon-Lippfische und Riffhaie. Es wird nur gelegentlich betaucht, ist aufregend und unbedingt einen Abstecher von Flinders Reef wert.

9 ABINGTON REEF
* * * * * * * *

Lage: 320 km östlich von Townsville.
Zugang: Von Townsville über 14 h mit dem Schiff.
Bedingungen: Exponiert und nur bei guten Bedingungen zu betauchen. Sicht durchschnittlich 40 m.
Minimale Tiefe: 6 m.
Maximale Tiefe: 100 m und mehr.
Abington Reef bietet aufregendes Steilwandtauchen. Die Wand ist mit zahlreichen Höhlen und Durchgängen durchsetzt. Nehmen Sie eine Lampe mit, sonst übersehen Sie die Zackenbarsche, Gelbbraunen Ammenhaie, Langusten, Fransen-Wobbegongs, Husarenfische und etliche Meeresschildkröten. Viele der Höhlen sind mit purpurfarbenen Hydro- und Spitzenkorallen, verkrusteten Schwämmen und Zäpfchenkorallen ausgekleidet. Einsiedlerkrebse, Spinnenkrabben, Plattwürmer, Rotweiß-gebänderte Scherengarnelen, Weichtiere, Schlangensterne und einige Nacktschnecken suchen in den Höhlen Schutz. Weiter unten an der Wand sind die üblichen Korallen sowie pelagische Fische und Riffhaie vertreten.

Spinnenkrabbe am Osprey Reef (nachts).

10 TREGROSSE REEFS & DIAMOND ISLETS
* * * * * * * *

Lage: 440 km östlich von Townsville und 360 km östlich von Airlie Beach.
Zugang: Von Townsville über 20 h mit dem Schiff.
Bedingungen: Durch das Riffsystem geschützt. Sicht durchschnittlich 40 m.
Minimale Tiefe: 6 m.
Maximale Tiefe: 100 m und mehr.
Dies ist ein großes Riff, dessen Dach größtenteils ständig unter Wasser liegt. Vieles vom Riff ist noch unerforscht, doch mehrere Wände und Pfeiler bieten großartiges Tauchen. Eines der besten Tauchgebiete ist ein großer Korallenblock bei der East Diamond Islet, der in nur 10 m tiefem Wasser am Rand der Lagune liegt, aber reichlich marines Leben anlockt. Die ansässigen Riffische verdienen Beachtung, werden aber von den größeren Besuchern überboten. Am Pfeiler wimmelt es manchmal von Süßlippen, Stachelmakrelen, Meerbarben, Thunfischen und Barrakuda-Schnappern. Adlerrochen „fliegen" vorüber, und Riffhaie bilden die Nachhut. Am Fuß hat der Pfeiler Höhlen und Überhänge, wo man Stechrochen, Meeresschildkröten und Gelbbraune Ammenhaie findet.

Leuchtendbunte Brokkoli-Lederkorallen sind typisch für die nördliche Korallen-See.

11 LIHOU REEFS

★ ★ ★ ★ ★ ★ ★ ★

Lage: 500 km östlich von Townsville und 420 km östlich von Airlie Beach.
Zugang: Von Airlie Beach über 20 h mit dem Schiff.
Bedingungen: Innerhalb des Riffs ruhig und geschützt. Sicht durchschnittlich 40 m.
Minimale Tiefe: 6 m.
Maximale Tiefe: 100 m und mehr.
Erst kürzlich hat Pacific Star Charters die Lihou Reefs in die Korallen-See-Fahrten ab Airlie Beach aufgenommen. Lihou ist ein etwa 90 x 40 km großes Riffsystem. Das ganze Riff entlang liegen zahlreiche Bänke, auf denen große Seevögelpopulationen leben und viele Meeresschildkröten ihre Eier ablegen. Am Rand fällt Lihou steil in die Tiefsee ab, und die große Lagune im Zentrum des Riffs ist mit Hunderten von Pfeilern übersät. Wandtauchen ist hier großartig - prächtige Korallen und Schwärme kleiner Riffische verleihen den Wänden Farbe. Pelagische Fische sind häufig, und wahrscheinlich sieht man auch Stech- und Adlerrochen, Meeresschildkröten

und vor allem Haie. Sobald man ins Wasser steigt, ist man von Weißspitzen- und Grauen Riffhaien umringt, was zwar aufregend, aber auch beunruhigend sein kann. Am Ende gewöhnt man sich an sie und behandelt sie wie andere Fische auch.

12 HERALD CAYS

★ ★ ★ ★ ★ ★ ★ ★

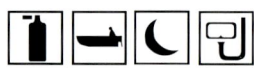

Lage: 350 km östlich von Townsville und Cairns.
Zugang: Von Townsville über 17 h mit dem Schiff.
Bedingungen: Innerhalb des Riffs allgemein ruhig und geschützt. Sicht durchschnittlich 40 m.
Minimale Tiefe: 6 m.
Maximale Tiefe: 100 m und mehr.
Herald Cays, ein Doppelriff, ist von Steilwänden umgeben, dazwischen liegt eine geschützte Lagune. Die Steilwände sind bedeckt mit den verschiedensten Stein- und Weichkorallen, etwa zarten Hydro-, Zäpfchen-, Schwarzen und dornigen Weichkorallen, orangefarbenen Gorgonien, Horn- und Peitschenkorallen, Schwämmen und

verschiedenen Steinkorallen. Die ansässigen Riffische sind reichlich vertreten, und Schwärme pelagischer Fische, Zackenbarsche, Napoleon-Lippfische oder Adlerrochen zeigen sich. Ständig wird man von Riffhaien begleitet und entdeckt in einer Höhle vielleicht sogar einige schlafende Weißspitzen-Riffhaie.

13 CHILCOTT ISLET & MAGDELAINE CAYS
★★★★★★★★

Lage: 420 km östlich von Townsville und Cairns.
Zugang: Von Townsville über 20 h mit dem Schiff.
Bedingungen: Innerhalb des Riffs allgemein ruhig und geschützt. Sicht durchschnittlich 40 m.
Minimale Tiefe: 6 m.
Maximale Tiefe: 100 m und mehr.
Dies ist ein großes Fleckenriff mit vielen kleinen Bänken. Man kann wählen zwischen Steilwänden und den vielen Pfeilern in der großen Tiefwasserlagune. Das Riff ist noch weitgehend unerforscht, aber man hat bereits Zackenbarsche, Stech- und Adlerrochen, pelagische Fische und Riffhaie gesichtet. Im Sommer sind Meeresschildkröten häufig, die auf den Bänken nisten. Man sieht sie auf dem Riff fressen, in Höhlen ruhen oder gar bei der Paarung im Flachwasser.

14 WILLIS ISLETS & DIANE BANK
★★★★★★★★

Lage: 450 km östlich von Townsville und Cairns.
Zugang: Von Townsville über 20 h mit dem Schiff.
Bedingungen: Innerhalb des Riffs allgemein ruhig und geschützt. Sicht durchschnittlich 40 m.
Minimale Tiefe: 6 m.
Maximale Tiefe: 100 m und mehr.
Dieses große System besteht aus mehreren Einzelriffen. In der Vergangenheit wurde das Tauchen hier eingeschränkt, aber man hat noch einige Pfeiler, Korallengärten und Steilwände zum Betauchen. Die Korallen sind üppig und gesund, von den Steinkorallen im Flachwasser bis zu den bunteren Horn- und Weichkorallen, die von den Wänden hängen. Die ansässigen Riffische sind äußerst fotogen - Feuerfische, Grundeln, Schleim- und Flötenfische, Muränen, Drücker-, Feilen- und Falterfische und andere. Zu den größeren Standorttieren gehören Stechrochen, Meeresschildkröten, Gelbbraune Ammenhaie, Zackenbarsche, pelagische Fische und Adlerrochen. Riffhaie sind recht häufig. Weißspitzen-Riffhaie sind neugierig, Graue Riffhaie etwas scheuer. Letztere werden bis 2 m lang und sind sehr territorial. Normalerweise meiden sie Taucher, einige hier sind jedoch dreister. Bei

Bedrohung machen sie einen Buckel, lassen die Brustflossen hängen und schwimmen in S-förmigen Bewegungen. Dann sollte man sich zurückziehen, denn sie haben schon manchen Taucher angegriffen.

15 FLORA REEF
★★★★

Lage: 230 km von Cairns.
Zugang: Von Cairns über 12 h mit dem Schiff.
Bedingungen: Können direkt hinter dem Riff ruhig sein, leichte Strömungen. Sicht durchschnittlich 40 m.
Minimale Tiefe: 5 m.
Maximale Tiefe: 200 m und mehr.
Flora Reef ist ein kleines Riff südlich von Holmes Reef. Es ist ziemlich ungeschützt, so daß Schiffe hier nur auf der Durchfahrt Station machen oder morgens kommen und abends nach Holmes zurückfahren. Das Tauchen ist ziemlich aufregend: Wände stürzen senkrecht in die Tiefe, und zahlreiche Höhlen reichen weit in das Riff hinein. Flora Reef lohnt einen Besuch, wenn die Bedingungen es zulassen.

Queensland Seesterne findet man nur im Bereich des Great Barrier Reefs und auf Neukaledonien.

Holmes Reef

Holmes Reef, ein Doppelriff, gehört zu den leichter zugänglichen Riffen der Korallen-See und ist nur 240 km von Cairns entfernt. Es hat eine Fläche von 450 km² und bietet großartiges Tauchen mit Steilwänden, Höhlen, Pfeilern, prächtigen Korallen und einem vielfältigen Meeresleben. Bei einem normalen Tauchgang trifft man auf Schwärme von Stachelmakrelen, Riffhaie, die verschiedensten Riffische, Niedere Tiere und herrliche Weichkorallen. Fotografen kommen voll auf ihre Kosten.

Verschiedene Schiffe machen Wochen- und Mehrtagesfahrten zum Holmes Reef; die Rum Runner aus Cairns kommt am regelmäßigsten. Der Veranstalter bietet Viertagesfahrten und garantiert: 30 m Sicht oder Geld zurück - bisher mußte er noch nicht zahlen. Die Rum Runner läuft über ein Dutzend Gebiete an und entdeckt ständig neue. Holmes Reef bietet Schutz bei schlechtem Wetter und sichere Ankerplätze. Weite Teile des Riffs sind noch nicht erkundet.

🟥16 THE ABYSS

★ ★ ★ ★

Lage: Am Südende von Holmes Reef 240 km von Cairns.
Zugang: Von Cairns über 12 h mit dem Schiff.
Bedingungen: Bei fast jedem Seegang allgemein ruhig, meist Strömung. Sicht durchschnittlich 40 m.
Minimale Tiefe: 4 m.
Maximale Tiefe: 100 m und mehr.

WÜRFELQUALLEN

Würfelquallen kommen an der Küste von Queensland jährlich von Oktober bis Mai vor. Das Nesseln bestimmter Arten, vor allem von *C. fleckeri*, ist oft tödlich. Größe des Tieres, Geschlechtsreife, Menge des injizierten Giftes, Alter und Gesundheitszustand des Opfers sowie die Nähe der Nesseln zu lebenswichtigen Organen entscheiden über die Schwere der Verletzung. Einige Opfer sterben binnen weniger Minuten, andere tragen große Narben davon.

Das Gift wirkt vor allem lähmend auf die Atemorgane, das Kreislaufzentrum oder das Herzsystem. Das Nesseln kann schmerzhafte Schwielen und Wunden hervorrufen. Opfer sollten sofort behandelt werden, indem man ihre Atmung aufrechterhält, und die Tentakel sollten schnellstmöglich entfernt werden.

Gehen Sie nicht ohne vollständigen Schutz (Lycra-Body, Strumpfhose oder leichter Tauchanzug) in nordaustralische Küstengewässer. In dem trüben Wasser sind diese durchsichtigen Tiere fast unsichtbar.

The Abyss ist Wandtauchen pur. Die Wand fällt wahrscheinlich über 1.000 m ab. Sie ist mit Hornkorallen, Schwämmen, Peitschen-, Weich- und Steinkorallen geschmückt. In Spalten und Nischen leben zahllose kleine Riffische - Kaiser- und Falterfische, Büschelbarsche, Lipp-, Anemonen- und Schleimfische. Vor der Wand und in der Tiefe kreuzen Graue Riffhaie, Juwelen-Zackenbarsche, Barrakuda-Schnapper, Makrelen und in Schwärmen Stachelmakrelen und Doktorfische. Tauchen ist hier normalerweise ein Strömungstauchen.

🟥17 PREDATORS PLAYGROUND

★ ★ ★ ★ ★ ★ ★ ★

Lage: An der Westseite des Holmes Reef 240 km von Cairns.
Zugang: Von Cairns über 12 h mit dem Schiff.
Bedingungen: Im Schutz des Riffs, deshalb meistens ruhig. Sicht durchschnittlich 40 m.
Minimale Tiefe: Oberfläche.
Maximale Tiefe: 4 m.

Hier veranstaltet die Rum Runner ihre einmalige Haifütterung mit dem großen schwimmenden Haikäfig. Der Käfig besteht aus einem Netz, das an einem überdimensionalen Gummiring hängt. Wenn alle Taucher im Käfig sind, wird ein Köderkäfig ins Wasser gelassen, und über 20 Graue und Weißspitzen-Riffhaie versammeln sich unter dem Schiff. Dann werden Fischstücke hineingeworfen, die sich die Haie schnappen, wenn die Fische ihnen nicht zuvorkommen. Ein paar Haie kommen ganz dicht an das Netz, die meisten bleiben jedoch auf dem Sandboden 10 m darunter. Nach einer halben Stunde sind die Köder verfüttert, und die Haie ziehen wieder ab. Ein packendes, wenngleich ökologisch bedenkliches Schauspiel. Mit etwas Glück sieht man auch einen Tiger- oder Hammerhai.

Bougainville Reef

Beim Bougainville Reef taucht man normalerweise auf der Fahrt zum beliebteren Osprey Reef. Bei ruhiger See bleibt das Boot vielleicht über Nacht hier. Meistens gibt es aber nur einen eintägigen Zwischenstopp. Das 4 km große Riff hat mehrere geschützte Ankerplätze, aber der größte Teil ist ziemlich exponiert. Ringsum fallen Korallenwände, die mit ansässigen und pelagischen Fischen bevölkert sind, senkrecht ab. Oben auf dem Riff gibt es einige zauberhafte Korallengärten, und die Überreste zweier Wracks ragen teilweise aus dem Wasser. Für Schnorchler und Taucher gibt es hier einiges zu sehen.

Ein Trompetenfisch benutzt eine Goldflossen-Süßlippe zur Tarnung bei der Jagd.

18 NORTH WALL
★★★★★★★★

Lage: Am Nordende des Bougainville Reef 230 km von Cairns und Port Douglas.
Zugang: Von Cairns und Port Douglas über 12 h mit dem Schiff.
Bedingungen: Hinter einem Riff, ruhig. Sicht durchschnittlich 40 m.
Minimale Tiefe: 6 m.
Maximale Tiefe: 1.000 m und mehr.
Alle Riffe in der nördlichen Korallen-See bieten großartiges Steilwandtauchen, so auch Bougainville Reef. Wer diese Wand hinunter in den schwarzen Abgrund taucht, kommt sich wie im Weltraum vor, bis ein Grauer Riffhai ihn zurückholt in die Wirklichkeit. Graue und Weißspitzen-Riffhaie sind am Nordende des Riffs häufig. Schwärme von Barrakudas und Doktorfische suchen die Gegend auf, dazu Makrelen, Stachelmakrelen, Hundezahn-Thunfische und Barrakuda-Schnapper. Die schönen Korallen werden umso größer, je tiefer man taucht - 2 m lange dornige Weichkorallen, 3 m hohe Schwarze Korallenbüsche und ebenso große Hornkorallen.

Osprey Reef

Osprey Reef ist das nördlichste Riff in der Korallen-See und für viele auch das beste. Das Riff ist 20 x 4 km groß. Im Zentrum liegt eine große, tiefe Lagune, die sicheres Ankern garantiert. Die Wände sind unglaublich steil, denn das Wasser am Riff ist 2 km tief, und voll prächtiger Stein- und Weichkorallen. Die dortigen Riffische sind farbenprächtig und artenreich und teilen ihr Reich mit Zackenbarschen, Napoleon-Lippfischen, Stech- und Adlerrochen, Mantas, Meeresschildkröten und pelagischen Fischen. Haie gehören zu Osprey Reef dazu, und am berühmten North Horn kann man Silberspitzen-, Hochsee-Weißflossen- und Hammerhaie beobachten.

Von Cairns und Port Douglas fahren regelmäßig Charterboote zum Osprey Reef. Bei einer einwöchigen Fahrt macht man Zwischenstation am Bougainville Reef, ist dann zwei oder drei Tage am Osprey Reef und kreuzt die beiden letzten Tage vor dem Ribbon Reef.

19 SOUTH HORNE
★ ★ ★ ★ ★ ★

Lage: Am Südende des Osprey Reef 350 km von Cairns, 310 km von Port Douglas.
Zugang: Von Cairns und Port Douglas über 18 h mit dem Schiff.
Bedingungen: Meistens ruhig, leichte Strömungen. Sicht durchschnittlich 40 m.
Minimale Tiefe: 6 m.
Maximale Tiefe: 1.000 m.
Hier gibt es einige schöne Weich- und Hornkorallen unter 30 m. In dieser Tiefe trifft man wahrscheinlich auch Riffhaie und den gelegentlichen Schwarm Barrakudas oder Stachelmakrelen. Auch Makrelen, Thunfische, Regenbogen-Stachelmakrelen, Füsiliere und Barrakuda-Schnapper kreuzen hier. Weiter oben in der Wand sind einige Höhlen und Vorsprünge zu erkunden. Dort findet man noch mehr Riffische, eine Vielfalt Niederer Tiere, Stechrochen und kleine, zarte Korallen.

BLITZLICHTFISCHE

Nachttauchgänge am Osprey Reef können durch eine kleine Fischart, sogenannte Blitzlichtfische, eine besondere Note erhalten. Schaltet man beim Einstieg ins Wasser seine Lampe aus, sieht man auf dem Riff Dutzende kleiner bewegter Lichter - Blitzlichtfische. Es gibt fünf Arten, aber hier trifft man meist auf den einflossigen Blitzlichtfisch. Die Fische haben unter den Augen Leuchtorgane, die sie durch Abdecken mit einer dunklen Haut „ausschalten" können. Die Leuchtorgane dienen dem Fisch nachts sowohl zum Anlocken der Beute (Zooplankton) als auch zur Kommunikation. Tagsüber verstecken sich die Fische in Höhlen, aber nachts fressen sie an den Steilwänden. Tauchen Sie ein paar Stunden nach Einbruch der Dunkelheit, dann sehen Sie sie am ehesten.

20 NORTH HORNE
★ ★ ★ ★ ★ ★ ★ ★ ★

Lage: Am Nordende des Osprey Reef 350 km von Cairns, 310 km von Port Douglas.
Zugang: Von Cairns und Port Douglas über 18 h mit dem Schiff.
Bedingungen: Im Schutz des Riffs, meistens ruhig. Sicht durchschnittlich 40 m.
Minimale Tiefe: 6 m.
Maximale Tiefe: 1.000 m.
North Horne ist das berühmteste Tauchgebiet am Osprey Reef, bekannt für seine vielen Haie. Sobald man ins Wasser steigt, wird man von sechs standorttreuen Weißspitzen-Riffhaien und mehreren Grauen Riffhaien inspiziert. Steigt man an der Wand ab, schließen sich diesen Haien manchmal große Silberspitzenhaie und gelegentlich Hochsee-Weißflossenhaie, Große Hammerhaie und vereinzelt Tigerhaie an, die dafür sorgen, daß Sie diesen Tauchgang nie vergessen werden. Einige Boote veranstalten Haifütterungen. Außer den Haien kann der Taucher schöne Weich-, Peitschen-, Horn- und andere Korallen bewundern. Auch Schwärme pelagischer Fische, Zackenbarsche, Adlerrochen und Mantas sind vertreten. Eine der Attraktionen des Riffs ist die Hammerhaipopulation. Im Winter und Frühjahr sieht man vor der Wand große Verbände von Hammerhaien. Das hat vermutlich mit der Paarung zu tun, doch man weiß kaum etwas über Haiverhalten. Um die Haie zu sehen, muß man meistens vor die Wand schwimmen, wo man mit etwas Glück Hunderte von Hammerhaien in Formation sehen kann.

Wie man hinkommt

Von Airlie Beach, Townsville, Cairns und Port Douglas fahren viele Charterboote regelmäßig in die nördliche Korallen-See. Airlie Beach liegt über 1.100 km nördlich von Brisbane und ist per Flugzeug, Auto, Bus und Bahn zu erreichen. Wer fliegt, muß bis Hamilton Island oder Proserpine fliegen und von da mit dem Wassertaxi oder dem Bus nach Airlie Beach fahren. Townsville liegt 1.371 km nördlich von Brisbane und ist per Flugzeug, Bahn, Auto oder Bus zu erreichen.

Cairns liegt 1.717 km nördlich von Brisbane. Es hat einen großen internationalen Flughafen und ist auch per Auto, Bus und Bahn zu erreichen.

Port Douglas liegt nur 75 km nördlich von Cairns, von wo es eine regelmäßige Busverbindung gibt.

Wo man absteigen kann

Man findet in Airlie Beach, Townsville, Cairns und Port Douglas ausgezeichnete Unterkunft - vergleiche die jeweiligen regionalen Adressen.

Wo man essen kann

All diese Städte haben zahllose Restaurants mit und ohne Straßenverkauf.

Taucheinrichtungen

Auriga Bay II, PO Box 274, Manunda, Cairns, Tel. 070-581 408, Fax 070-581 404. Die *Auriga Bay II* ist ein 18 m langes Motorboot für 12 Passagiere. Ihr Haupteinsatzgebiet sind die Far Northern Reefs, sie fährt aber auch Osprey Reef, die Ribbon Reefs und Cod Hole an.

Taka Dive, Cnr Lake & Aplin Sts, Cairns, Tel. 070-518 722, Fax 070-312 739, betreibt die 22 m lange *Taka II*, die 26 Passagiere befördern kann, und die 28 m lange *Taka III*. Es gibt ganzjährig Fahrten zum Osprey Reef im Rahmen der Ribbon Reef-Touren sowie Viertagesfahrten zum Holmes Reef.

Mike Ball Dive Expeditions, 252 Walker Street, Townsville, Tel. 077-723 022, Fax 077-212 152, betreibt das Kreuzfahrtschiff *Spoilsport*, einen 30-m-Katamaran für 28 Passagiere, und fährt regelmäßig Flinders Reef, Boomerang Reefs und das *Yongala*-Wrack an; außerdem gibt es mehrtägige Fahrten in die Korallen-See zu den Herald Cays, Coringa Islets, Abington und Malay Reefs.

Pacific Star Charters, 48 Coral Esplanade, Cannonvale, Airlie Beach, Tel. 079-466 383, Fax 079-466 901, betreibt den motorisierten 19-m-Katamaran *Pacific Star*, der 10 Passagiere befördern kann und Fahrten zum Lihou Reef, den Diamond Islets, Abington Reef, Flinders Reef, den Riffen bei den Whitsundays und zum Marion Reef in der südlichen Korallen-See unternimmt.

Reef Explorer, PO Box 1090, Cairns, Tel. 070-939 113, Fax 070-939 112. Die 20 m lange *Reef Explorer* befördert 10 Passagiere und fährt regelmäßig Osprey Reef, Ribbon Reefs und Cod Hole an, außerdem gibt es am Osprey Reef Tigerhai-Käfigtrips. Mehrtägige Fahrten gibt es zum Flinders Reef, den Herald Cays, Abington Reef, den Lihou Reefs und Diamond Islets.

Rum Runner Charters, Trinity Wharf, Cairns, Tel. 070-521 388, Fax 070-521 488. Die *Rum Runner*, ein 20-m-Motorschoner für 16 Passagiere und *Rum Runner II*, ein 20-m-Motorboot für 18 Passagiere, fahren Holmes Reef, Bougainville Reef, die Ribbon Reefs und Cod Hole an.

Nimrod III Dive Adventures, 46 Spence St, Cairns, Tel. 070-315 566, Fax 070-312 431. *Nimrod III* ist ein 20-m-Boot für 16 Passagiere. Sie fährt im Gebiet der Ribbon Reefs und kann für Fahrten in die nördliche Korallen-See und zu den Far Northern Reefs gechartert werden.

Undersea Explorer, Reef Plaza, Cnr Grafton & Spence St, Cairns, Tel. 070-512 733, Fax 070-512 286. *Undersea Explorer* ist ein 25-m-Boot mit 11 geräumigen Doppelkabinen. Sie macht Wochenfahrten zum Osprey Reef, den Ribbon Reefs und Cod Hole, zum Dart Reef, Bougainville Reef und den Far Northern Reefs.

Filmentwicklung

Mehrere Schiffe entwickeln Dia-Filme an Bord. Entwickeln von Negativ- und Dia-Filmen ist in Airlie Beach, Townsville, Cairns und Port Douglas möglich. Vgl. die entsprechenden regionalen Adressen.

Krankenhäuser

Calvary Hospital, 1 Upward St, Cairns, Tel. 070-525 200.

Cairns Base Hospital, Esplanade, Cairns, Tel. 070-506 333.

Proserpine Hospital, 2 Herbert St, Proserpine, Tel. 079-451 422.

Townsville General Hospital, Eyre Street, Townsville, Tel. 077-819 211.

Telefon für Notfälle, Feuerwehr, Polizei und Krankenwagen 000.

Dekompressionskammer

Bei Tauchunfällen in Australien wende man sich an DES (Diving Emergency Service) unter 1800 088 200. Weiter Informationen unter Tauchunfälle, S. 169. Alle gecharterten Tauchboote müssen Sauerstoff mitführen, aber da es ein weiter Weg zur nächsten Kammer ist, sieht man sich am besten immer vor.

Lokale Besonderheiten

Vergleichen Sie dazu die entsprechenden regionalen Adressen.

Antonio Tarabocchia

Im November 1961 fuhr der italienische Frachter *Antonio Tarabocchia* ungebremst auf das Bougainville Reef. Die Besatzung ließ die Maschinen volle Kraft zurück laufen, um das auf dem Riff sitzende Schiff wieder flott zu bekommen. Einen Monat später war die Unterseite zerstört, und das Schiff brach auseinander. Heute ist es bei guten Bedingungen ein wunderbares Tauchwrack. An dem 140 m langen Wrack gibt es viel zu entdecken; man kann um die Kessel schwimmen, die verbogenen Stahlplatten untersuchen und identifizieren, was man sonst findet.

DIE NÖRDLICHEN RIFFE

Haie, Steilwände und pelagische Fische, und das alles reichlich, so beschreibt man die nördliche Region des Great Barrier Reef wohl am besten. Dieser abgelegen Abschnitt erstreckt sich von Lizard Island bis nach Papua Neuguinea im Norden.

Die Riffe im Norden sind zweifellos die vielfältigsten in australischen Gewässern. In diesen warmen Gewässern gedeihen Stein- und Weichkorallen, und der Reichtum an Riffischen ist unglaublich. Da hier selten gefischt wird, sind pelagische Fische wie Thunfische, Makrelen, Barrakuda-Schnapper, Stachelmakrelen und Barrakudas häufig. An vielen Riffen findet man Wale, Delphine, Speerfische, Zackenbarsche, Stech- und Adlerrochen, Mantas und Meeresschildkröten. Letztere nisten zu Tausenden auf den unzähligen Korallenbänken - wahrscheinlich die größte Population der Erde. Besonders zu erwähnen an den nördlichen Riffen sind die Haie. Man sieht sie wieder und wieder, von den bodenbewohnenden Wobbegongs und Leopardenhaien bis zu den verschiedenen Riff- und Hammerhaien, Tiger- und sogar Walhaien. Die meisten Bootstouren haben Haifütterungen im Programm.

Viele Riffe liegen dicht beieinander, die Strömungen sind entsprechend spürbar. Strömungtauchen ist eine Spezialität der Gegend, und ohne die Strömungen gäbe es nicht diesen unglaublichen Reichtum an Korallen. Die Sicht an den inneren Riffen kann bis auf 15 m sinken, an den äußeren liegt sie im Schnitt bei 30 m und kann über 60 m erreichen. Einige Tauchgebiete haben einen Namen, die meisten sind aber noch unerforscht.

Nur einige Charterboote kommen hierher - die meisten Fahrten dauern sieben Tage und länger, denn die Riffe sind über 400 km von Cairns entfernt, wo die meisten Schiffe beheimatet sind. Die Taucher fliegen von Cairns zum Lockhart River, wo die Schiffe starten. Vom Lockhart sind es nur einige Stunden Fahrt zu den nördlichen Riffen. Einige fliegen auch zur Thursday Island und machen eine Tauchfahrt zurück nach Cairns.

Gegenüber: Taucher finden an den Far Northern Reefs zahlreiche farbenprächtige und gesunde Korallen.
Oben: Imperator-Partnergarnelen leben auf der Spanischen Tänzerin.

DIE NÖRDLICHEN RIFFE

Boot Reef

Eastern Fields ■

Ashmore Reef

S. INSERT (links)

Boot Reef ■

Ashmore Reef ■

Flinders Entrance

GRENZE DES MEERESSCHUTZGEBIETS (Far Northern Section)

Triangle Reef

19 ◄ **Quetta**

Newcastle Bay

Sharp Point

Jardine River National Park

Orford Bay

Jardine

Hunter Point

Captain Billy ○

Shelburne Bay

Home Islands

Stead Passage

Ashmore Bank

Captain's Table

Mobula Wall

11

10

Pandora Cay

17 ◄ **Pandora** **18**

16 ◦ Raine Island

15 Shark City

Great Detached Reef

14 Manta Wall

13 **12** Star Reef

Yule Detached Reef

Wishbone Reef

9 Cathedral Wall

Wreck Bay

8

Black Rock

7 North Wall

Blackwood Channel

G R E A T **D I V I D I N G** **R A N G E**

Olive

Temple Bay

Martin's Mecca **6**

Rainbow Wall **5**

Mantis Reef

4 Northern Small Detached Reef

3 Southern Small Detached Reef

Iron Range National Park

Werlock

Lockhart River ○

2 ─ Bligh Reef

Cape Direction

Lloyd Bay ○

Lockhart

S Ü D P A Z I F I S C H E R   O Z E A N

Korallen-

See

N

1 Tijou Reef

Cairns

Townsville

Mackay

Rockhampton

Gladstone

Bundaberg

BRISBANE

Queensland

Friendly Point

| 0 | 20 | 60 | 100 km |
| 0 | 25 | 50 Meilen |

1 TIJOU REEF

* * * * * * * *

Lage: Östlich von Cape Melville, 100 km südlich des Lockhart.
Zugang: Vom Lockhart über 10 h mit dem Schiff.
Bedingungen: Im Schutz eines Riffs, zumeist ruhig, leichte Strömungen. Sicht durchschnittlich 40 m.
Minimale Tiefe: 10 m.
Maximale Tiefe: 90 m und mehr.
Die Innenseite des Riffs bietet sicheren Ankerplatz, die Außenseite im Osten großartiges Tauchen an der senkrechten Korallenwand. Diese Wand ist mit vielen Höhlen und Spalten durchsetzt, die mit Weich-, Hydro-, Peitschen- und Hornkorallen sowie Schwämmen bedeckt sind. In den Höhlen verstecken sich Kugel-, Flöten- und Husarenfische, Büschelbarsche und Langusten. Es gibt viele prächtige Riffische, vor allem im Flachwasser. Häufig zu sehen sind Kaiserfische, Muränen, Feuerfische, Zacken- und Fahnenbarsche, Falterfische, Süßlippen und Lippfische. Vor der Wand jagen pelagische Fische wie Stachelmakrelen und Thunfische, und zwanglos schwimmen Schwärme von Doktorfischen und Stachelmakrelen durcheinander. Riffhaie sind ständige Begleiter. Die Nordspitze des Tijou Reef wird allgemein als Shark City bezeichnet. Ständig kreuzen Graue und Silberspitzen-Riffhaie vor der Wand oder kommen nah an die Taucher heran. Hin und wieder findet eine Haifütterung statt. Fütterungen gelten heute als ökologisch bedenklich, da einige Arten bevorzugt werden und so das ökologische Gleichgewicht gestört wird.

2 BLIGH REEF

* * * * * * * *

Lage: Östlich von Cape Direction, 60 km südlich des Lockhart.
Zugang: Vom Lockhart über 6 h mit dem Schiff.
Bedingungen: Dicht beim Riff ruhig, leichte Strömungen. Sicht durchschnittlich 40 m.
Minimale Tiefe: 10 m.
Maximale Tiefe: 90 m und mehr.
Bligh Reef ist ein langgestrecktes Riff mit geschützten Korallengärten an der Innenseite und Steilwänden überall sonst. An diesen Wänden herrscht ständig Strömung, weshalb sie im tieferen Wasser auch über und über mit dornigen Weich-, Horn- und Peitschenkorallen bedeckt sind. Hier tummeln sich Riff- und pelagische Fische: Doktorfische, Büschelbarsche, Drücker-, Feilen-, Lipp- und Papageifische, Stachelmakrelen, Barrakudas, Napoleon-Lippfische und Fledermausfische.

3 SÜDLICHES SMALL DETACHED REEF

* * * * * * * *

Lage: Östlich von Cape Weymouth, 80 km nördlich des Lockhart.
Zugang: Vom Lockhart über 7 h mit dem Schiff.
Bedingungen: Im Schutz eines Riffs, zumeist ruhig. Sicht durchschnittlich 30 m.
Minimale Tiefe: 10 m.
Maximale Tiefe: 90 m und mehr.
An der Nordwestseite dieses Riff gibt es mehrere Tauchgebiete mit aufregenden, korallenüberwachsenen Steilwänden. An der Südwestecke kann man hervorragend Schwärme pelagischer Fische und ein Knäuel aus Stachelmakrelen und Barrakudas beobachten. Hier sind Thunfische, Makrelen, Füsiliere, Zackenbarsche und Napoleon-Lippfische zu sehen, außerdem Meeresschildkröten, Riffhaie, Adlerrochen und Mantas, also die Kamera nicht vergessen. An der Nordseite bietet die kleine geschützte Auriga Bay phantastische Steinkorallen. Auf dem Sandboden zwischen den Korallen findet man einige Riesenmuscheln. Kleine Riffische sind ziemlich häufig, und auch Blaupunkt-Stechrochen, kleine Sepien und selbst Leopardenhaie sind vertreten. Am Rand dieser Bucht fällt eine Wand mit einigen schönen Korallen in die Tiefe.

4 NÖRDLICHES SMALL DETACHED REEF

* * * * * * * *

Lage: Östlich von Cape Weymouth, 90 km nördlich des Lockhart.
Zugang: Vom Lockhart über 8 h mit dem Schiff.
Bedingungen: Tauchen nur bei guten Bedingungen möglich. Sicht durchschnittlich 30 m.
Minimale Tiefe: 10 m.
Maximale Tiefe: 90 m und mehr.
Dieses kleine Riff steigt aus der Tiefe knapp über den Meeresspiegel. Ringsum sind dicht mit Korallen bewachsene Steilwände. Die Nordseite ist am geschütztesten und bietet phantastisches Tauchen. Fotografen werden von Anzahl und Größe der Horn-, Weich- und Peitschenkorallen begeistert sein. Weitere Farbtupfer liefern unzählige Riffische, von Süßlippen und Papageifischen bis zu winzigen Grundeln und Schleimfischen, sowie verschiedene Haarsterne, riesige Anemonen mit Anemonenfischen, Nacktschnecken, Plattwürmer, zarte Garnelen und Korallenkrabben in den Weichkorallen. Vor der Wand schwimmen die üblichen pelagischen Fische, Makrelen, Stachelmakrelen, Barrakudas, Füsiliere, sowie die ansässigen Grauen und Weißspitzen-Riffhaie.

Viele Riffe sind mit Höhlen und Durchgängen durchsetzt.

dere Tiere, pelagische Fische und Riffhaie. Stachelmakrelen und Barrakudas umrunden in Schwärmen das Riff, Graue Riffhaie kreuzen, und Makrelen und Thunfische ziehen vorbei. Im farbenprächtigen Flachbereich kann man gut schnorcheln. Es wimmelt von Riffischen, und Weißspitzen-Riffhaie kommen ganz nah heran.

6 MARTIN'S MECCA

★ ★ ★ ★ ★ ★

Lage: Am westlichen Ende des Mantis Reef, 100 km nördlich des Lockhart.
Zugang: Vom Lockhart über 11 h mit dem Schiff.
Bedingungen: Allgemein ruhig. Sicht durchschnittlich 30 m.
Minimale Tiefe: 3 m.
Maximale Tiefe: 25 m.
Martin's Mecca ist ein farbenprächtiger Pfeiler voller Leben, der aus dem Wasser ragt. Ununterbrochen ziehen Riffische über das Riff, man sieht große Schwarmfische und am Pfeiler selbst viele Niedere Tiere. Er ist überzogen mit üppigen Steinkorallen, die vielen Riffbewohnern wie Nacktschnecken, Haarsternen, Muränen, Kaiser- und Falterfischen, Zacken- und Fahnenbarschen, Feilen-, Drücker- und Anemonenfischen sowie Muscheln Schutz bieten. Süßlippen, Papagei- und Doktorfische, Füsiliere und Regenbogen-Stachelmakrelen umschwärmen den Pfeiler, an dem man ausgezeichnet schnorcheln kann.

7 NORTH WALL

★ ★ ★ ★ ★ ★ ★

Lage: Am Nordende des Mantis Reef, 100 km nördlich des Lockhart.
Zugang: Vom Lockhart über 11 h mit dem Schiff.
Bedingungen: Allgemein ruhig, leichte Strömungen. Sicht durchschnittlich 30 m.
Minimale Tiefe: 10 m.
Maximale Tiefe: 60 m und mehr.
In der leichten Strömung am Nordende des Mantis Reef ist genußvolles Strömungstauchen möglich. Die Wand bietet üppige, bunte Korallen und Riffische. Zu den großen Riffischen der Gegend gehören Juwelen- und andere Zackenbarsche, Papageifische, Rote Trommelfische, Süßlippen und Drückerfische. Die pelagischen Arten und die Haie sind bemerkenswert. Barrakudas, Stachelmakrelen, Thunfische, Makrelen und Barrakuda-Schnapper jagen am Riff. Riffhaie sind häufig, Silberspitzen-, Graue und Weißspitzen-Riffhaie regelmäßig zu sehen. Dies ist auch ein guter Platz, um Mantas zu beobachten, die hier in der Strömung nach Nahrung suchen und neugierig die Taucher umkreisen.

5 RAINBOW WALL

★ ★ ★ ★ ★ ★ ★ ★

Lage: Am südlichen Ende des Mantis Reef, 100 km nördlich des Lockhart.
Zugang: Vom Lockhart über 10 h mit dem Schiff.
Bedingungen: Allgemein ruhig, leichte Strömungen. Sicht durchschnittlich 30 m.
Minimale Tiefe: 6 m.
Maximale Tiefe: 45 m und mehr.
Rainbow Wall liegt am Südende des Mantis Reef und bietet im allgemeinen Strömungstauchen. Die bunte Steilwand ist bedeckt mit dornigen Weich- und großen Hornkorallen, Schwämmen, Seescheiden, Hydro- und Steinkorallen. Es gibt zahllose kleine Riffische und Nie-

8 BLACK ROCK

★★★★★★★★

Lage: Am Nordende des Mantis Reef, 100 km nördlich des Lockhart.
Zugang: Vom Lockhart über 11 h mit dem Schiff.
Bedingungen: Allgemein ruhig, leichte Strömungen. Sicht durchschnittlich 30 m.
Minimale Tiefe: 10 m.
Maximale Tiefe: 70 m und mehr.
Ebenfalls aufregendes Wandtauchen mit großen Horn-, dornigen Weich- und unzähligen Peitschenkorallen. Ständig patrouillieren pelagische Fische vor der Wand, und man sieht Riff- und etliche Hammerhaie. Es gibt einen wunderschönen Korallengarten und ein großes Sandfeld oben über der Wand, wo Dutzende der scheuen Röhrenaale den Kopf aus dem Sand strecken. Im Korallengarten wimmelt es von Riffischen, Kaiser-, Feuer-, Drücker- und Flötenfischen, Riffbarschen, Lippfischen, Zackenbarschen und Süßlippen. Der flache Korallengarten ist auch ideal zum Schnorcheln. Die Korallen sind gesund und farbenprächtig, es gibt viele Riffische und sogar etliche Riffhaie.

9 CATHEDRAL WALL

★★★★★★★★

Lage: Am Südende des Wishbone Reef, 110 km nördlich des Lockhart.
Zugang: Vom Lockhart über 12 h mit dem Schiff.
Bedingungen: Allgemein ruhig hinter einem Riff, leichte Strömungen. Sicht durchschnittlich 30 m.
Minimale Tiefe: 10 m.
Maximale Tiefe: 100 m und mehr.
Außen am Rand des Wishbone Reef verschwinden Steilwände senkrecht in der Tiefe, innen liegt eine mit Pfeilern übersäte große Lagune. Die Wand ist nach einem riesigen, 80 m tiefen Spalt benannt. In 25 m überspannt ein Korallenbogen den Spalt, der von vielen Höhlen gesäumt ist. Mittags, wenn Licht in die Grotte fällt, ist die beste Zeit zum Tauchen. Die übrige Wand bietet prächtige Korallen sowie zahllose Riff- und pelagische Fische wie Thunfische, Barrakudas und Makrelen. Auch Weißgefleckte Adlerrochen, Mantas und Graue Riffhaie kreuzen vor der Wand. Ein hervorragendes Gebiet für Nah- und Weitwinkelaufnahmen.

Traum-Kaiserfisch.

10 MOBULA WALL

* * * * * *

Lage: An der Westspitze des Wishbone Reef, 110 km nördlich des Lockhart.
Zugang: Vom Lockhart über 12 h mit dem Schiff.
Bedingungen: Allgemein ruhig, leichte Strömungen. Sicht durchschnittlich 30 m.
Minimale Tiefe: 4 m.
Maximale Tiefe: 25 m.
An dieser Wand, die mit prächtigen Weich-, Peitschen- und Hornkorallen geschmückt ist, ist entspanntes Strömungstauchen möglich. Bei näherem Hinsehen entdeckt man Nacktschnecken, Plattwürmer, Schlangen- und Haarsterne, Weichtiere, Seesterne und massenhaft kleine Riffische. In einigen Höhlen sieht man Muränen, aber auch Feuer-, Drücker- und Husarenfische, Fahnenbarsche und bunte Falterfische. Benannt wurde die Wand nach den Kleinen Teufelsrochen, die manchmal hier aufkreuzen. Sie sind eng mit den Mantas (Großer Teufelsrochen) verwandt, aber kleiner, und der Kopf ragt weiter vor. Kleine Teufelsrochen sind schwer zu fotografieren, da sie nicht so verspielt wie Mantas sind; es ist schon ein Erlebnis, wenn man sie im Schwarm vorbeiziehen sieht.

11 CAPTAINS TABLE

* * * * * * *

Lage: An der Westseite des Wishbone Reef, 110 km nördlich des Lockhart.
Zugang: Vom Lockhart über 12 h mit dem Schiff.
Bedingungen: Allgemein ruhig. Sicht durchschnittlich 20 m.
Minimale Tiefe: 4 m.
Maximale Tiefe: 33 m.

WIRBELSTÜRME

Wirbelstürme können das Reisen, eine Ferienanlage und das Tauchen bis zu zwei Wochen lahmlegen. Liegt eine Insel direkt auf dem Weg eines Wirbelsturms, kann er beträchtliche Schäden auf der Insel und an den Korallenriffen anrichten. Gesunder Korallenwuchs braucht unter Umständen 10 bis 15 Jahre, um sich zu erholen, und 50 oder gar 100 Jahre bei schweren Schäden an den Korallenbauten. Einige *Porites*-, Hirn- und Wabenkorallen wachsen nur etwa 2 cm im Jahr, Geweih- und Nadelkorallen dagegen sehr viel schneller. Nach einem Naturereignis wie einem Wirbelsturm wachsen Korallen bekanntermaßen schneller.

Die Westseite dieses Riffs bietet sichere Ankerplätze und viele Pfeiler. Captain's Table ist ein 33 m hoher Pfeiler, der etwas aus dem Wasser ragt. In den oberen zehn Metern sind üppige Steinkorallengärten mit Platten-, Geweih- und Flaschenbürstenkorallen, die vielen kleineren Riffischen wie Riffbarschen, Drücker-, Lipp- und Falterfischen Schutz bieten. Je tiefer man taucht, desto farbenprächtiger werden die Horn- und Weichkorallen. Im tieferen Wasser trifft man auf größere Riffische und pelagische Arten - Juwelen-Zackenbarsche, Barrakudas, Doktorfische, Süßlippen, Barramundis, Füsiliere und Stachelmakrelen. Viele Nacktschnecken und Weichtiere bieten lohnende Fotomotive.

12 STAR REEF

* * * * * * *

Lage: Östlich von Cape Grenville, 120 km nördlich des Lockhart.
Zugang: Vom Lockhart über 13 h mit dem Schiff.
Bedingungen: Allgemein ruhig, Strömungen. Sicht durchschnittlich 30 m.
Minimale Tiefe: 10 m.
Maximale Tiefe: 50 m und mehr.
Bei Strömung am Star Reef kann Strömungstauchen herrlich sein. Wenn man vor dieser bunten Wand taucht, sieht man neben unzähligen Riffischen Schwärme von Stachelmakrelen und Barrakudas, Zackenbarsche, Napoleon-Lippfische, Juwelen-Zackenbarsche, große Rote Trommelfische, kleine Riffhaie, Makrelen und Thunfische. Beim genußvollen Strömungstauchen braucht man kaum Kraft - aber führen Sie in einem so abgelegenem Gebiet immer optische Signalmittel mit.

13 STEAD PASSAGE

* * * *

Lage: Östlich von Cape Grenville, 125 km nördlich des Lockhart.
Zugang: Vom Lockhart über 14 h mit dem Schiff.
Bedingungen: Allgemein ruhig, Strömungen. Sicht durchschnittlich 25 m.
Minimale Tiefe: 18 m.
Maximale Tiefe: 40 m und mehr.
Stead Passage ist ein Kanal zwischen zwei Riffen mit einem großen Pfeiler, den man erkunden oder wo man Strömungstauchen praktizieren kann. Es gibt schöne Korallen und viele Riffische, doch die pelagischen Fische und Haie werden Ihnen in Erinnerung bleiben. In Scharen ziehen Regenbogen-Stachelmakrelen, Barrakudas und Stachelmakrelen vorbei, umkreist von großen Makrelen

Juwelen-Zackenbarsche bevorzugen tagsüber Höhlen und die Unterseite von Überhängen.

und Thunfischen. Graue Riffhaie patrouillieren in der Tiefe, und Silberspitzen-Riffhaie tauchen urplötzlich auf, inspizieren den Taucher und verschwinden wieder. Ein aktionsgeladenes Tauchgebiet mit ungestümen Fischen.

14 MANTA WALL
★ ★ ★ ★ ★ ★ ★

Lage: An der Südwestspitze des Great Detached Reef, 140 km nördlich des Lockhart.
Zugang: Vom Lockhart über 15 h mit dem Schiff.
Bedingungen: Allgemein ruhig hinter einem Riff, leichte Strömungen. Sicht durchschnittlich 25 m.
Minimale Tiefe: 10 m.
Maximale Tiefe: 60 m und mehr.
Normalerweise ein Strömungstauchgebiet. Hier kann man an einer Wand entlangtreiben, die unter Horn-, Dornigen Weich- und Peitschenkorallen sowie Schwämmen verschwindet. In und bei den Korallen leben Nacktschnecken, See- und Haarsterne, Weichtiere, Büschelbarsche, Grundeln, Schleimfische, Zackenbarsche, Feuer- und Feilenfische sowie Schweins-Lippfische. Vor der Wand ziehen pausenlos pelagische Fische vorbei, einzelne Makrelen oder Hundezahn-Thunfische, aber auch

scharenweise Stachelmakrelen, Barrakudas, Regenbogen-Stachelmakrelen oder Füsiliere. Ihnen auf den Fersen Graue und Weißspitzen-Riffhaie, die auf leichte Beute aus sind. Auch wenn man sie nicht immer sieht, kreuzen doch gelegentlich Mantas auf.

15 SHARK CITY
★ ★ ★ ★ ★

Lage: An der Nordostseite des Great Detached Reef, 140 km nördlich des Lockhart.
Zugang: Vom Lockhart über 16 h mit dem Schiff.
Bedingungen: Allgemein ruhig, leichte Strömungen. Sicht durchschnittlich 30 m.
Minimale Tiefe: 6 m.
Maximale Tiefe: 27 m.
Die Begegnung mit Haien ist immer aufregend, und hier wird sie dutzendfach geboten, weil hier regelmäßig Haifütterungen stattfinden. Das Riff im 10 m tiefen Wasser ist unregelmäßig und fällt auf 27 m ab. Das Gebiet hat einige prächtige Weich- und Hornkorallen, und es gibt viele Riffische, doch hier will jeder Haie und pelagische Fische sehen. Sobald der Köder ausgeworfen ist, erscheinen Weißspitzen-, Silberspitzen- und Graue

DAS HMS *PANDORA*-WRACK

Das Wrack der HMS *Pandora* ist eines der berühmtesten in Australiens Gewässern. Nach der Festnahme mehrerer Meuterer von der berüchtigten HMS *Bounty* auf Tahiti kehrte die *Pandora* nach England zurück, wo die Männer verurteilt werden sollten. Die 14 Gefangenen waren in Ketten in einer kleinen Zelle zusammengepfercht. Im August 1791 hielt der Kapitän Ausschau nach einem Durchschlupf durch das Riff, als das Schiff auf Grund lief. Am nächsten Morgen kam es frei und trieb auf ein anderes Riff zu, als es plötzlich vollief. Die Besatzung sprang in die Beiboote, ohne sich um die Gefangenen zu kümmern, doch der Maat des Bootsmanns warf ihnen die Schlüssel zu, und zehn konnten sich retten. Die *Pandora* sank in wenigen Minuten und riß 31 Mann Besatzung sowie vier Gefangene mit in die Tiefe. Den 89 überlebenden Seeleuten und 10 Meuterern gelang unter ihrem Kapitän Edward Edwards das seemännische Kunststück, mit vier Beibooten in nur elf Tagen Batavia zu erreichen, ohne einen einzigen Mann zu verlieren. Von dort kehrten sie nach England zurück. Die Meuterer kamen vor ein Kriegsgericht. Sieben wurden begnadigt, drei gehängt.

Riffhaie, umkreisen ihn ein paar Sekunden und schlagen dann zu. Meistens beteiligen sich Rote Trommelfische, Riesen-Zackenbarsche, Doktorfische und Barrakuda-Schnapper an dem Fressen.

16 RAINE ISLAND

* * * * *

Lage: Nordöstlich von Cape Grenville, 160 km nördlich des Lockhart.
Zugang: Vom Lockhart über 16 h mit dem Schiff.
Bedingungen: Allgemein ruhig. Sicht durchschnittlich 20 m.
Minimale Tiefe: 3 m.
Maximale Tiefe: 60 m und mehr.
Auf dieser Insel nisten weltweit die meisten Suppenschildkröten. Jeden Sommer kommen Zehntausende zur Paarung und Eiablage, aber auch sonst sind jederzeit Hunderte vor Ort. Für den Landgang braucht man eine Genehmigung, doch an den Riffen und umliegenden Steilwänden darf man tauchen. Die Nordseite der Insel mit ihren zahllosen Höhlen und Überhängen ist am beliebtesten. In jeder Höhle scheinen ein oder zwei Meeresschildkröten zu sitzen, dazu Husaren-, Kugel- und Falterfische. Vor der Wand sind etliche pelagische Fische oder Tigerhaie unterwegs. Letztere fressen geschwächte

oder kranke Schildkröten - sie schwimmen sogar das Ufer ab und fangen Meeresschildkröten ab, die nach der Eiablage wieder ins Wasser kommen. Taucher beachten sie im allgemeinen nicht; man kann also genußvoll tauchen und phantastische Aufnahmen von Tigerhaien machen.

17 PANDORA CAY

* * * * * * * *

Lage: Östlich von Kap York, 175 km nördlich des Lockhart.
Zugang: Vom Lockhart über 18 h mit dem Schiff.
Bedingungen: Allgemein ruhig. Sicht durchschnittlich 25 m.
Minimale Tiefe: 3 m.
Maximale Tiefe: 30 m.
An der Nordseite von Pandora Cay liegt ein schöner Korallengarten mit vielen Riffischen. Flötenfische, Süßlippen, Juwelen-Zackenbarsche, Riffbarsche, Papagei-, Doktor- und Kaiserfische sowie Leoparden-Drückerfische sind häufig anzutreffen. Auch Meeresschildkröten sieht man sehr oft, da sie auf der Bank nisten; in jedem Loch und unter jedem Überhang scheinen sie zu sitzen. Einige fliehen vor Tauchern, aber die meisten bleiben für ein Foto. Im Sommer kann man sie mit etwas Glück bei der Paarung beobachten. Normalerweise halten sich Weißspitzen-, Schwarzspitzen- und Graue Riffhaie hier auf, und einige Tigerhaie lauern auf Meeresschildkröten. Auch Walhaie sind hier schon gesichtet worden.

18 DAS *PANDORA*-WRACK

* * * * * * * *

Lage: Östlich von Kap York, 175 km nördlich des Lockhart.
Zugang: Vom Lockhart über 18 h mit dem Schiff.
Bedingungen: Können rauh werden, doch allgemein ruhig, leichte Strömungen. Sicht durchschnittlich 40 m.
Minimale Tiefe: 30 m.
Maximale Tiefe: 35 m.
Das Wrack der Pandora liegt auf einem Sandhang. Viel zu sehen gibt es nicht - nur die Verbindung mit der berüchtigten Meuterei auf der Bounty (vgl. Box) hält das Interesse wach, insbesondere wenn Meeresarchäologen am Werk sind. Das Queensland Museum hat seit der Entdeckung des Wracks 1977 einige Grabungen vorgenommen. Dabei wurden unter anderem eine Kanone, das Arztbesteck, eine goldene Uhr, ein Bleistift und Pumpgerät geborgen, die im Museum in Brisbane ausgestellt sind. Wegen der Tiefe sind die Bergungsarbeiten

Weichkorallen schmücken viele Wände der nördlichen Riffe.

pro Tag und Taucher auf 40 Minuten beschränkt. Das Wrack ist eine geschützte historische Stätte, das Tauchen dort nur mit Genehmigung erlaubt. Einige Wal- und Tigerhaie sind hier gesichtet worden.

19 DAS *QUETTA*-WRACK

★ ★ ★ ★ ★

Lage: Nordöstlich von Kap York, 290 km nördlich des Lockhart.
Zugang: Vom Lockhart über 24 h mit dem Schiff.
Bedingungen: Allgemein ruhig, starke Strömungen. Sicht durchschnittlich 15 m.
Minimale Tiefe: 9 m.
Maximale Tiefe: 18 m.

Der Passagierdampfer RMS Quetta lief 1890 auf der Fahrt nach England auf einen nicht verzeichneten Felsen vor Kap York. Der Rumpf wurde aufgerissen, und das Schiff sank in wenigen Minuten. Heute liegt es in nur 18 m tiefem Wasser auf der Backbordseit in einem Gebiet mit sehr starken Strömungen. Getaucht wird normalerweise nur bei Höchststand der Flut. Das Wrack ist in gutem Zustand. In die Kombüse, die Kabinen und einige wasserdichte Räume kann man eindringen. Bullaugen, die Schiffsschraube, Flaschen und sogar persönliche Dinge sind zu sehen, aber es ist eine historische Stätte, und nichts darf entfernt werden. Das Wrack ist mit schönen Schwarzen, Weich-, Horn-, Peitschen- und Zäpfchenkorallen sowie mit Austern bedeckt. Tausende von Süßlippen, Fledermausfischen, Riesen-, Juwelen-, Leopard- und Estuar-Zackenbarschen, Kaiser-, Falter- und Kardinalfische, Stachelmakrelen, Barrakudas und Fransen-Wobbegongs verbergen sich im und am Wrack. Bei vielen Tauchern rangiert die Quetta noch vor der Yongala.

Die Gezeiten werden durch die Anziehungskraft des Mondes, der die Erde umkreist, und den Umlauf von Mond und Erde um die Sonne verursacht. Der Mond übt Anziehungskraft auf den ihm zugewandten Teil der Erde aus, so daß das Wasser in den Meeren zu ihm hin ausbuchtet. Entsprechendes geschieht auf der anderen Seite der Erde, wo Einbuchtungen in den Meeren entstehen.

GEZEITENZYKLEN

Diese Aus- bzw. Einbuchtungen heißen Mondgezeiten und bestehen aus Hoch- und Niedrigwasser. Täglich gibt es vier Gezeiten, im allgemeinen zwei am Tag und zwei in der Nacht. Der Unterschied zwischen Hoch- und Niedrigwasser heißt Tidenhub.

SPRING- UND NIPPTIDEN

Bei Neu- oder Vollmond stehen Erde, Mond und Sonne in einer Linie (Konjunktion). Das geschieht zweimal im Monat. Dann ist die auf die Erde wirkende Anziehungskraft am stärksten, so daß die Meere noch etwas weiter ausbuchten und Ebbe bzw. Flut besonders stark ausfallen.

Für den Intertidalforscher sind diese Zeiten ein Segen, da dann große Bereiche des Subtidals trocken fallen. Taucher mögen Springtiden dagegen nicht, weil sie oft von schlechtem Wetter und starken Strömungen begleitet werden, die von den stärkeren magnetischen Einwirkungen infolge der Planetenkonjunktion herrühren. Dann kann man vielerorts nicht tauchen. Das Fotografieren unter Wasser wird schwierig, und Schnorchler müssen aufpassen, nicht abgetrieben zu werden. Die großen

Wassermengen, die aus den Lagunen fließen, führen Sediment mit, was die Sicht unter Wasser trübt.

Nipptiden liegen vor, wenn Erde und Mond in rechtem Winkel zur Sonne stehen. Dann ist die Anziehungskraft am geringsten, so daß Ebbe bzw. Flut schwächer ausfallen. Bei Nipptide ist Schnorcheln und Tauchen dort am leichtesten, wo starke Gezeiteneinflüsse herrschen.

Ebbe, Flut und Wasserbewegungen auf der südlichen Halbkugel sind generell in tropischen Regionen am stärksten.

SICHERHEITSHINWEISE

1. Beim Strömungstauchen immer ein optisches Signalmittel mitführen, damit man leichter gefunden wird.
2. In Gebieten mit mittlerer Gezeitenbewegung den Tauchgang immer gegen die Strömung planen.
3. Beim Tauchen bei Stillwasser berücksichtigen, daß die Strömungsrichtung bei Gezeitenumkehr drehen kann.
4. Wird man über weichem Grund von einer Strömung überrascht, kann man sich vorwärtsziehen, indem man das Messer in den Grund rammt und es als Anker und Hebel benutzt.
5. Fotografen müssen bei starker Strömung doppelt aufpassen, da der Sog am Kameragehäuse das Vorwärtskommen erschwert und zu Erschöpfung führen kann.

WIE MAN HINKOMMT

Nur einige Charterboote laufen jedes Jahr die Far Northern Reefs an. Alle Schiffe, die dieses abgelegene Gebiet besuchen, starten in Lockhart River, einer kleinen Siedlung gut 500 km nördlich von Cairns. Lockhart River hat eine Landebahn für Kleinflugzeuge; der Flug von Cairns dauert etwa 90 Minuten. Die Veranstalter in dieser Region arrangieren alle Flüge und Verbindungen. Sie brauchen sich nur zum Flughafen in Cairns zu begeben.

WO MAN ABSTEIGEN KANN

Vergleichen Sie die regionalen Adressen für Cairns und Port Douglas.

WO MAN ESSEN KANN

Cairns hat zahllose Restaurants mit und ohne Straßenverkauf.

TAUCHEINRICHTUNGEN

Auriga Bay II, PO Box 274, Manunda, Cairns, Tel. 070-581 408, Fax 070-581 404. Die *Auriga Bay II* ist ein 18-m-Motorsegler, der 12 Passagiere befördern kann. Sie macht von April bis Dezember Fahrten in dieses Gebiet, läuft aber auch die Ribbon Reefs, Cod Hole und die nördliche Korallen-See an.

Reef Explorer, PO Box 1090, Cairns, Tel. 070-939 113, Fax 070-939 112. Die *Reef Explorer* ist ein 20-m-Boot für 10 Passagiere, das von Oktober bis Januar ausgedehnte Fahrten zu den Far Northern Reefs unternimmt. In den übrigen Monaten fährt sie die Ribbon Reefs, Cod Hole und die Korallen-See an.

Nimrod III, 46 Spence St, Cairns, Tel. 070-315 566, Fax 070-312 431. Die *Nimrod III* ist ein 20-m-Boot für 16 Passagiere. Sie läuft die Ribbon Reefs an, kann aber auch für Fahrten zu den Far Northern Reefs gechartert werden.

Undersea Explorer, Reef Plaza, Cnr Grafton & Spence St, Cairns, Tel. 070-512 733, Fax 070-512 286. Die *Undersea Explorer* ist ein 25-m-Boot mit 11 großen Doppelkabinen. Ihr Skipper John McGregor kennt das Great Barrier Reef und die Korallen-See seit Jahren. Jedes Jahr gibt es einige Erkundungsfahrten zu den Far Northern Reefs, regelmäßig Fahrten zu den Ribbon Reefs, Cod Hole und in die nördliche Korallen-See.

Mike Ball Dive Expeditions, 28 Spence St, Cairns, Tel. 070-315 484, Fax 070-315 470. MBDE hat mit der *Spoilsport*, einem 30-m-Katamaran für 28 Passagiere, zahlreiche Erkundungsfahrten zu den Far Northern Reefs unternommen; das Boot unternimmt auch Fahrten in die nördliche Korallen-See und zur *Yongala*.

FILMENTWICKLUNG

Negativ- und Dia-Filme kann man in Cairns entwickeln lassen. Zu den Fotogeschäften vergleiche man die regionalen Adressen von Cairns und Port Douglas.

KRANKENHÄUSER

Calvary Hospital, 1 Upward St, Cairns, Tel. 070-525 200.

Cairns Base Hospital, Esplanade, Cairns, Tel. 070-506 333.

Telefon für Notfälle, Feuerwehr, Polizei und Krankenwagen 000.

DEKOMPRESSIONSKAMMER

Bei Tauchunfällen in Australien wende man sich an DES (Diving Emergency Service) unter 1800 088 200. Weiter Informationen unter Tauchunfälle, S. 169. Alle gecharterten Tauchboote müssen Sauerstoff mitführen, aber da es ein weiter Weg zur nächsten Kammer ist, sieht man sich am besten immer vor.

LOKALE BESONDERHEITEN

Wegen Einzelheiten vergleichen Sie die regionalen Adressen von Cairns und Port Douglas.

Tausende von Seevögeln brüten auf den Sandbänken der nördlichen Riffe.

DER LEBENSRAUM MEER

Meeresschutz am Great Barrier Reef

Das Great Barrier Reef ist einer der bedeutendsten biologischen Schätze auf der Liste des Welterbes.

Der Guano-Abbau in der Gründerzeit Queenslands hat zwar die Vegetation auf einigen Bänken zerstört, doch erfreulicherweise konnten sich alle Bänke wieder erholen.

Bis auf den Fischfang, freizeitbedingt und kommerziell wie das Schleppnetzfischen von Garnelen und Kammmuscheln, das Angeln und Harpunieren sowie kleinere Aktivitäten wie das Sammeln von Aquarienfischen, Korallen, Schnecken, Trepang und Kreiselschnecken sowie den traditionellen Fischfang der Aborigines, ist das Great Barrier Reef für Nahrungszwecke nie in größerem Maß genutzt worden.

Deshalb nimmt es unter den tropischen Riffen der Erde eine Sonderstellung ein.

Gefahren für die Meeresumwelt

Die Natur bringt es mit sich, daß Sturm und Wellen ein Riff zerstören können, was besonders oft den Korallenriffen im Zyklonengürtel widerfährt. Der Schlick schnell fließender Flüsse kann Riffe in der Nähe von Flußmündungen ersticken und manchmal auch total vernichten. Aber der Mensch ist zuweilen ähnlich zerstörerisch, etwa wenn er die Umwelt verschmutzt, mit Dynamit fischt oder rücksichtslos Schnecken und Korallen sammelt, um sie als Souvenirs zu verkaufen.

Überfischen ist eine weitere tödliche Gefahr für die Riffe und hat in manchen Bereichen bereits zu bedrohlichen Rückgängen einzelner Arten geführt. Überfischen kann auch das Gleichgewicht des örtlichen Ökosystems stören; die Abnahme pflanzenfressender Fische z. B. kann eine explosionsartige Zunahme der Algen bewirken, von denen diese Art lebt, so daß die Riffkorallen überwuchert und geschädigt werden können.

Einige Gegenden werden durch Verschmutzung beeinträchtigt, insbesondere in der Nähe von Ballungszentren. Korallen und andere Rifflebewesen sind anfällig für schmutziges, sedimentreiches Wasser und laufen Gefahr zu ersticken, wenn sich Schlamm auf dem Meeresboden absetzt. Abwässer, Nährstoffe von Düngemitteln und andere organische Stoffe, die ins Meer gelangen, können das Wachstum einer Tier- oder Pflanzenart zu Lasten einer anderen beschleunigen und so das empfindliche ökologische Gleichgewicht der Riffe stören.

Die einzigen, innerhalb der Parkgrenzen verbotenen Aktivitäten sind der kommerzielle Abbau von Kalkstein, das Schürfen auf dem Meeresboden generell und die Erdölförderung.

Die Schiffahrt und die Häfen sind jedoch wichtig für die Gegend, aber bei etwa 2.200 Schiffen, die die Gewässer am Riff jedes Jahr befahren, ihren Müll einfach ins Meer kippen, die Bilgetanks auswaschen und Woche für Woche bis zu zehn Tonnen Öl in die Riffgewässer leiten, können fremde Schiffe und einheimische Behörden noch viel verbessern.

Man hat gegenwärtig nichts in der Hand, der Verschmutzung der Gewässer im Meerespark des Great Barrier Reef mit Öl vorzubeugen, sie einzudämmen oder gar zu bekämpfen.

Tourismus

Bei etwa 2.000.000 Besuchern im Jahr wirft der Meerespark des Great Barrier Reef jährlich rund 1.000 Millionen $A für die Wirtschaft von Queensland und Australien ab und ist damit einer der bedeutendsten Wirtschaftsfaktoren des Landes. Alle Touristikveranstalter müssen entsprechend ihren Aktivitäten Abgaben entrichten.

Jeder Besucher muß außerdem 1 $A pro Tag für die allgemeine Erhaltung des Riffs zahlen.

Der Tourismus gilt als relativ saubere Branche, und jetzt, wo man sich bemüht, den Müll der Inselhotels zurück aufs Festland zu bringen, statt ihn ins Meer zu kippen, wie bisher, ist das sicher ein gewaltiger Fortschritt.

Wasserqualität

Wegen der landwirtschaftlichen Düngemittel, die mit den starken Niederschlägen vom Festland ins Meer gelangen,

---

Gegenüber: Im Flachwasser des Myrmidon Reef, Townsville, findet man Riesenmuscheln.

und wegen der starken Verschlammung (schätzungsweise 15 Millionen Tonnen Sediment und 88.000 Tonnen Stickstoff und Phosphate gelangen pro Jahr in das Gebiet des Meeresparks im Great Barrier Reef) sind sich alle maßgeblichen Stellen einig, daß das küstennahe Ökosystem des Great Barrier Reef sich verschlechtert.

Man weiß wenig über die Nährstoffwerte im Meerespark des Great Barrier Reef, weiß allerdings, daß das Riffsystem erhöhte Nährstoffwerte von Zeit zu Zeit verarbeiten kann. Hohe Stickstoffwerte im Aquarium des Great Barrier Reef in Townsville haben jedoch einige der dortigen Korallen absterben lassen.

Es wird weiter an der Verbesserung der Abfallbeseitigung im Park gearbeitet. Alle Ferienanlagen auf den Inseln des Riffs erfüllen inzwischen die hohen Anforderungen.

Die Taucher und die Umwelt

Obwohl wir, wie andere Riffbesucher auch, einfach nur unsere Freude haben möchten und die meisten von uns umweltbewußt sind und sich bemühen, abträgliche Auswirkungen möglichst zu vermeiden, haben der Tourismus und die Entwicklung generell viele Probleme für die Riffe gebracht. Häfen, Molen und Deiche werden manchmal so dicht an Riffe herangebaut - oder sogar darauf! -, daß sich die Umwelt drastisch verändert und ganze Riffpopulationen verkümmern. Hotels, Häuser am Meer und Ferienanlagen werden oft auf Dünen gebaut, wo sie besonders stabilisiert werden müssen, was den natürlichen Kreislauf von Stranderosion und -aufbau zerstört.

Ausflugsboote beschädigen Korallen oft durch unachtsames Fahren oder Ankern. Und auch Taucher können unabsichtlich Schäden anrichten, wenn sie über ein Riff schwimmen.

Taucher, viele Tauchveranstalter und Hotelmanager waren unter den ersten, die zum Schutz der Riffe und marinen Ökosysteme aufgerufen haben, aber wir müssen schließlich irgendwo essen und schlafen, und egal, was wir machen, wir wirken immer auf die Umwelt ein, in der wir uns bewegen. Wir sollten jedoch versuchen, die negativen Auswirkungen zu minimieren und die positiven zu maximieren.

In zahlreichen Tauchgebieten im Great Barrier Reef sind Bojen ausgesetzt, um die teilweise schlimmen Ankerschäden an den Korallen zu verhindern. Das ist jedoch nur in gutergeschlossenen Gebieten wie Heron Island und Cod Hole so. Bei über 300 kommerziellen Fischerbooten, 24.000 Motorbooten (Freizeitfischern), 150 Charterschiffen und Tausenden von Jachten, die Tag für Tag dieses Gebiet befahren und dort ankern, werden die Ankerschäden allmählich zu einem ernsten Problem.

Es gibt Pläne, viele der regelmäßig angelaufenen Gebiete zu kennzeichnen, vor allem bei den Whitsundays mit ihrem starken Bootsverkehr. Es sind jedoch viele Behörden zu fragen, und in einigen Tauchgebieten Bojen zu setzen wird unmöglich sein, weil sich die Schiffsschrauben in den Bojenleinen verfangen könnten.

Die Tauchgebiete, die an Riffkanten oder in Buchten liegen, haben vielleicht die besten Chancen geschützt zu werden.

Es gibt auch zunehmend Bemühungen darum, die Taucher zu mehr Umweltbewußtsein zu erziehen. Das PADI-Projekt AWARE und IYOR (International Year of the Reef 1997) haben dazu beigetragen, dieses Thema zu fördern und ihm gemeinsam mit der **Australian Marine Conservation Society**, die seit über 30 Jahren zu den eifrigsten Schützern des Great Barrier Reef gehört, Geltung zu verschaffen.

Ökotourismus

Das wachsende Umweltbewußtsein hat zum noch immer etwas verschwommenen Begriff des Ökotourismus geführt, dessen Grundsatz oft so zusammengefaßt wird: „Nimm nur die Erinnerung mit und hinterlasse nichts als Fußabdrücke", was man für das Tauchen wohl übersetzen müßte in „nimm nur die Erinnerung mit und hinterlasse nichts als Luftblasen", oder besser „Tauche wie dein Schatten, hinterlasse keine Spuren". Doch das ist nicht alles, denn es läßt sich nicht vermeiden, daß wir die Umwelt beeinträchtigen, in der wir leben und tauchen. Sehr viel konstruktiver ist es wohl, sich den Ökotourismus im Sinne eines Tourismus- und Touristenmanagements zu denken, und zwar so, daß man die Branche ökologisch, finanziell, gesellschaftlich und politisch in die Lage versetzt, sich selbst zu erhalten.

Damit dieses Ziel erreicht wird, sollten Sie Ihr Geld bei den Veranstaltern vor Ort lassen und die lokalen Geschäfte unterstützen, vor allem die kleineren.

Kunststoff

Eine weitere erhebliche Bedrohung der Meeresumwelt überall ist die gedankenlose Benutzung von Kunststoffverpackung. Sie wird sehr oft nicht richtig entsorgt, oder wenn, dann achten die Entsorgungsunternehmen in vielen Städten nicht genügend darauf, daß Müll dort abgeladen wird, wo er nicht weggeweht werden kann. Nicht angemessen entsorgter Müll landet im Zweifelsfall durch Sturm und Regen im nächsten Fluß und damit im Meer. Meeresschildkröten, die zu den beliebtesten und gefährdetsten Bewohnern tropischer Riffe gehören, sind in beträchtlicher Gefahr, durch Plastikmüll zu Tode zu kommen. Sie halten schwimmenden Kunststoff für Quallen und fressen ihn. Achten Sie deshalb bitte auf Ihren Umgang mit Verpackungen, und vermeiden Sie wenn möglich Plastiktüten.

Umweltschutz als Lebensart

Ferien in einer ursprünglichen Umgebung (und das ist Tauchen) sollten helfen uns daran zu erinnern, wie notwendig Umweltschutz in unserem Alltagsleben ist. Umweltschutz ist eine Haltung, die wir pflegen können, indem wir die täglichen Entscheidungen überlegt angehen. Bewußte Taucher sollten deshalb an die Folgen denken, die ihr Alltagsverhalten für die Meeresumwelt hat, selbst wenn sie Tausende von Kilometern vom Meer entfernt leben.

Einige Tips für verantwortungsvolles Tauchen

Hier einige Anregungen, wie Sie als Taucher zum Schutz der Riffe beitragen können:

• Versuchen Sie, nicht mit lebenden Meeresorganismen in Berührung zu kommen. Achten Sie besonders auf Ihre Flossen, die besonders viel Schaden an Korallen anrichten können. Setzen Sie die Flossen im Riff behutsam ein, denn die Wasserwirbel können empfindliche Organismen beeinträchtigen.

• Ihre Instrumentenkonsole darf nicht über das Riff schleifen; nehmen Sie sie in die Hand oder klemmen Sie sie irgendwo fest.

• Lernen Sie, sich richtig zu tarieren - Taucher, die zu schnell absteigen oder während des Tarierens auf Korallen stürzen, können irreparablen Schaden anrichten. Achten Sie auf richtiges Tarieren und bemühen Sie sich um einen neutralen Auftrieb.

• Wenn Sie länger nicht getaucht sind, üben Sie das Tarieren in einem Pool, bevor Sie einen Tauchgang unternehmen.

• Vermeiden Sie, Sand aufzuwirbeln. Der sich setzende Sand kann Korallen und andere Niedere Tiere ersticken. Auch Schnorchler sollten beim Wassertreten in seichten Korallenregionen keinen Sand aufwirbeln.

• Stellen Sie sich nie auf Korallen, auch wenn sie stabil aussehen. Lebende Polypen leiden unter der leichtesten Berührung. Posieren Sie nicht für Fotos in großen Korb- oder Tonnenschwämmen.

• Wenn nötig, stützen Sie sich mit den Fingerspitzen auf einem exponierten oder toten Stück Riff ab.

• Wenn Sie etwas an Ihrer Ausrüstung richten müssen, tun Sie es vorher an der Oberfläche oder mitten im Wasser.

• Sammeln oder kaufen Sie keine Muscheln, Korallen oder sonstige Meeresandenken.

• Bringen Sie bei Ausflügen Ihren Abfall wieder mit, damit er an Land entsorgt werden kann, und heben Sie allen Abfall auf, den Sie unterwegs finden.

• Seien Sie in Höhlen behutsam. Vermeiden Sie größere Ansammlungen und halten Sie sich nicht zu lange dort auf: Die Luftblasen sammeln sich an der Decke und empfindliche, dort lebende Organismen können „in der Luft ertrinken".

• Füttern Sie keine Fische. Es erscheint vielleicht harmlos, kann aber ihre Freßgewohnheiten beeinträchtigen und sie aggressiv machen. Falsches Futter ist für sie darüber hinaus gesundheitsschädlich.

• Wenn Sie eine Bootstour buchen, fragen Sie nach der Einstellung des Veranstalters zu Umweltfragen, vor allem was den Abfall und das Ankern angeht. Meiden Sie umweltfeindliche Veranstalter.

• „Reiten" Sie nicht auf Meeresschildkröten, es streßt sie sehr. Wenn Sie Meerestiere beobachten, bedenken Sie, daß sie eventuell ruhen, fressen oder brüten und Ihre Anwesenheit sie eventuell stört.

• Das Harpunieren ist Sporttauchern im Meerespark des Great Barrier Reef verboten.

Die Schönheit der Unterwasserwelt.

Korallen am Kelso Reef, Townsville.

Wochen mit dem Plankton im Meer. Die Formen der Korallen sind ganz verschieden, je nach Art und Ort, wo sie auf dem Riff leben.

Kolonien haben einen Durchmesser von wenigen Zentimetern bis zu mehreren Metern und sind oft viele hundert Jahre alt. Einige sind verzweigt oder buschig, andere baumartig, wieder andere haben die Form von Platten, Tischen oder blattähnliche Strukturen. Noch andere bilden Krusten, sind lappig, abgerundet oder massiv.

Winzige einzellige Pflanzen, Zooxanthellen genannt, sind für Wachstum und Gesunheit der Korallen von großer Bedeutung. Sie sitzen zu Millionen im lebenden Gewebe der meisten riffbildenden Korallen. Riffkorallen filtern zwar Plankton aus dem Wasser, ein erheblicher Teil ihrer Nahrung stammt jedoch direkt von den Zooxanthellen. Daher wachsen Korallen am besten im seichten, gutdurchlichteten Wasser, das die Zooxanthellen bevorzugen.

RIFFARTEN
Die wichtigsten Riffarten sind: Saumriffe; Fleckenriffe, Bänke und Untiefen; Barriereriffe und Atolle.

Saumriffe
Saumriffe entstehen im Flachwasser in Landnähe, normalerweise in 15-45 m Tiefe, was unter anderem vom Profil und der Wassertiefe abhängt. Die meisten Korallenbänke und Kontinentalinseln des Great Barrier Reef haben Saumriffe.

Fleckenriffe, Bänke und Untiefen
Riffe entstehen dort, wo der felsige Grund irgendwann so dicht an der Oberfläche war, daß Korallen sich ansiedeln konnten. Geologische Veränderungen wie das Absinken der Meeresspiegel hinterlassen Riffe in Form vereinzelter Hügel. Solche Fleckenriffe, deren Größe sehr unterschiedlich ist, sind im relativ seichten Wasser um die Inseln und am Kontinentalsockel im Gebiet des Great Barrier Reef zu finden.

D as Great Barrier Reef, vor erst 60.000 oder 70.000 Jahren entstanden, als der Meeresspiegel sich nach der letzten großen Eiszeit stabilisierte, ist geologisch relativ jung. Es bildet eine Barriere zwischen dem Pazifik und der Küste von Queensland. Hunderte kleiner Riffe und Inseln sprenkeln die mächtige Lagune zwischen Küste und äußerem Barriereriff. Die Korallen-See birgt vereinzelte Korallenriffe und Sandinseln, die überwiegend von großen Seevögelpopulationen bevölkert werden.

KORALLEN UND RIFFE
Tropische Riffe bestehen hauptsächlich aus Korallenbauten, die von der mittleren Gezeitenzone bis hinunter auf 50 m vorkommen. Sie entstehen, wenn unzählige kalkabsondernde Tiere und Pflanzen bei bestimmten Temperaturen, Durchlichtung, Nährstoffen sowie sauerstoff- und karbonatreichem Wasser fein verwobene Skelette produzieren.

Spalten und Löcher im Riff füllen sich mit Sand und den kalkhaltigen Resten anderer Riffpflanzen und -tiere, langsam verfestigt sich das Ganze, und neue Korallen wachsen auf dem alten Substrat. Lebendig ist also nur die äußerste Schicht des wachsenden Riffs.

Es gibt etwa 350 riffbildende Korallenarten im Great Barrier Reef und der Korallen-See. Korallen wachsen langsam, nur etwa 1 - 10 cm pro Jahr. Wenn sie geschlechtsreif sind, geben sie Samen und Eier ins Wasser ab und pflanzen sich so fort. Die Larven treiben einige

Barriereriffe

Barriereriffe kommen am Rand von Inseln oder Kontinentalsockeln vor und sind gewaltige Bauten. Sie sind durch einen breiten, tiefen Strandkanal (Lagune) von der Küste getrennt. Der äußere Rand der Barriere fällt steil ins Meer ab. Das bekannteste Beispiel für diesen Rifftyp ist das Great Barrier Reef.

Atolle

Atolle sind Millionen Jahre alte Gebilde in Gestalt ringförmiger Riffe um eine vulkanische Insel. Das Riff wächst weiter, obwohl das Fundament langsam im Wasser versinkt. Die meisten Atolle gibt es im Indischen und Pazifischen Ozean.

RIFFZONEN UND LEBENSRÄUME

Riffe lassen sich in mehrere Zonen mit unterschiedlichen Merkmalen unterteilen.

Der Innenriff-Bereich und die Lagune

Der Innenriff-Bereich und die Lagune liegen zwischen Ufer und seewärtigem Riff. Der Meeresboden besteht im allgemeinen aus Sand, Korallenschutt, Kalksteinbrocken und lebenden Korallenkolonien. Die Wassertiefe liegt zwischen einigen und 50 Metern oder mehr, und die Lagune kann ein paar hundert, aber auch ein paar tausend Quadratmeter groß sein.

Der Bereich innerhalb der Lagune ist besser geschützt als das seewärtige Riff und Ablagerungen stärker ausgesetzt. Hier findet man viele schöne Meerespflanzen; die Korallen sind meistens zerbrechlich und verzweigt. Oft findet man große Seeanemonen, und stellenweise bedecken Weich- und „falsche Korallen" den Meeresboden. Wo Strömungen sind, kann man ausgedehnte Seegrasflächen antreffen, die einzigen Blütenpflanzen im Meer. Hier leben auch die längsten Seegurken, ebenso die meisten typischen Riffische, und umherziehende Raubfische - Schnapper, Lipp-, Drücker- und Kaiserfische - suchen nach Würmern, Krebsen, Schnecken, Seeigeln und kleinen Fischen. Bodenbewohnende Fische vergraben sich völlig im Sand und kommen nur zum Fressen hervor.

Das Riffdach

Ein Riffdach entsteht, wenn das dazugehörige Riff ständig seewärts wächst und Kalksteinflächen hinterläßt, die durch die Meerestätigkeit erodiert und eingeebnet werden. Das Riffdach ist in erster Linie ein Intertidalbereich

Auf dem geschützten inneren Riffdach findet man schöne Tümpel voller Korallen und kleiner Fische. An der Außenkante, wo die Wellentätigkeit ausgeprägter ist, sind die Flächen oft mit Algen überkrustet, die von Fischen, Seegurken, Schnecken und anderen Tieren abgeweidet werden. Einige Fische sind ständige Riffdachbewohner, die sich bei Ebbe gegebenenfalls in die Tümpel zurückziehen, andere, wie Papagei- und Doktorfische, halten sich meist im tieferen Wasser auf und bevölkern das Riffdach erst mit steigender Flut.

Der seewärtige Riffabfall

Hier entdeckt man die attraktivsten Seiten des Meereslebens. Gutdurchlichtetes, sauberes, planktonreiches Wasser bietet den Korallen, die ihrerseits sehr komplexe Lebensräume für andere Tiere darstellen, beste Wachstumsbedingungen. Die Vielfalt ist grenzenlos, von Gärten mit verzweigten Korallen bis zu Steilwänden, die mit Weichkorallen und Gorgonien geschmückt sind.

Die obersten 20 m sind besonders artenreich. Kleine farbenprächtige Riffbarsche umschwärmen die Korallen, und Falterfische zeigen ihre betörenden Musterungen. Die Arten im offenen Wasser wie Füsiliere, Schnapper und Haie legen auf der Suche nach Nahrung recht große Strecken zurück, und Lippfische suchen oft weite Riffbereiche ab.

Sessile Riffbewohner wie Schwämme, Seeanemonen und -scheiden sowie Moostierchen leben hier. Zwischen den Korallenzweigen sitzen winzige Krabben, und Langusten verbergen sich in Höhlen, wo sie die Dunkelheit zur Jagd abwarten. Leicht zu entdecken sind die Stachelhäuter, die im Great Barrier Reef gut vertreten sind, unter anderem die ursprünglichen Haarsterne mit langen, feinen Armen, die gelb, grün, rot oder schwarz gefärbt sein können.

GESUNDHEIT UND SICHERHEIT FÜR TAUCHER

Das Folgende soll nur eine Anleitung sein, kein Ersatz für gute Schulung oder ärztlichen Rat. Es beruht auf den gegenwärtig geltenden Gesundheits- und Sicherheitsinformationen, soll aber auch kein Ersatz für ein umfassendes Handbuch sein. Wir raten dringend, sich vor der Reise ein anerkanntes Handbuch über Sicherheit beim Tauchen und medizinische Fragen zu besorgen.

Bitte beachten Sie:

- Taucher, die eine tauchbedingte Verletzung erlitten haben, sollten danach baldmöglichst einen Arzt aufsuchen.

- Wenn Sie das Opfer einer tauchbedingten Verletzung sind, offenbaren Sie Ihre Symptome, wie unbedeutend sie sein mögen. Schwache Symptome können sich zu lebensbedrohlichen Erkrankungen entwickeln. Es ist besser, ehrlich zu sich selbst zu sein und am nächsten Tag noch tauchen zu können.

- Wie gut Ihre Selbstdiagnose immer sein mag, denken Sie daran, daß Sie, sofern Sie nicht entsprechend ausgebildet sind, kein Arzt sind.

- Bei Erkrankungen lieber einmal zuviel irren als zuwenig. .Wenn sich die Erkrankung dann doch als leicht erweist, sind Sie und der Arzt erleichtert.

GRUNDSÄTZLICHES ZUR ERSTEN HILFE

Die Grundsätze der Ersten Hilfe sind:

- keinen Schaden zufügen
- Leben erhalten
- eine Verschlechterung verhindern
- Erholung fördern

SICHERHEIT

Bei Krankheit oder Verletzung gibt es für die Beurteilung und Behandlung eines Patienten eine einfache Reihenfolge. Zuerst erfolgt die Beurteilung und Bestimmung eines lebensbedrohlichen Zustandes, danach die Behandlung der festgestellten Probleme.

Als erstes sind zu prüfen (ABC):

A) ATEMWEGE (mit Untersuchung des Halses)
B) ATMUNG
C) KREISLAUF
D) VERMINDERUNG des Bewußtseins
E) FREIMACHEN

Sorgen Sie für Ihre und die Sicherheit des Patienten, indem Sie ihn und sich aus der bedrohlichen Umgebung (zumeist Wasser) bringen. Ihr Handeln sollte weder den Patienten noch Sie weiter gefährden. Verfahren Sie immer nach den international anerkannten Aktionsplänen A-D für Erste Hilfe und Herz-Lungen-Wiederbelebung

UNTERSTELLEN SIE NIE, DASS DER PATIENT TOT IST.

A. ATEMWEGE

1. Ist der Hals verletzt?
2. Sind Rachen und Nase frei von Verstopfung? Lautes Atmen ist ein Zeichen für Verstopfung der Atemwege.

B. ATMUNG

1. Prüfen Sie, ob die Brust sich hebt und senkt.
2. Horchen Sie an Nase und Mund auf Atemzüge.
3. Prüfen Sie, ob Sie den Atem an Ihrer Wange spüren

C. KREISLAUF.

Fühlen Sie den Puls neben der Luftröhre (Halsschlagader).

D. VERMINDERTES BEWUSSTSEIN

Reagiert der Patient auf eine der folgenden Handlungen (WVSK):
W – Waches, bewußtes, spontanes Sprechen
V – Verbale Reize, antwortet er auf „Wach auf!"
S – Schmerzhafte Reize, reagiert er auf Kneifen
K – Keine Reaktion

E. FREIMACHEN

Der Patient muß angemessen freigemacht werden, damit er richtig untersucht werden kann; Kleidung also gegebenenfalls zum Teil entfernen.

DANN HILFE HOLEN
Wenn Sie den Zustand des Patienten nach der Beurteilung für ernst halten, Hilfe holen (Arzt, Krankenwagen). Ist

jemand weggeschickt worden, um Hilfe zu holen, muß er zurückkommen und bestätigen, daß Hilfe kommt.

Stabile Seitenlage

Ist der Patient bewußtlos, atmet aber normal, besteht die Gefahr, daß er erbricht und daran erstickt. Den Patienten daher unbedingt in eine stabile Seitenlage bringen.

1. Sich links neben den Kopf des Patienten knien.
2. Den Kopf möglichst in einer Linie mit dem Rumpf halten.
3. Die rechte Hand mit der Fläche nach oben unter seinen Kopf legen.
4. Das linke Bein im Knöchelbereich über das rechte legen.
5. Den linken Arm abgewinkelt über die Brust legen.
6. Den Patienten mit der rechten Hand an der linken Hüfte fassen und in Seitenlage rollen; dabei seine rechte Wange mit der linken Hand stützen.
7. Dann das linke Knie des Patienten 90° abwinkeln.
8. Den linken Arm des Patienten rechtwinklig zum Körper strecken und den Unterarm flach auf den Boden legen.
9. Der Patient liegt jetzt in stabiler Seitenlage.

Herz-Lungen-Wiederbelebung

Herz-Lungen-Wiederbelebung ist erforderlich, wenn der Patient keinen Puls mehr hat. Sie soll:

• die Lunge des Patienten ventilieren - Erneuerung der ausgeatmeten Luft
• das Herz des Patienten massieren - externe Herzmassage.

Wenn Sie feststellen, daß der Patient weder Atmung noch Puls hat, muß der Aktionsplan A-D angewandt werden.

A. Atemwege

1. Strecken Sie behutsam den Kopf und heben Sie das Kinn mit zwei Fingern an. Das entfernt die Zunge vom Rachen und macht den Atemweg frei.
2. Wenn Sie einen Fremdkörper im Atemweg vermuten, fahren Sie mit dem Finger von einer Seite zur anderen hinten über die Zunge. Falls Sie etwas finden, entfernen Sie es.
Dies nicht bei bewußtlosen oder benommenen Patienten versuchen, da sie zubeißen oder erbrechen könnten.

B. Atmung

Atmet der Patient nicht, muß die ausgeatmete Luft erneuert werden, d.h. man muß Luft in seine Lunge bringen.

1. Halten Sie dem Patienten die Nase zu.
2. Pressen Sie Ihren geöffneten Mund so dicht wie möglich auf den des Patienten.
3. Atmen Sie so stark in den Mund des Patienten aus, daß seine Brust sich hebt.
4. Hebt sich die Brust des Patienten nicht, müssen Sie die Lage dem Atemweg anpassen. Die 16 Prozent Sauerstoff in der von Ihnen ausgeatmeten Luft genügen, Leben zu erhalten.
5. Anfangs müssen Sie zwei Mal tief und langsam ausatmen.
6. Hat der Patient Puls, setzen Sie die Beatmung einmal alle fünf Sekunden fort und überprüfen Sie den Puls nach jeweils zehn Beatmungen.

7. Beginnt der Patient selbständig zu atmen, können Sie ihn in stabile Seitenlage bringen.

C. Kreislauf

Hat der Patient nach den zwei oben geschilderten Beatmungen weder Atmung noch Puls, müssen Sie zur externen Herzmassage übergehen.

1. Knien Sie sich neben die Brust des Patienten.
2. Suchen Sie den Druckpunkt: 2 Finger oberhalb des Punktes, wo die Rippen am unteren Ende des Brustbeins zusammenlaufen.
3. Legen Sie den Handballen der linken Hand auf den Druckpunkt.
4. Legen Sie den Handballen der rechten Hand auf die linke Hand.
5. Strecken Sie die Ellbogen.
6. Bringen Sie Ihre Schultern senkrecht über den Druckpunkt des Patienten.
7. Drücken Sie das Brustbein 4-5 cm in Richtung Wirbelsäule, gleichmäßig rhythmisch: „eins, zwei, drei...“
8. Drücken Sie fünfzehn Mal.

Fahren Sie zyklisch mit zwei Beatmungen und 15 Kompressionen fort und überprüfen Sie nach jeweils fünf Zyklen den Puls.

Die Herz-Lungen-Wiederbelebung soll den Patienten am Leben erhalten, bis kompetente Hilfe eintrifft. Sorgen Sie dafür, daß Sie und Ihr Tauchkamerad diese Wiederbelebungstechnik beherrschen. Es kann über Leben und Tod entscheiden.

TAUCHERKRANKHEITEN

Akute Dekompressionskrankheit

Als akute Dekompressionskrankheit wird jede Erkrankung bezeichnet, die von der Dekompression herrührt, wenn also z. B. ein Taucher aus einer Tiefe mit hohem Umgebungsdruck an die Oberfläche mit niedrigem Druck kommt. Es gibt zwei Untergruppen:
• Caissonkrankheit
• Barotrauma mit arterieller Gasembolie

Für den Taucher oder Helfer ist der Unterschied bedeutungslos, da beide Befunde ernst sind und sofortige Behandlung erfordern. Wichtig ist, die akute Dekompressionskrankheit zu erkennen und für sofortige Behandlung zu sorgen. Der Unterschied zwischen Caissonkrankheit und Barotrauma wird im folgenden beschrieben.

Caissonkrankheit

Die Caissonkrankheit ereilt den Taucher bei unzureichender Dekompression. Der Aufenthalt in höherem Umgebungsdruck unter Wasser bewirkt, daß sich vermehrt Stickstoff im Körpergewebe auflöst.

Wird dieser Druck bei richtiger Dekompression langsam abgebaut, entweicht der Stickstoff auf natürliche, langsame Weise ins Blut und wird über die Lunge ausgeatmet. Erfolgt der Druckabbau jedoch zu schnell, kann der Stickstoff nicht schnell genug entweichen, und es bilden sich Stickstoffbläschen im Gewebe. Die Symptome und Anzeichen der Krankheit werden mit dem Gewebe assoziiert, in dem sich die Bläschen bilden, und auch nach dem befallenen Gewebe benannt.

Zu den Symptomen und Anzeichen der Caissonkrankheit gehören:
- Übelkeit und Erbrechen
- Schwindel
- Unwohlsein und Appetitlosigkeit
- Schwäche
- Gelenkschmerzen
- Lähmungen
- Erstarrung
- Hautjucken oder Ausschlag
- Inkontinenz
- Kurzatmigkeit

Barotrauma mit arterieller Gasembolie
Ein Barotrauma bezieht sich auf den Schaden, der entsteht, wenn das Gewebe, das lufthaltige Körperhöhlungen umgibt, nach einer Veränderung des Gasvolumens in dieser Höhlung verletzt wird. Eine arterielle Gasembolie bezieht sich auf ein Gasbläschen, das durch ein Blutgefäß wandert und meist zu einer Verstopfung dieses oder eines nachgeordneten Gefäßes führt. Ein Barotrauma kann demnach jedes Gewebe treffen, das lufthaltige Körperhöhlungen umgibt, also:

- Ohren: Mittelohrbarotrauma, geplatztes Trommelfell
- Nebenhöhlen: Nebenhöhlenbarotrauma, Nebenhöhlenschmerzen, Nasenbluten
- Lunge: Lungenbarotrauma, geplatzte Lunge
- Gesicht: drückende Tauchmaske, geschwollene und blutunterlaufene Augen
- Zähne: Zahnbarotrauma, Zahnschmerzen

Eine geplatzte Lunge ist am schlimmsten und kann zu einer arteriellen Gasembolie führen. Dazu kommt es nach einem schnellen Aufstieg, bei dem der Taucher nicht richtig ausatmet. Der steigende Druck der sich ausbreitenden Luft in der Lunge läßt die feinen Lungenbläschen platzen und zwingt Luft in die Blutgefäße, die Blut zurück zum Herzen und letztlich zum Gehirn befördern. Im Gehirn blockieren diese Luftbläschen Blutgefäße und verhindern die Versorgung des Gehirns mit Blut und Sauerstoff, was zu Hirnschädigungen führt. Die Symptome und Anzeichen eines Lungen-Barotraumas und arterieller Gasembolie sind unter anderem:
- Kurzatmigkeit
- Brustschmerzen
- Bewußtlosigkeit oder verändertes Bewußtseinsniveau
- Schwäche, Inkoordination und Lähmung
- Verschwommenes Sehen, Gleichgewichtsstörungen

Behandlung
1. Aktionsplan A-D und gegebenenfalls Herz-Lungen-Wiederbelebung

2. Den Patienten in stabile Seitenlage bringen, ohne Kopf oder Beine anzuheben
3. Reinen Sauerstoff mit Maske (oder Bedarfsventil) verabreichen
4. Den Patienten warm halten
5. Schnellstmöglich ins nächste Krankenhaus bringen. Das Krankenhaus wird die erforderliche Rekompression vornehmen.

Kohlendioxid- oder Kohlenmonoxidvergiftung.

Zu einer Kohlendioxidvergiftung kann es kommen durch:
- stoßweises Atmen – Anhalten des Atems mit Atemgerät
- schwere körperliche Anstrengung mit Atemgerät
- nicht funktionierendes Rebreather-System

Zu einer Kohlenmonoxidvergiftung kann es kommen durch:
- das Pumpen von Abgasen in die Flaschen
- schlecht arbeitende Kompressoren und das Ansaugen von Luft in unmittelbarer Nähe von Abgasen

Symptome und Anzeichen sind:
- Kopfschmerzen
- Blaufärbung der Haut
- Kurzatmigkeit
- Bewußtseinsverminderung oder Bewußtlosigkeit

Behandlung
1. Aktionsplan A-D, falls erforderlich
2. Herz-Lungen-Wiederbelebung, falls erforderlich
3. Reinen Sauerstoff mit Maske oder Bedarfsventil verabreichen
4. Ins nächste Krankenhaus bringen.

Kopfverletzungen.
Jede Kopfverletzung sollte ernst genommen werden.

Behandlung
Der Taucher sollte auftauchen, die Wunde desinfizieren und erst wieder tauchen, nachdem er einen Arzt aufgesucht hat. Ist der Taucher bewußtlos, den Notarzt holen; bei Ausfall von Atmung und/oder Puls Herz-Lungen-Wiederbelebung (s.o.) anwenden. Atmet der Taucher und hat Puls, nach Blutungen und anderen Verletzungen untersuchen und gegen Schock behandeln; wenn die Wunden es zulassen, in stabile Seitenlage bringen, ohne die Beine anzuheben, und reinen Sauerstoff verabreichen. Das Opfer warm und bequem halten und ständig Puls und Atmung überwachen.

Einem Bewußtlosen oder Benommenen **KEINE** Flüssigkeiten einflößen!

Überhitzung.
Eine Erhöhung der Körpertemperatur resultiert aus einer Kombination von Überhitzung, meist infolge körperlicher Betätigung, und unzureicher Aufnahme von Flüssigkeit. Der

Taucher erlebt Hitzeerschöpfung, dann einen Hitzschlag und kollabiert schließlich. Hitzschlag ist ein Notfall; wird der Taucher nicht gekühlt und rehydriert, stirbt er.

Behandlung
Den Taucher ins Kühle bringen und komplett entkleiden. Mit einem feuchten Tuch abreiben und Kühlung zufächeln. Ist der Taucher bewußtlos, ihn in stabile Seitenlage bringen und Aktionsplan A-D durchführen. In jedem Fall ärztliche Hilfe holen.

Unterkühlung
Die normale Körpertemperatur beträgt knapp 37 °C. Wird sie aus irgendeinem Grund deutlich unterschritten - beim Tauchen meistens durch unzureichenden Kälteschutz -, können sich zunehmend ernste Symptome zeigen, ja sogar der Tod eintreten.
• Ein Rückgang um 1 °C führt zu Frösteln und Unbehagen.
• Ein Rückgang um 2 °C läßt die körpereigenen Erwärmungsmechanismen aktiv werden: der Blutfluß zur Peripherie wird eingeschränkt, und das Frösteln wird extrem.
• Ein Rückgang um 3 °C führt zu Amnesie, Verwirrung, Orientierungslosigkeit, Herzrhythmus- und Atemstörungen und eventuell zu Schüttelfrost.

Behandlung
Weiteren Wärmeverlust verhindern, den Taucher in eine Isolierdecke wickeln, mit den Körpern der Kameraden wärmen und Kopf und Hals des Opfers mit einer Wollmütze, Handtüchern oder ähnlichem bedecken. Im Warmen Kleidung des Tauchers gegen warme Kleidung wechseln und ihn dann in eine Isolierdecke wickeln. Ist der Taucher bei Bewußtsein und ansprechbar, dürften eine warme Dusche/warmes Bad und ein warmes, süßes Getränk genügen; sonst den Notarzt rufen, bis zu seinem Eintreffen gegen Schock behandeln und die übrigen wärmenden Maßnahmen ergreifen.

Beinaheertrinken
Beim Beinaheertrinken hat der Taucher Wasser in die Lunge bekommen. Er kann bei Bewußtsein oder bewußtlos sein. Wasser in der Lunge behindert den normalen Transport von Sauerstoff von der Lunge ins Blut, so daß die Opfer oft hypoxisch sind.

Behandlung
Den Taucher aus dem Wasser holen und Aktionsplan A-D durchgehen. Je nach Befund beatmen oder Herz-Lungen-Wiederbelebung vornehmen, letzteres unter Umständen schon im Wasser. Wenn möglich, Sauerstoff verabreichen. Alle beinahe Ertrunkenen können später ein sekundäres Ertrinken erleben, bei dem Flüssigkeit in die Lunge sickert, so daß der Taucher an den eigenen Absonderungen ertrinkt; deshalb sollten alle beinahe Ertrunkenen 24 Stunden im Krankenhaus überwacht werden.

Stickstoffnarkose
Die Luft, die wir einatmen, enthält ca. 78 % Stickstoff; das Einatmen des komprimierten normalen Luftgemischs der

Taucher kann Symptome hervorrufen, die denen der Trunkenheit ähneln - die allgemeine Bezeichnung dafür ist „Tiefenrausch". Einige Taucher erleben die Stickstoffnarkose in 30-40 m Tiefe. Bis in etwa 60 m Tiefe müssen die Symptome nicht ernst sein (können es aber); jenseits von etwa 80 m kann der Taucher bewußtlos werden. Die Symptome können plötzlich und unerwartet auftreten. Der Befund selbst ist nicht gefährlich: Gefahren erwachsen aus Nebenwirkungen, insbesondere aus unbedachten Handlungen des Tauchers.

Behandlung
Es ist lediglich notwendig, sofort in geringere Tiefe aufzusteigen.

Sauerstofftoxizität (Vergiftung)
Wird Sauerstoff mit einem Partialdruck von mehr als 1,5 Atmosphären eingeatmet, kann er die Lunge und das Gehirngewebe vergiften.

• Lungentoxizität ist normalerweise chronisch und kommt bei Sporttauchern kaum vor.
• Gehirntoxizität ist häufig und zeigt sich beim Einatmen von 100-%igem Sauerstoff in mehr als 7 mWS (Meter Wassersäule) Tiefe oder 90 mWS mit Atemgerät.

Das Aufkommen von Nitrox (erhöhter Sauerstoffgehalt im Luftgemisch) wird zu einer Zunahme der Fälle von Gehirntoxizität führen. Klinisch zeigt sich die Sauerstofftoxizität unvermittelt und unvorhersehbar mit Bewußtlosigkeit und Anfällen, die unter Wasser verheerend sein können.

Beim Umgang steht die Vorbeugung im Mittelpunkt:
• Nicht mit 100-%igem Sauerstoff tauchen.
• Nicht tiefer tauchen, als für ein bestimmtes Nitrox-Gemisch empfohlen wird.
• Mit Luft nicht tiefer als 70 m tauchen.

Behandlung
Krämpfe können unter Wasser nicht behandelt werden. Bringen Sie den Taucher an die Oberfläche und geben Sie ihm ein Luftgemisch mit dem richtigen Sauerstoffgehalt. Verhindern Sie, daß der Taucher mit Krämpfen sich selbst verletzt, indem Sie seine Bewegungen lenken, nicht behindern. Ihm wenn möglich, ein verknotetes Taschentuch in den Mund stecken, damit er sich nicht auf die Zunge beißt; dabei aber keine Gewalt anwenden. Der Taucher sollte zu einer Dekompressionskammer und einem Arzt gebracht und mindestens 24 Stunden beobachtet werden - eine Sauerstoffvergiftung führt zwangsläufig zu neurologischen Schäden.

Schock
Mit Schock ist nicht das emotionale Trauma nach einem erschreckenden Ereignis gemeint, sondern ein physiologischer körperlicher Zustand, der auf Unterversorgung des Gewebes mit Blut und Sauerstoff beruht. Bei Sauerstoff- und Blutmangel kann das Gewebe seine Funktion nicht erfüllen. Es gibt viele Ursachen für einen Schock, die häufigste ist Blutverlust oder ein hypovolämischer Schock.

Behandlung

Die Behandlung zielt darauf ab, die Blut- und Sauerstoffversorgung des Gewebes wiederherzustellen; deshalb Erste Hilfe durchführen und reinen Sauerstoff verabreichen. Alle äußeren Blutungen durch direkten Druck, Druck auf Druckstellen und Hochlegen der betroffenen Gliedmaßen unter Kontrolle bringen. Aderpresse nur im äußersten Fall und auch nur an Armen und Beinen anwenden. Bewußtlose Schockopfer in stabile Seitenlage bringen.

Tauchrettung

Die Frage ist immer, was man tut, wenn man es unter Wasser mit einem bewußtlosen Taucher zu tun hat. Gott sei Dank kommt das selten vor. Am besten ist, solche Vorfälle nach Möglichkeit zu vermeiden, indem man:

- Ständig durchdacht trainiert, beim Tauchen, in Rettungs- und Notfallfragen.
- Sich körperlich und geistig fit hält und Alkohol und Drogen meidet.
- Regelmäßig die Ausrüstung warten läßt. Mit neuer Ausrüstung sollte man sich im Becken vertraut machen, bevor man sie im Meer benutzt. Tauchen Sie mit Ausrüstung, die der Schwierigkeit des Tauchgangs angemessen ist, und tragen Sie den richtigen Kälteschutz.
- Die Ausrüstung vor dem Tauchen sorgfältig prüft.
- Den Auftrieb beachtet und dafür sorgt, daß man weder Über- noch Untergewicht hat und die Tarierweste richtig funktioniert.
- Die Tauchgänge genau plant, auch wenn sie ganz normal erscheinen. Tauchplanung ist eine Übung in Unfallverhütung.

Wenn Sie in eine Situation kommen, in der ein Taucher aktive Hilfe braucht, könnte man wie folgt vorgehen:

1. Den Taucher bergen.
2. Den Taucher wiederbeleben.
3. Den Taucher abtransportieren.

Bergen bedeutet, den Taucher von allen Verstrickungen unter Wasser zu befreien, ihm Auftrieb zu verschaffen und ihn dann ohne weitere Verletzungen an die Oberfläche zu bringen. Wichtig ist die Kontrolle des Aufstiegs. Der Taucher muß kontrolliert nach oben gebracht werden, damit ein Barotrauma und eine Luftembolie vermieden werden.

Um positiven Auftrieb zu erreichen, muß unter Umständen der Bleigürtel entfernt, die Tarierweste des Opfers oder die des Bergenden aufgeblasen werden. Hinter den Taucher schwimmen, ihm mit der rechten Hand unter das Kinn fassen, mit der linken am Schlauch des Jackets halten. Kontrolliert und langsam auftauchen, dabei auf die eigene Atmung und eventuelle Überanstrengung achten. An der Oberfläche sollte noch im Wasser mit der Wiederbelebung (Erneuerung der ausgeatmeten Luft) begonnen werden, während der Taucher zum Boot oder an Land gezogen wird, wo die Herz-Lungen-Wiederbelebung aufgenommen werden kann. Während der Wiederbelebung Maßnahmen zum Abtransport des Verunglückten einleiten.

Die Behandlung sollte umfassen:

- Gegebenenfalls Erneuerung der ausgeatmeten Luft mit oder ohne ärztliche Apparate.
- Den Taucher warm halten.
- 100 % Sauerstoff mittels Maske oder anderer Vorrichtung verabreichen.
- Sicherung der Hydratation durch intravenöse Therapie, falls Kenntnisse und Instrumente vorhanden.

Der Taucher muß schnellstens zur nächsten Wiederbelebungsstation gebracht werden. Dort wird er nach der Untersuchung gegebenenfalls in der Dekompressionskammer behandelt.

Unwissenheit ist der größte Feind bei einer Rettungssituation. Die Zeit und das Geld, die man in eine Rettungsausbildung gesteckt hat, sind eine Investition in Leben. Suchen Sie den nächsten Veranstalter auf, der Rettungstraining macht, und erkundigen Sie sich vor dem Tauchen, welche Rettungseinrichtungen es im Tauchgebiet gibt und wie sie im Notfall zu erreichen sind.

MEERESBEDINGTE BESCHWERDEN

Neben den speziellen, tauchbedingten Krankheiten sind die gängigsten Beschwerden der Taucher Sonnenbrand, Schnittwunden durch Korallen, Reizungen durch Feuerkorallen, Ohrenentzündung (Bade-Otitis), Seekrankheit und Insektenbisse.

Schnittwunden und Abschürfungen

Taucher sollten gegen Abschürfungen geeignete Schutzkleidung tragen. Hände, Knie, Ellenbogen und Füße sind am häufigsten betroffen. Abschürfungen infizieren sich, deshalb alle Wunden schnellstmöglich mit Süßwasser gut reinigen und Antiseptikum auftragen. Infektionen können ein Stadium erreichen, in dem Antibiotika erforderlich sind. Breiten sich entzündete Flächen aus, sollte der Taucher einen Arzt aufsuchen.

Bade-Otitis (Ohrenentzündung)

Bade-Otitis ist eine Infektion des Gehörgangs, die auf ständig nasse Ohren zurückgeht. Die Infektion wird häufig gemeinsam von Pilzen und Bakterien hervorgerufen und kommt vor allem in den Tropen häufig vor.

Behandlung

Zur Vorbeugung nach dem Tauchen immer gut die Ohren trocknen; gute vorbeugende Dienste leisten Ohrenkerzen. Bei Anfälligkeit für Ohrenentzündungen nach dem Tauchen Alkohol oder Essigsäure ins Ohr träufeln. Niemals etwas ins Ohr stecken (auch keine Ohrenstöpsel), da das den normalen Hautschutz beeinträchtigt und das Ohr infektionsanfällig machen kann. Bei akuter Infektion am besten einige Tage nicht tauchen oder schwimmen und einen Arzt zu Rate ziehen. Wer zur Bade-Otitis neigt und sich in abgelegenen Gebieten aufhält, sollte vom Arzt empfohlene antibiotische Tropfen mitführen.

See- oder Reisekrankheiten

Reisekrankheiten können bei einem Tauchurlaub mit Bootfahrten eine lästige Komplikation darstellen. Wenn Sie anfällig für Reisekrankheiten sind, konsultieren Sie vor dem Tauchen einen Arzt.

Behandlung
Zur Vorbeugung gegen Seekrankheit vor der Schiffsreise nur leichte Kost essen und am Abend zuvor keinen Alkohol trinken.
Die Einnahme von Medikamenten ist eine einfache präventive Maßnahme. Beachten Sie, daß Antihistaminika zu Schläfrigkeit führen und die Denk- und Handlungsfähigkeit beim Tauchen beeinträchtigen können. Tauchen Sie nicht tiefer als 3 m. Ein seekranker Taucher sollte nicht tauchen.

Sonnenbrand

Die Sonne ist im tropischen Queensland besonders aggressiv.

Behandlung
Große Kopfbedeckung und angemessene Kleidung tragen. Sonnencreme mit hohem Lichtschutzfaktor benutzen.

TROPENKRANKHEITEN

Neben den üblichen Impfungen sollte ein Taucher, der reist, sich gegen Hepatits A und B impfen lassen. Auf den Inseln der Torres-Straße ist Malaria aufgetreten, sie gilt jedoch bei 600 gemeldeten Fällen in 200 Jahren als bedrohlich, zumal viele der Erkrankten Reisende aus anderen Gebieten waren. Vom Festland um Townsville, Cairns und Daintree werden jedoch regelmäßig Ross River- und Dengue-Fieber gemeldet. Es empfehlen sich deshalb normale Vorsichtsmaßnahmen gegen Moskitostiche.

MEERESTIERE, DIE BEISSEN
Haie

Haie greifen Menschen selten an, sollten aber immer mit Vorsicht behandelt werden. Angriffe erfolgen meistens in Zusammenhang mit harpunierten Fischen und den dabei entstehenden Vibrationen im Wasser. Der Große Weiße Hai, der in Riffgewässern selten vorkommt, ist die Ausnahme von der Regel. Er ist unberechenbar und sollte gemieden werden. Verlassen Sie das Wasser, wenn ein Großer Weißer Hai sich zeigt. Er jagt normalerweise Robben und soll zuweilen Taucher mit ihnen verwechseln.

Hammer- und Tigerhaie, Graue Riffhaie, Silberspitzen- und Weißspitzen-Riffhaie werden in den Gewässern am Great Barrier Reef häufig gesichtet. Zeigt ein Hai Erregung, etwa indem er einen Buckel macht oder die Brustflossen nach unten stellt, kann das ein Zeichen für einen bevorstehenden Angriff sein, und der Taucher sollte das Wasser verlassen.

Behandlung
Verletzungen sind normalerweise schwer, bluten stark und führen zu Schock. Oberstes Gebot ist, den Blutverlust zu stoppen. Die Blutung durch direkten Druck auf die Wunde, durch Druck auf Druckpunkte und Hochlegen der betroffenen Gliedmaßen stoppen. Oberhalb eines abgetrennten Gliedes kann eine Aderpresse angelegt werden. Dazu am besten ein breites Elastikband verwenden. Den Taucher mit den vorhandenen Mitteln so weit wie möglich stabilisieren und dann ins Krankenhaus bringen.

Muränen

Wahrscheinlich werden Taucher am häufigsten von Muränen gebissen - meistens wenn sie die Hand in Löcher stecken oder sie füttern. Oft lassen Muränen nicht los; wenn Sie das Tier mit dem Messer nicht dazu überreden können, es doch zu tun, verschlimmern Sie die Verletzung nur, wenn Sie den Fisch herausziehen.

Behandlung
Gut reinigen und meistens nähen lassen. Die Bißwunden infizieren sich fast immer, deshalb empfehlen sich Antibiotika und Mittel gegen Tetanus.

Drückerfische

Große Drückerfische - vor allem Männchen, die ihr Gelege bewachen - sind besonders aggressiv und greifen Taucher an, die zu nahe kommen. Sie haben sehr kräftige Zähne, die auch einen 4 mm starken Tauchanzug durchbohren.

Behandlung
Die Wunde reinigen und mit antiseptischer Salbe behandeln.

MEERESTIERE, DIE STECHEN

Drachenköpfe, Feuer- und Steinfische sind giftig. Viele giftige Meerestiere sind Bodenbewohner, die sich zwischen Korallen verstecken oder auf oder im Sand liegen. Wenn Sie auf dem Meeresboden laufen müssen, schlurfen Sie mit den Füßen über den Sand, damit Sie die Tiere aufschrecken und so die Gefahr verringern, auf Giftstacheln zu treten, die in vielen Fällen eine Gummiflosse durchbohren können. Gegengifte erfordern ärztliche Überwachung, wirken nicht bei allen Arten und müssen gekühlt gelagert werden, sind also selten zur Hand, wenn man sie braucht. Die meisten Gifte sind Proteine mit hohem Molekulargewicht, die sich bei Hitze zersetzen.

Die Gliedmaße etwa zwei Stunden, oder bis die Schmerzen nachlassen, in 50° heißes Wasser (notfalls das Kühlwasser des Außenbordmotors) tauchen. Wenn vorhanden, lindern einige örtliche Betäubungsspritzen rund um die Wunde (z. B. Procain-Hydrochlorid) die Schmerzen. Das ist die sogenannte **Heißwasser-Behandlung**. Jüngere oder schwächere Opfer brauchen unter Umständen Herz-Lungen-Wiederbelebung. Merke: Fischgift kann unter Umständen noch wirksam sein, wenn der Fisch schon 48 Stunden tot ist, in einigen Fällen noch nach Jahren.

Kegelschnecken

Lebende Kegelschnecken sollte man nie anfassen. Die Tiere können Giftpfeile verschießen. Die Folge ist anfänglich Benommenheit, auf die lokale Muskellähmung folgt, die bis zur Atemlähmung und Herzversagen führen kann.

Behandlung
Unter Umständen Herz-Lungen-Wiederbelebung nötig. Schnellstens einen Arzt aufsuchen.

Feuerkorallen

Feuerkorallen sind keine echten Korallen, sondern gehören zur Klasse der Hydrozoa, d.h. sie sind enger mit den Hydrozoen verwandt. Einige Menschen reagieren schon auf die leichteste Berührung sehr heftig; die dabei entstehenden Blasen können 15 cm groß werden.

Behandlung
Mit Essig/Essigsäure behandeln.

Quallen

Die meisten Quallen nesseln schmerzhaft, aber nur wenige sind gefährlich. Allgemein gilt, diejenigen mit den längsten Tentakel nesseln am schmerzhaftesten. Manchmal stößt man auf Würfelquallen oder Seewespen und die Portugiesische Galeere. Von Oktober bis Mai können sich Nesseltiere (Würfelquallen) in den Gewässern vor Queensland und bei den küstennahen Kontinentalinseln und Riffen des Great Barrier Reef aufhalten. Diese Tiere haben über 60 ungeschützte Schwimmer schwer verletzt oder sogar getötet und sollten unbedingt ernst genommen werden - beim Tauchen und Schnorcheln immer Schutzkleidung tragen. Ein Lycra- oder Tauchanzug oder einfach ein T-Shirt und eine Strumpfhose genügen als Schutz gegen diese kaum sichtbaren, aber sehr realen Küstenbewohner. Die Verletzungen durch Portugiesische Galeeren und Seewespen können lokal mit Essig und Alkohol behandelt werden. Taucher entwickeln im allgemeinen Allergien gegen dieses Nesseln; wer sensibilisiert ist, sollte immer Antihistamine und eventuell Adrenalinspritzen bei sich haben.

Feuerfische

Sie bewegen sich langsam, außer wenn sie Beute verschlingen. Sie treiben sich an Riffen und Wracks herum und haben an der Basis der Flossenstachen starke Giftdrüsen.

Behandlung
Heißwasser-Behandlung (S. 167).

Drachenköpfe

Andere Drachenköpfe sind weniger getarnt und weniger gefährlich als die Steinfische, aber häufiger und gefährlich genug.

Behandlung
Wie bei Steinfischen.

Seeigel

Seeigelstachen können giftig sein. Sie können in die Haut dringen - auch durch Handschuhe - und abbrechen, was schmerzhafte Wunden hinterläßt, die sich oft infizieren.

Behandlung
In schlimmen Fällen Heißwasserbehandlung; das weicht auch die Stacheln auf und hilt dem Körper, sie abzustoßen. Lindernde Salben oder ein Magnesiumsulfatumschlag verringern die Schmerzen. Infizierte Wunden erfordern Antibiotika. Auch nach dem Brennen applizierter Alkohol kann helfen.

Nesselplankton

Man kann Nesselplankton nicht sehen und ihm daher nicht ausweichen. Bei Berichten über das Vorkommen von Nesselplankton den Körper soweit wie möglich mit geeigneter Kleidung schützen.

Behandlung
Lokal mit Essig/Essigsäure behandeln.

Stechrochen

Stechrochen sind zwischen einigen Zentimetern und mehreren Metern groß. Der Stachel besteht aus einem oder mehreren Dornen an der Schwanzspitze; obwohl sie nach hinten gerichtet sind, können sie in alle Richtungen stechen. Die Rochen schlagen um sich und stechen, wenn man auf sie tritt oder sie gefangen werden. Die Wunden können groß und ausgefranst sein.

Behandlung
Die Wunde reinigen und alle Dornen entfernen. Heißwasserbehandlung und örtlich betäuben, wenn möglich; danach Antibiotika und Mittel gegen Tetanus geben.

Steinfische

Steinfische sind die gefürchtetsten, am besten getarnten und gefährlichsten Fische aus der Familie der Drachenköpfe. Das Gift befindet sich in den Stacheln der Rückenflosse, die aufgerichtet wird, wenn der Fisch erregt ist.

Behandlung
Normalerweise starke Schmerzen und Schwellungen. Die Wunde säubern, mit heißem Wasser behandeln und dann Antibiotika und Mittel gegen Tetanus geben.

MEERESTIERE, DIE SCHOCKS VERSETZEN

Zitterrochen leben auf sandigem und schlammigen Grund und jagen auch über Riffen. Sie betäuben ihre Beute durch Elektroschocks, die auch schon mancher Taucher abbekommen hat (200 Volt), wenn er sich auf eins der Tiere im Sand gekniet hat. Der Schlag selbst kann einem gesunden Taucher nicht schaden, aber der Schreck kann einen Tauchunfall verursachen. Sorgen Sie über sandigem Boden für gute Austarierung. Eine spezielle Behandlung gibt es nicht.

FISCHVERGIFTUNGEN

Der Verzehr von Schalentieren kann Magen-Darm-Katarrh, Allergien oder paralytische Muschelvergiftung verursachen. Essen Sie nur frische Schalentiere. Ciguatera (tropische Fischvergiftung) kann durch den Verzehr von Fischen hervorgerufen werden, die durch Dinogeißeltierchen verseucht sind. Fragen Sie vor Ort, welcher Fisch unbedenklich ist. Kugel- und Sonnenfische sind nicht eßbar, ihr Verzehr kann tödlich sein. Essen Sie nur wirklich frischen Fisch.

BESTIMMUNGEN, ERFORDERNISSE UND ORTSÜBLICHE PRAXIS BEIM SPORTTAUCHEN AM GREAT BARRIER REEF

1. Wer am Great Barrier Reef sporttauchen möchte, braucht eine neuere ärztliche Bescheinigung von einem tauchmedizinisch erfahrenen Arzt. Sie kann zwar aus dem Ursprungsland stammen, muß aber formal den Verhaltensregeln genügen und in Englisch verfaßt sein.

2. Taucher mit Brevet brauchen einen Nachweis einer anerkannten Tauchorganisation und ein aktuelles Logbuch, das über ihre Qualifikation Auskunft gibt.

2a. Kann die Qualifikation nicht nachgewiesen werden, muß der Betreffende einen oder mehrere Übungstauchgänge mit einem qualifizierten Tauchlehrer machen, um sein Können unter Beweis zu stellen.

3. Tauchen mit Partner ist die Regel; die Paare werden vor dem Einstieg ins Wasser bestimmt.

4. Der Tauchlehrer unterrichtet die Taucher vor dem Einstieg ins Wasser kurz über das Vorgehen und weist sie auf die Gefahren beim Überschreiten der Grundzeit u. ä. hin.

5. Für die Berechnung mehrerer Tauchgänge werden Tauchcomputer und/oder anerkannte Tauchtabellen empfohlen. Beide sind sehr konservativ ausgelegt.

6. Taucher müssen sich für jeden Tauchgang registrieren lassen und alle relevanten Vorgänge wie Grundzeit, Luftverbrauch u. a. in das Logbuch eintragen. Jeder Taucher muß das Logbuch unterschreiben, bevor er die Tauchstätte verläßt.

7. Eventuell muß der Taucher ein Formular unterschreiben, in dem er erklärt, daß er sich der Verantwortung und Gefahren bewußt ist, die das Tauchen mit sich bringt, und bereit ist, sich an die Vorschriften zu halten.

TAUCHUNFALL NOTFALL-INFORMATION

Divers Emergency Service - DES 1800 088 200

Setzen Sie sich bei jedem Tauchunfall, egal ob es sich um Caissonkrankheit, Luftembolie oder Kontakt mit einem gefährlichen Meerestier handelt, mit dem DES in Verbindung, der berät oder Notfallmaßnahmen ergreift, damit der Patient umgehend zur nächsten Dekompressionskammer oder in ein Krankenhaus gebracht wird.

• Erklären Sie deutlich - „Dies ist ein Tauchnotfall" („This is a diving emergency").
• Nennen Sie Einzelheiten - Standort des Patienten, Name, Alter, Kontaktadresse und Telefonnummer.
• Einzelheiten zum Unfall - Tauchtiefe, Tauchzeit, Symptome, unternommene Erste Hilfe und Uhrzeit, zu der die Krankheit begann.

Lebensgefährliche Notfälle - 000

Rufen Sie bei lebensgefährlichen Notfällen die Nummer 000 an, egal ob Sie die Feuerwehr, Polizei oder einen Krankenwagen brauchen.
• Sagen Sie dem Telefondienst, welchen Notdienst Sie benötigen.
• Warten Sie, bis man Sie verbindet.
• Sobald Sie verbunden sind, nennen Sie Ihre Telefonnummer, Anschrift und machen Sie Angaben zum Notfall.
Der Anruf ist kostenlos und rund um die Uhr möglich.

UNTERWASSER-FOTOGRAFIE UND -VIDEO

Man kann einem Nichttaucher nur schwer die Schönheit der Unterwasserwelt vermitteln. Am besten geht das noch mit Fotos und Filmen, die auch gleichzeitig die eigenen kostbaren Erinnerungen bewahren. Weder Fotografieren noch Filmen ist jedoch einfach, und der angehende Fotograf/Filmer muß zunächst einmal ein guter Taucher sein und sich dann mit der komplizierten Ausrüstung und dem Verhalten des Lichts unter Wasser vertraut machen. Man braucht Ausdauer und etwas Glück, um wirklich gute Ergebnisse zu erzielen, aber wenn man bereit ist, sich dieser Herausforderung zu stellen, wird die Unterwasserfotografie vielleicht zu einer lebenslangen Leidenschaft.

Tauchpartner

Tauchen Sie, wenn möglich, mit einem Partner, der etwas vom Fotografieren versteht und bereit ist, einfach mitzukommen, auf Ihre Wünsche einzugehen, notfalls zu posieren, Motive zu entdecken und sich auch sonst um Sie zu kümmern. Wenn Sie an der Küste tauchen, machen Sie sich tauchfertig, steigen Sie ins Wasser und lassen sich von Ihrem Partner (ohne Flossen oder Flaschen) vom Flachen aus die Kamera reichen. Beim Ausstieg geht es umgekehrt. Lassen sie ihn aus dem Wasser steigen, Flossen und Flasche ablegen, und reichen Sie ihm dann die Kamera heraus. Erklären Sie ihm vor dem Tauchgang, daß er hinter oder über Ihnen bleibt, da Sie sich am Riff sonst eventuell durch eine Wolke aus Luftblasen oder Schlamm vorantasten müssen.

Energieversorgung

Auch wenn Taschenlampenbatterien in Ihr Blitzgerät oder die Videokamera passen sollten, kaufen Sie nur Kamerabatterien, denn sie sind besser. Wiederaufladbare Nickel-Kadmium-Stahlakkumulatoren sind ausgezeichnet; versorgen Sie sich ausreichend, damit Sie fotografieren und gleichzeitig wiederaufladen können. Wenn es in den Reiseplan paßt, können Sie ein Ladegerät mitnehmen, das man an den Zigarettenanzünder eines Autos anschließen kann. Obwohl inzwischen Batterien ohne Speicherprobleme angekündigt werden, haben die meisten Batterien noch Probleme. Damit Ihre Stahlakkumulatoren sich lange halten, laden Sie sie jedes vierte oder fünfte Mal voll auf (lassen Sie sie völlig leer werden und laden Sie sie dann voll auf) und lagern Sie sie niemals ganz flach.

Die kleinen flachen 1,5- oder 3-Volt-Batterien für die Kamera (nicht für den Blitz) sind unter Umständen schwer zu beschaffen, also reichlich Vorrat mitnehmen.

Allgemeine Tips

• Wenn Sie die Kamera noch nie mit Handschuhen bedient haben, üben Sie es vorher. Vielleicht tauchen Sie lieber ohne Handschuhe, aber das wird unter Umständen kalt.

• Masken behindern beim Blick durch den Sucher. Die kleinste Maske nehmen, die man tragen kann.

• Die Brechung läßt die Gegenstände ein Drittel näher und größer erscheinen als an der Luft. Das Fokussieren und die optische Einschätzung von Entfernungen werden dadurch nicht berührt; aber wenn Sie eine Entfernung messen, gleichen Sie dies aus und verringern Sie den Wert beim Einstellen der Bildschärfe (Entfernung) um ein Drittel.

Wartung

• Beachten Sie die Hinweise des Herstellers zum Gebrauch vor und nach dem Tauchen, halten Sie vor allem die Dichtungsflächen sauber und sandfrei und die O-Ringe sauber, elastisch und eingefettet.

• Benutzen Sie nur Silikonfett (niemals Spray oder Rohvaselin) und ersetzen Sie plattgedrückte O-Ringe durch neue. Bewahren Sie O-Ringe außerhalb der Kamera auf, damit sie nicht vorzeitig platt werden.

• Achten Sie beim Film- oder Bandwechsel zwischen Tauchgängen darauf, daß die Kamera außen völlig trocken ist. Beim Öffnen soll die Rückseite der Kamera nach unten zeigen, damit kein Wasser hineintropfen kann.

• Lassen Sie die Kamera nie auf dem Rücken in der Sonne liegen, ohne das Objektiv abzudecken, auch nicht für einige Minuten.

• Wenn Sie die Kamera nach dem Tauchen nicht gleich abspülen können, wickeln Sie sie in feuchte Tücher, damit sie naß bleibt. Getrocknetes Salzwasser ist schwerer zu entfernen.

• In Australien hat kaum ein Schiff oder Hotel Tanks zum Abspülen der Kamera. Vielleicht kaufen Sie sich zu diesem Zweck einen verschließbaren Behälter, wie es sie zum Reinigen von Windeln gibt.

Unterwasserfotografie ist äußerst beliebt.

UW-Fotos

UW-Fotos sind denkwürdige Erinnerungen. Man kann sie auf Postergröße vergrößern, zu Grußkarten umfunktionieren oder auch verkaufen, wenn sie qualitativ erstklassig sind. Der Vorteil des Einzelbildes gegenüber dem Film besteht darin, daß jedes Foto eine Einheit ist. Selbst wenn die meisten Bilder verunglücken, kann ein gutes Foto die Kosten für Film, Entwickeln und Vergrößern wieder hereinbringen.

Die Wahl der Kamera

Zunächst einmal muß man entscheiden, ob man eine relativ billige Kamera erstehen möchte, mit der man herumspielen kann, oder eine teure Profikamera. Die Wahl wird davon abhängen, was man ausgeben und erreichen will.

Es sind einige wasserdichte Automatik-Kameras auf dem Markt, von der Einmalkamera bis zu anspruchsvollen Autofokus- und Winder-Kameras, die bis 10 m Tiefe arbeiten. Statt einer wasserdichten Billigkamera kann man auch ein relativ preiswertes Plexiglasgehäuse für normale, nicht wasserdichte Einmalkameras von Fuji oder Kodak kaufen.

Wer nur ein paar Erinnerungen an einen schönen Ausflug haben möchte, dem liefern diese einfachen Apparate im klaren Flachwasser gute Ergebnisse auf Kleinbild-Farbfilm.

Der ernsthafte UW-Fotograf hat zwei Möglichkeiten. Erstens eine wasserdichte Spezialkamera, zweitens ein wasserdichtes Gehäuse für eine Spiegelreflexkamera, die man eventuell schon besitzt. Jedes System hat seine Vor- und Nachteile.

Spezielle Unterwasserkameras

Die von den meisten Profis benutzte UW-Kamera ist die Nikonos, eine 35-mm-Sucherkamera. Die neueren Modelle (IV-A und V) haben TTL-Messung, die Nikonos V hat TTL-Blitzlichtmessung. Die älteren Modelle haben keinen eingebauten Belichtungsmesser, sind aber dennoch ausgezeichnete robuste Kameras. Man kann sie gut gebraucht erwerben, braucht dann aber einen manuellen uw-tauglichen Belichtungsmesser.

Dieses System mit den speziellen Nikonos-Objektiven liefert unter Wasser schärfere Bilder als Kameras im Gehäuse, ein Vorteil, der jedoch durch die fehlende Reflexfokussierung meistens wieder aufgehoben wird. Ein weiterer Nachteil dieses Systems ist der aller Sucherkameras. Man muß bei der Bildgestaltung etwas improvisieren und schneidet ein Motiv leicht ab. Die Nikonos gibt mit den oben genannten Einschränkungen auch an Land eine gute, robuste, wetterfeste Kamera ab (einige Spezialobjektive ausgenommen). Nikon hat vor einiger Zeit die RS-AF auf den Markt gebracht, voll unterwassertauglich, mit Autofokus, Spezialobjektiven und Blitz, die aber sehr schwer und teuer ist. Zudem wurde die Produktion bereits wieder eingestellt.

Schärfster Rivale für die Nikonos sind die kleineren, leichteren und preiswerteren Sea & Sea-Kameras. Sea & Sea hat kürzlich die erste UW-Kamera herausgebracht, deren Objektive unter Wasser gewechselt werden können. Man sollte sich beim Fachhändler informieren, bevor man viel Geld ausgibt.

Wasserdichte Gehäuse

Für alle bekannten Spiegelreflexkameras gibt es Spezialgehäuse. Sie können aus Metall, Plexiglas oder flexiblem Kunststoff sein, was jeweils Vor- und Nachteile hat. Metallgehäuse sind stabil, zuverlässig und bei guter Wartung langlebig; sie sind schwerer, schwimmen aber im Wasser. Bei einer teuren Kamera sind die höheren Gehäusekosten gerechtfertigt.

Plexiglasgehäuse sind nicht so robust und müssen im Wasser und außerhalb sorgsam behandelt werden. Sie wiegen wenig, was an Land angenehm ist, haben im Wasser aber oft zuviel Auftrieb, so daß man sie beschweren muß. Sie sind sehr viel billiger und bei richtiger Handhabung auch langlebig.

Gehäuse aus flexiblem Kunststoff sind noch billiger. Sie haben einen optischen Glasport, der über das Kameraobjektiv paßt, und eingebaute „Handschuhe", damit man die Kamera direkt bedienen kann. Diese Gehäuse sind zwar leichter zu handhaben, verformen sich jedoch in größerer Tiefe und sind daher nur im Flachwasser einsetzbar.

Objektive und Zubehör

Für jedes System außer die ganz einfachen gibt es eine Palette von Objektiven. Außer beim neuen Sea & Sea-System müssen die Objektive über Wasser gewechselt werden, man muß sich also vor dem Tauchen für ein bestimmtes Objektiv entscheiden. Ein Gehäuse ist wahrscheinlich nur für ein Objektiv geeignet. In einem solchen Fall empfiehlt sich ein Weitwinkel- (24 mm) oder kurzes Zoomobjektiv (28-70 mm) mit Makroeigenschaften.

Für die Nikonos ist das 35-mm-Objektiv das vielseitigste. Es ist an Land und unter Wasser einsetzbar, solo und mit Zwischentubus oder Makrovorsatz.

Ein Objektiv mit längerer Brennweite (etwa 80 mm) ist schwer einzusetzen und außer mit Zwischentubus für Makroaufnahmen kaum brauchbar.

Weitwinkelobjektive mit 28, 20 oder 15 mm Brennweite liefern unter Wasser ausgezeichnete Ergebnisse, denn sie reduzieren Rückstreuung und Lichtverlust auf ein Minimum, weil man viel näher an das Motiv herangehen kann. Leider sind sie nicht an Land zu gebrauchen. Außerdem sind sie sehr teuer, und ihr Preis steigt mit abnehmender Brennweite. Die schwierigere Bildgestaltung mit der Nikonos läßt sich mit einem Parallax-Sucher etwas ausgleichen. Er paßt oben auf die Kamera und gleicht zwischen dem aus, was Sie sehen und dem, was das Objektiv „sieht". Die Preise variieren stark, wobei die erschwinglichere Option ein Sucher mit verschiedenen Einstellscheiben für verschiedene Objektive ist.

Generell gilt: bei klarem Wasser kann man Objektive mit längerer Brennweite einsetzen, bei schlechter Sicht sind nur Makroaufnahmen mit Zwischentubus oder Makrovorsätzen möglich. Naheinstell- und Makrogeräte wirken gleich, d. h. beide ermöglichen, dicht an das Motiv heranzugehen und einen kleinen Bereich bildfüllend aufzunehmen. Die Naheinstellvorrichtung hat dem Zwischentubus gegenüber einen großen Vorteil - sie kann unter Wasser ausgewechselt werden, so daß man auf demselben Tauchgang auch normale (keine Makro-) Aufnahmen machen kann.

Beleuchtung

Das vorhandene Licht unter Wasser nimmt mit der Tiefe ab, und das Wasser absorbiert verschiedene Wellenlängen verschieden schnell oder in unterschiedlicher Tiefe. Rot wird zuerst absorbiert, so daß die Umgebung unter Wasser einen Blaustich bekommt. Wenn Sie mehr Können und Einfallsreichtum als Geld haben, können Sie das wunderbar für die Eigenlichtfotografie nutzen. Denken Sie sich Ihre Aufnahmen mehr als Schwarzweiß- denn als Farbfotos, konzentrieren Sie sich auf Kontraste, Schatten und Silhouetten, und Sie werden erstaunliche Fotos machen, die die Atmosphäre sehr oft einfangen.

Bei besonders klarem Wasser und viel Licht kann man das farbliche Ungleichgewicht mit einem speziellen Gelbfilter für UW-Aufnahmen ausgleichen. Er schluckt Licht, man muß also, wenn man mit einem Handbelichtungsmesser arbeitet, etwa eine halbe Blende zugeben.

Am besten ist es, mit künstlichem Licht zu arbeiten, also mit einem Elektronenblitz. Das ist jedoch, wie das Fotografieren unter Wasser generell, nicht ohne Probleme. Am offensichtlichsten ist die Rückstreuung: im Wasser schwebende Teilchen reflektieren das Blitzlicht und erscheinen auf dem Foto als weiße Punkte. Das kann zwar künstlerisch wirken, ist jedoch meistens störend. Um das zu verhindern, muß man den Blitz möglichst weit von der Kamera entfernt halten; moderne Elektronenblitze werden deshalb mit Halterung und Armen angeboten, aber die Rückstreuung wird trotzdem nicht völlig unterdrückt. Dieses Problem kann ein Sklavenblitz lösen, eine weitere Lichtquelle, die das Blitzlicht mildert und Schatten aufhellt. Der Sklavenblitz ist mit dem Hauptblitz gekoppelt. Die Nikonos V mißt das Blitzlicht durch das Objektiv (TTL).

Film

Die besten Ergebnisse erzielt man mit Dia-Filmen mit 50 oder 100 ISO. Sind Sie sich hinsichtlich der korrekten Belichtung im Zweifel, verwenden Sie einen Farb-Negativfilm, der Belichtungsfehler eher verzeiht. Egal welchen Film Sie benutzen, kaufen Sie ihn im Fachgeschäft. Achten Sie auf das Verfallsdatum und lagern Sie ihn kühl und dunkel (am besten im Kühlschrank). Bewahren Sie Filme auf Reisen in der gutisolierten Kamera oder im Filmbeutel auf. Lassen Sie Filme möglichst schnell entwickeln, denn belichtete, unentwickelte Filme sind am empfindlichsten. Halten Sie also vor allem belichtete Filme kühl.

Auf Fotopirsch

Wählen Sie Ihren Tauchpartner mit Bedacht, denn fotografierende Taucher haben oft nur noch Augen für ihr Hobby. Taucher und UW-Fotografen sollten immer ihren Tauchplan im Kopf haben und ständig Luftverbrauch, Tiefe, Zeit, Standort des Partners, aber auch alle sonstigen relevanten Umstände beachten.

Motive

Motive sind Geschmackssache, abr es gibt doch ein paar allgemeine Erkenntnisse, die einem am Anfang helfen können.

Makroaufnahmen gelingen am ehesten, insbesondere mit TTL-Blitzlichtmessung und Gestell, da die Entfernung Objektiv/Motiv und Blitz/Motiv fix ist, und Beeinträchtigungen durch Wassertrübung minimal sind. Fotografieren Sie testhalber ein festes Motiv mit unterschiedlicher Belichtung; das beste Ergebnis verrät Ihnen, wie Sie bestimmte Fotos in Zukunft am besten belichten.

Einige Fische sind sehr territorial und damit berechenbar; deshalb gibt es z. B. so viele gute Fotos von Anemonenfischen. Mantas sind neugierig und kommen zurück, wenn Sie ruhig bleiben und sie nicht verjagen. Kaiser- und Falterfische fliehen beim ersten Eindringen in ihr Territorium, kehren aber meistens zurück und lassen sich fotografieren, wenn man sich ruhig verhält.

Vernachlässigen Sie die Meeresalgen nicht; einige Rotalgen sind wunderbar gezeichnet.

Taucher und Wracks zu fotografieren ist am schwierigsten und erfordert ein Weitwinkelobjektiv. Der Partner sollte etwas vom Fotografieren verstehen, damit er die Umgebung beim Posieren einbeziehen kann. Außerdem braucht man einen Blitz, um sein Gesicht in der Maske aufzuhellen. Am Wrack erzielt man die besten Ergebnisse, wenn man sich auf Details konzentriert - unter Wasser ein ganzes Schiff aufs Bild zu bekommen ist fast unmöglich.

Die UW-Fotografie bei Nacht kann äußerst lohnend sein. Viele interessante Tiere wie Sepien und einige Haie sind überwiegend nachtaktiv, die meisten niederen Tiere strecken die Freßpolypen nachts aus und einigen Fischen kann man sich besser nähern, weil sie im Halbschlaf sind. Aber das schnelle Scharfstellen bei schlechten Lichtverhältnissen ist schwierig, und viele Tier verschwinden im Dunkel, sobald sie angestrahlt werden. Man muß die Kamera also vorher einstellen.

Video

Einige Taucher filmen lieber mit der Videokamera. Gute Ergebnisse sind in der Regel leichter zu erzielen, und viele halten Filmen auch für ein interessanteres und dynamischeres Medium.

Die Wahl der Kamera

Neben dem Format kann man zwischen einer UW-Kamera im Gehäuse und einer Spezialkamera wählen. Es sind einige ausgezeichnete Spezialkameras auf dem Markt, die zudem recht klein und leicht zu bedienen sind, da die Bedienungselemente gut zugänglich sind. Wenn man schon eine Videokamera besitzt, entscheidet man sich wahrscheinlich für ein Gehäuse. Entweder ist eins auf dem Markt, oder man muß ein Gehäuse umbauen lassen. Ein Nachteil ist, daß die Bedienungselemente oft schwer zu handhaben sind. Es gibt auf Gehäuse spezialisierte Firmen, deren Anschrift man in Fachzeitschriften findet.

Die Formatwahl hängt weitgehend davon ab, was Sie mit Ihren Filmen machen wollen. Wenn sie nur für den Hausgebrauch gedacht sind, genügt eine normale VHS-Kamera. Sie sind allerdings sehr groß, so daß sich vielleicht doch eine 8-mm- oder VHS-Kompaktkamera empfiehlt. Wenn Sie Ihre Filme für Lehr- oder andere Zwecke benutzen möchten, ist Super-VHS oder Hi-8 eine bessere, wenn auch etwas teurere Alternative, da man hochwertigere Kopien machen kann. All diese Systeme können direkt auf dem Videorecorder abgespielt werden.

Wer höher hinaus oder professionell mit der Videokamera arbeiten will, sollte gleich zu Beta-Cam greifen und ein Profisystem zusammenstellen. Man gibt sehr viel mehr Geld aus, kann allerdings sendefähige Filme produzieren.

Beleuchtung

Man kommt ohne künstliches Licht aus, wenn auch nur unter sehr guten Bedingungen, da man die Farbabstimmung an der Kamera bis zu einem gewissen Grad einstellen und den Blaustich ausgleichen kann. Mit künstlichem Licht erzielt man selbstverständlich sehr viel bessere Ergebnisse.

Spezielle UW-Lampen sind ziemlich kompakt, neutral im Auftrieb und von einem sachkundigen Helfer problemlos zu bedienen.

Programmplanung

Anders als bei Standaufnahmen möchte man mit der Videokamera nicht nur eine gute Aufnahme oder Szene filmen, sondern wahrscheinlich ein Programm von mindestens fünf oder zehn Minuten aufnehmen, auch wenn es nur für den Hausgebrauch ist. Dazu brauchen Sie in Grundzügen ein Drehbuch - zumindest im Kopf.

Arbeiten Sie in groben Zügen eine Handlung aus und achten Sie darauf, daß das Band reicht. Nehmen Sie sich etwa vor, Taucher zu filmen, die sich für das Tauchen fertig machen, vor und nach einem Tauchgang entspannen, ins Wasser steigen und wieder herauskommen. Vergessen Sie nicht, auch das Schiff und an Deck zu filmen und Nahaufnahmen Ihrer Tauchkameraden zu machen. Legen Sie, bevor Sie ins Wasser steigen, die Bewegungsrichtung aller Aufnahmen fest, in der die Taucher erscheinen.

Kamera läuft

• Tauchen Sie nicht mit unerfahrenen Tauchern, denn Sie brauchen einen Partner, der die Ausrüstung für Sie tragen und gleichzeitig Tauchzeit und -tiefe im Auge behalten kann, denn Sie sind im Zweifelsfall beschäftigt.

• Lassen Sie die Bewegungsrichtung der Taucher möglichst konstant (sofern Sie nicht einen besonderen oder lustigen Effekt planen). Besprechen Sie sich vorher mit den Akteuren, damit sie wissen, was Sie wollen, und verständigen Sie sich auf Signale zur Kommunikation.

• Widerstehen Sie der Versuchung, den Zoom überzustrapazieren; nehmen Sie das gleiche lieber zweimal auf, einmal mit Weitwinkel-, einmal mit Teleobjektiv, künstlerisch bearbeiten können Sie den Film später. Wenn Sie die Kamera zwischen den Aufnahmen nicht abstellen, können Sie den gezoomten Abschnitt ebenfalls verwenden.

• Starten Sie die Kamera, sobald Sie etwas Interessantes sehen, und gehen Sie dann in die Szene hinein, denn es ist sehr schwer, in den ersten Sekunden einer Szene zu gestalten. Lassen Sie die Kamera aus dem gleichen Grund noch ein paar Sekunden laufen, wenn Sie eine Szene aufgenommen haben. Das erleichtert Ihnen das Leben beim Bearbeiten ganz erheblich.

• Filmen Sie kleine, beliebige Szenen (Cutaways), etwa das Gesicht eines Tauchers, kleine Fische, Flossenbewegungen im Wasser u. ä.

Bearbeiten

Das ist der eigentliche Spaß. Sie können so ernst oder albern sein, wie Sie wollen, aber ein normales Drehbuch würde Aufnahmen vor dem Tauchgang, beim Einstieg, unter Wasser einschließlich der Taucher und Meeresfauna, beim Ausstieg und nach dem Tauchgang erfordern. Jetzt werden Sie dankbar sein für jene zufälligen kleinen Szenen, die Sie aufgenommen haben. Wenn Sie zwei Szenen zusammenfügen, der Schnitt aber zu hart ist oder sie aus anderen Gründen nicht richtig zusammenpassen, fügen Sie einen Cutaway ein. Man kann sogar kurze Ausschnitte zweier langer Szenen austauschen. Hier können Sie Ihren Spaß haben; wenn es Ihnen nicht gefällt, löschen Sie einfach das Band und fangen von vorne an. Was für ein Medium!

Ton

Aufnahmen unter Wasser haben, wenn sie überhaupt Ton haben, nur Luftblasen. Man kann eine Stimme einspielen, einen Kommentar, oder sogar Musik. Wenn Sie es nur für den Hausgebrauch machen, fügen Sie hinzu, was Sie wollen.

Wollen Sie den Film aber kommerziell verwerten, prüfen Sie das Copyright der Musikstücke, die sie verwenden möchten. Sie können an Ihrem Wohnort bei einer Produktionsfirma für Videos oder Musik anfragen - dort sagt man Ihnen, an wen Sie sich wenden müssen.

Bibliografie

Byron, Tom (1987), *Scuba Divers Guide: Southern Great Barrier Reef; Northern Great Barrier Reef; Central Great Barrier Reef; Whitsunday Islands*. Aqua Sports Publications, New South Wales.

Coleman, Neville (1995), *Die schönsten Tauchreviere: Australien*. Delius Klasing/Edition Naglschmid, Bielefeld.

Coleman, Neville (1994), *Sea Stars of Australasia and their Relatives*. Neville Coleman's Underwater Geographic (Pty) Ltd, Brisbane.

Coleman, Neville (1993), *Hazardous Sea Creatures*. Neville Coleman's Sea Australia Resource Centre, Brisbane.

Coleman, Neville (1992), *Australian Marine Fish*. Neville Coleman's Underwater Geographic (Pty) Ltd, Brisbane.

Coleman, Neville (1993), *Australian Fish Behaviour*. Neville Coleman's Underwater Geographic (Pty) Ltd, Brisbane.

Coleman, Neville (1991), *Encyclopedia of Marine Animals*. Collins, Angus & Robertson, Sydney.

Coleman, Neville (1987), *The Underwater Australia Dive Guide*. Thomas Nelson, Melbourne.

Coleman, Neville· (1994), *Australia's Great Barrier Reef*. National Book Distributors, Sydney.

Colfelt, David (1995), *The Whitsundays Book*. Windward Publications, New South Wales.

Commonwealth of Australia (1993), *Australian Fisheries Resources*. Department of Primary Industries and Energy, and the Fisheries Research and Development Corp., Canberra.

Gray, William (1996), *Die schönsten Tauchreviere: Koralleninseln und ihre Riffe*. Delius Klasing/Edition Naglschmid, Bielefeld.

Weinberg, Steven (1995), *Das Leben im Ozean*. Delius Klasing/Edition Naglschmid, Bielefeld.

Index